골 때리는
인생 코칭

많은 이들과 어울리며 그들의 삶을 엿보고
그 속에서 즐거움과 행복 그리고
씁쓸한 인간의 내면을 들여다 본다

골 때리는 인생 코칭

도서출판 위

골 때리는 인생 코칭

초판 1쇄 발행 2019년 2월 15일

지은이 이인상
펴낸이 변성진
편집인 김봉균 ㅣ 디자인 아이지컴
표지/그림 이다나
펴낸곳 도서출판 위
주소 경기도 파주시 광인사길 115(문발동 507-8)
전화 031-955-5117 ㅣ 팩스 031-955-5120
홈페이지 www.wegroup.kr

ISBN 979-11-86861-04-2 03190

골프의 에피소드로 풀어보는
인생 코칭

우리나라 골프 인구가 600만 명이 넘는다는 신문기사가 '왜 우리나라

사람들이 이렇게 골프를 좋아할까?' 라는 질문을 던지게 한다.

아마도 많은 사람들이 골프에서 그들의 인생의 단면을 보기 때문이 아닐까?

[골 때리는 인생 코칭]은 인사 전문가로 골프와 인연을 맺은 이인상 작가가

30 여년 동안 여러 기업에서 경험한 자기개발과 비즈니스 이야기를 골프라는

옷을 입혀 풀어나가는 인생 코칭 이야기다.

골프장에서 누구나 겪는 상황이기에 공감이 간다. 골프의 시작부터 배움, 좌절,

배려, 열정, 전략, 네트워크, 사랑, 건강 등 어느 것 하나 내 이야기가 아닌 것이 없다.

쉽게 읽을 수 있고 재미와 유익이 함께하는 이 책이 독자의 행동 변화에

작은 불씨가 되고 어려운 시기를 남다르게 극복해 나가는

실천 방안이 되기를 기대한다.

● 추천사 ●

변연배

우아한형제들 인사총괄 임원 / 경영학 박사

　"골프는 인생의 반사경이며, 티 샷에서 퍼팅까지의 과정이 바로 인생 항로이다. 동작 하나 하나가 그 인간 됨을 적나라하게 나타낸다." 골프를 좋아한 대문호 윌리엄 셰익스피어의 명언 이다.

　이 책은 골프라는 스포츠를 통해 보는 인생에 대한 이야기이다. 골프에는 인생의 모든 요소가 망라되어 있다. 계획, 노력, 측정, 경쟁, 좌절, 분노, 체력, 정신력, 자신감, 정직성, 인격, 정치, 파트너, 행운, 인간관계, 긴장과 릴랙스, 자만심…… 이러한 단어들은 골프 한 게임에도 곳곳에 버무려져 있다. 우리의 인생도 역시 이러한 요소가 씨줄 날줄로 엮여서 만들어진다.

　저자는 사람과 사람 사이를 현명하게 관리하는 일을 오랫동안 직업적으로 해왔다. 책을 보면 사람과 인생을 보는 저자의 통찰력이 엿보인다. 이 책은 결국 사람에 대한 이야기이다.

평석구

한국솔베이 고문 / (전) 대표이사

회사에서는 인사의 달인으로 통하는 이인상 전무의 골프에 대한 열정과 애정은 단연 챔피언 급입니다. 업무와 골프에 있어서의 열정을 바탕으로 골퍼라면 그리고 직장인이라면 누구나 재미있게 읽을 수 있는 골프 에피소드에 삶의 한 조각을 엮어 '코칭 스토리'로 탄생시키는 저자의 통찰력에 박수를 보냅니다.

"골프가 비즈니스에 도움이 됩니까" 라고 누가 물어보면, 나는 "골프는 비즈니스에 크게 도움을 주는 스포츠라고 할 수 있다" 라고 주저 없이 말하곤 합니다. 왜냐하면 골프를 통하여 서로를 배려하고 이해하며 네트워크를 만들고 신뢰를 쌓아 서로에게 도움이 되는 비즈니스로 연결할 수 있기 때문입니다.

골프를 좋아하는 모든 분들에게 일단 읽어 보기를 권합니다. 거기에 재미가 있습니다. 그리고 읽다 보면 네트워크가 보이고 신기하게도 비즈니스가 풀려서 딸려올 것입니다. 이 책이 독자 여러분의 성공적인 비즈니스와 인생의 지혜를 구하는 데 도움이 되기를 기대합니다.

유관재

성광교회 담임목사

우리교회 이인상 집사님은 열정의 사람입니다.

모든 일에 열정으로 접근하고 열정으로 이루어냅니다. 교회에서 찬양대를 하면서도 '최선'과 '열정'이 마음에 담겨져 있습니다.

금번에 책을 쓰는 열정을 보며 너무 놀라고 감사했습니다. 책을 미리 읽으며 재미있으면서도 그 안에 있는 통찰력은 저에게 많은 도전이 되었습니다.

새롭게 펴낸 책을 읽는 사람들마다 인생을 새롭게 조감하며 새로운 통찰력으로 일어서게 만들게 될 것입니다. 많은 분들이 이 책을 통해 행복을 경험하게 되기를 기대하며 마음을 다해 추천합니다.

몸이 근질근질하다. 파란 하늘 가을 날씨가 골프 치러 가자고 유혹한다. 필드에는 못 가니 연습장에라도 가서 공을 쳐 봐야 할 것 같다.

당구 치는 사람들이 처음에 당구를 배울 때는 가만히 누워 있어도 천정이 당구대로 보이고 걸어 다닐 때는 사람들 머리가 당구 공으로 보인다고 하더니만 오늘 내 눈에는 아파트 엘리베이터를 기다리면서 골프 스윙을 하고 있는 사람이 보이고, 지난 시절의 내 모습을 보는 것 같아 피식 웃음이 난다.

골프가 내 인생의 한자리를 차지 한지도 15년 정도 지난 것 같다. 많은 이들과 어울리며 그들의 삶을 엿볼 수 있었고 그 속에서 즐거움과 행복 그리고 씁쓸한 인간의 내면을 들여다 보기도 한다.

얼마 안 되는 내기에도 열이 받는 사람들, 남들 보다 잘 치려고 애쓰는 경쟁심, 코스에서 배우는 전략들, 멀리건을 허락하는 배려와 자신의 타수에 대한 신뢰 등 어느 것 하나 우리 인생에서 보게 되는 삶의 흔적과 다른 것이 없다.

회사 생활을 하면서 주말 골퍼로 그리고 가끔 아내와 함께 라운딩을 하면서 골프에서 느끼는 삶의 흔적과 회사 생활에서 필요한 능력 한 자락이 서로 비슷하다는 것을 알

게 되었고, 지난 30년 동안 인사 담당자로서 경험한 내용을 골프와 접목시켜 골프 치는 직장인들과 서로 공유하고 싶다는 생각으로 골 때리는 인생 코칭을 써 보게 되었다.

함께 라운딩을 할 때마다 항상 통찰력 있는 말씀으로 골프와 회사 생활을 연결해 주시는 P 사장님으로부터 이 책을 쓰게 된 동기를 부여받았음을 고백하며 감사의 말씀을 전한다.

"사장님, 이번엔 꼭 싱글하세요."

많은 이들이 이 책을 읽고 이 책 어느 한구석에 숨어 있는 보석을 발견하여 자신의 능력 개발과 인간관계 개선에 도움을 받는다면 더 이상 바랄 것이 없겠다.

본 책을 쓸 수 있도록 격려해 주신 변 연배 멘토와 항상 새로운 통찰력을 제공해 주시는 유 관재 목사님께 감사를 드리며, 많은 에피소드에 등장하며 언제나 현명하고 아낌없는 사랑을 주는 아내 미경, 글을 읽고 피드백을 준 우리 딸 들, 다연, 다슬 그리고 의미 있는 표지와 그림을 그려준 다나와 함께 첫 출판의 기쁨을 나누고자 한다.

"여러분 모두 골인 하세요. 골프에서 인생을 배우세요."

c o n t e n t s

01

드라이버 샷으로 배우는 인생 코칭

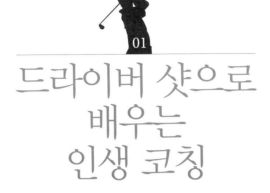

드라이버 샷으로
배우는
인생 코칭

전무님은 우달

"이 전무님, 이번 주말에 뭐 하세요?"

점심 식사를 마치고 사무실로 돌아오는데 P 사장님이 묻는다.

"뭐 특별한 계획이 없는데요?"

"그럼 번개로 이번 주말에 운동이나 할까요? 지난번에는 비 때문에 제대로 운동도 못하고 와서 너무 아쉬웠는데 잘 되었네요."

"좋습니다. 장소는 제가 알아보고 연락드리겠습니다"

여름 초입이라 아직 덥지 않고 날씨가 좋다. 지난주에 비가 와서 한탄강의 물이 많이 불어 있어 강 위에서 래프팅을 하는 사람들이 멀리 보이고 절벽으로 이어진 풍광이 정말 한 폭의 그림 같다.

옷을 갈아입고 나왔는데도 20분이나 시간이 남는다.

'퍼팅이나 연습해 볼까?' 출발 장소 옆에 있는 연습 그린에서 퍼팅을 연습해 본다. 퍼팅 입스로 고생하고 있기 때문에 미리 연습을 해 보며 어떤 자세와 그립을 취해야 할지 고민하며 공을 굴려본다. 그런데 역시 잘 안된다. 오늘 퍼팅이 걱정된다.

"사장님들, 출발하겠습니다."

카트로 돌아오니 카트에 실려있는 골프 백들을 살펴보던 캐디가 빨간색 골프 백을 의아한 눈으로 쳐다본다.

"신사장님, 채가 9개밖에 없는데 맞나요?"

"네, 맞아요. 전 7번 이상 채는 없어요."

카트를 타면서 신 전무가 대꾸한다.

골프는 최대 14개의 채를 이용하여 게임을 하도록 규정되어 있어서 대부분 14개의 채를 가지고 다니고, 일부 아마추어는 한두 개 더 가지고 다니기도 하지만 골프채를 9개만 가지고 다니는 경우는 매우 드문 경우다.

정해진 개수 이하로 채를 가지고 게임을 한다 해서 누가 무어라 할 사람은 없지만, 보통은 14개의 채를 자기에게 맞게 조절하여 가지고 다닌다.

캐디가 이상하다는 듯이 고개를 갸웃거리며 첫 번째 홀로 이동하기 전에 캐디 노트에 고객별로 채의 개수를 기록한다.

첫 홀부터 나의 드라이버 샷이 잘 맞는다. 티 샷이 똑바로 잘 간다. 오랜만에 필드에 나왔는데도 공이 잘 맞는 것이 퍼팅만 잘 되면 오늘 게임은 잘 풀릴 것 같다.

두 번째로 티 샷을 준비하는 신 전무에게 캐디가 드라이버를 건네준다.

"신사장님, 나이스 샷입니다"

파 4 세컨 샷이 100미터 정도 남았는데 캐디가 물어본다.

"신 사장님, 몇 번 클럽 드릴까요?"

"5번 우드 주세요."

"아니, 사장님, 여기서 우드는 너무 길지 않나요?"

"저는 아이언이 잘 안 맞아서 그래요, 그냥 우드 주세요."

그리고 5번 우드로 샷을 하는데 부드럽게 온 그린 시키며 투 퍼트로 파를 기록한다. 나는 투 온 하고 쓰리 퍼팅으로 보기를 기록하고 P 사장님과 장 전무도 보기를 기록한다.

"허허!"

옆에서 지켜보면서 그냥 헛웃음이 나온다. 실수려니 했는데 이분에게 아이언과 우드는 크게 의미가 없는 것 같다. 캐디 백에 채가 몇 개 없는데 다음 샷은 어떻게 칠 것인지 기대된다.

다음 홀은 파 5다. 신 전무가 먼저 드라이버를 쳤는데 제대로 맞아서 거리를 제일 멀리 보내 놓는다.

"캐디 언니, 5번 우드 주세요."

170미터 정도 보내고 나니 홀까지 120미터 남는다. 다시 세컨 친 5번 우드로 홀을 공략한다. 역시 부드럽게 온 그린 시킨다. 100미터부터 180미터까지 그냥 우드 하나로 친다.

'이분 우달 (우드의 달인)이네!'

우드를 이렇게 거리에 상관없이 잘 치는 분은 처음 본 것 같다.

"아니 신 전무님, 어떻게 우드를 그렇게 잘 치세요? 우달로 인정하겠습니다."

우드 하나로 이렇게 다양한 거리를 공략하려면 나름 오랜 기간 연습과 실전이 필요했을 것이다. 골프는 어떤 것이든지 하나는 잘해야 된다. 우드 하나만 잘 쳐도 골프 스코어는 많이 줄일 수 있음을 알 수 있는 순간이다.

지인 가운데 드라이버 거리가 짧은 대신에 우드 샷과 퍼팅을 정말 잘하는 송 집사님이 있다. 송 집사님도 드라이버 거리가 180미터 안쪽으로 짧다 보니 절대로 오비가 나지 않고 우드를 워낙 잘 치다 보니 170미터 이상 남아도 별문제 없이 홀 주변에 갖다 놓거나 온 그린 시킨다. 그리고 퍼팅의 거리 감이 좋다 보니 우드로 먼 거리 온 그린을 시키더라도 쓰리 퍼트하는 경우가 거의 없다. 절대 OB를 내지 않고 우드로 거의 온 그린 시키고, 쓰리 퍼트가 없으니 싱글하는데 크게 무리가 없다. 게임하고 싶지 않은 1순위다.

"송 집사님, 어떻게 그렇게 우드를 잘 칩니까?"

"드라이버 거리가 짧으니까 다른 대안을 찾아야 하지 않겠습니까? 그래서 저는 요즘 우드하고 어프로치 연습만 합니다. 우드를 많이 치다 보니 거리도 늘고 정확성도 좋아진 것 같습니다."

TV를 보다 보면 생활의 달인이 많이 보인다. 최근에 본 생활의 달인은 스마트 폰 수선의 달인이다. 스마트폰 수선의 달인은 해당 업무에서 습득한 전문적 기술과 다양한 경험을 통한 그만의 노하우를 확인시켜 주었다. 그는 스마트 폰이 충전이 잘 안되는 경우, 테이프로 충전 구멍에 쌓여 있는 먼지를 제거해 줌으로써 간단하게 문제를 해결하거나, 폰의 유리가 깨진 경우, 젠더에 마우스를 연결해 문자를 보내거나 검색할 수 있는 방법을 소개한다. 그리고 정전기가 발생하지 않게 만드는 방법 등 그만의 노하우를 보여 주었다.

정말 많은 휴대폰을 수리해 보고 나름대로 연구하고 아이디어를 낸 결과가 지금의 달인으로 만들어 준 것이다.

전문가는 어느 한 분야에 정통한 사람이다. 이 사람에게 맡기면 일이 해결될 것이라고 믿을 수 있는 사람이다. '우달'이 우드 하나만 주면 어떤 거리에서도 온 그린 시킬 수 있는 것처럼 그 분야에서는 신뢰할 수 있는 사람인 것이다.

내가 존경하는 P 사장님께서 직장 생활 초기에 플라스틱 사출 기계 영업을 하셨는데, 그때 영업하면서 만났던 담당자들과 지금도 연락을 하고 지낸다며 연락처와 명함을 보여 주신 적이 있다.

"이 전무님, 이 명함 첩이 제 재산입니다."

그때는 신입이거나 낮은 직급이었지만 지금은 그분들이 모두 한 회사를 이끌어 가는 중요한 위치에 있어 필요한 경우 도움을 주고받을 수 있다고 한다. 그렇게 영업 활동을 하며 만들어 온 인맥은 실제 업무에서 빛을 발한다. 얼마 전 그룹 회장님이 왔을 때, 모회사의 CEO와 면담 일정을 잡아야 하는 요청이 들어왔다. P 사장님은 그동안 쌓아온 인맥을 이용하여 면담을 성사시키고 좋은 회의 결과를 만들어 내었다. 그 회사의 CEO가 사장님의 인맥에 들어있는 분이었기에 가능한 면담 진행이었다.

'이 분은 참 네트워킹의 달인이구나!'

어떻게 30년 이상을 한번 맺은 인연을 계속 유지 발전시킬 수 있는지 감탄이 절로 나온다. 그 네트워킹을 유지하기 위해서는 얼마나 많은 경조사에 찾아가 주고, 승진 시 축하와 연말연시의 카드와 그리고 명절 때의 선물로 관계를 유지했을지 짐작이 간다. 시간적 그리고 양적으로도 많은 일을 해야 하지만 그 속에 진심을 담아서 전했을 것이라는 것은 보지 않아도 알 수 있다.

전문가는 회사의 중요한 자산이다. 전문가는 때에 따라서 관리자의 역할보다 기술적인 전문성을 높이고 관련 연구나 지식의 깊이에 더 매진하기도 한다. 회사는 이러한 전문가를 현업에 유지하고 더 동기부여할 필요가 있고, 이를 현실화 시키기 위하여 듀얼 래더 정책을 쓰기도 한다.

즉, 전문성의 깊이와 성취 정도에 따라 관리자와 같은 직급으로 승진시키고 자신만의 길을 갈 수 있도록 만들어 주는 것이다. '우달'은 다른 클럽에 별로 관심이 없거나 우드 샷에만 자신이 있을 수 있음도 기억해야 한다.

할 수 있다면 우리 모두 자신이 하는 일의 어느 한 분야에서는 전문가라는 소리를 들어야 한다. 남들이 인정해 주는 전문가는 해당 분야에서 꼭 필요한 사람일 것이다. 또한 어떤 일을 맡기더라도 믿고 기대할 수 있으며, 항상 좋은 결과를 만들어 내고 지금 그 자리에 서있는 사람이다.

"나는 '우달'인가?"

곰곰이 생각해 볼 일이다.

나는 '우달'이 되었으면 한다. 골프에서도 인생에서도 게임을 주도하고 남들이 인정하는 '우달'이 되었으면 한다.

장 사장님, 프로세요?

"이 전무님, 이번 대만 워크샵에 초대합니다."

"김 사장님, 감사합니다."

"이번 행사 계획은 우리 박 부장이 준비하고 있습니다."

"네, 박 부장이 전 직장에서 대만 출장을 많이 다녔다고 하던데 이번 워크샵 준비에 빛을 발하네요."

2017년 회사의 실적이 좋은 해당 사업부 전체를 대상으로 대만 워크샵 및 팀 빌딩이 진행되어, 약 20명의 직원들과 함께 대만에 다녀오게 되었다.

해외에서 처음 진행되는 3박 4일 행사이어서 그런지 직원들이 많이 들떠 있다. 이번 행사에는 회사와 거래하는 대리점 사장님들과 직원 몇 분이 특별히 초청 손님으로 초대되었는데, 공항 미팅 포인트에서 장 사장님을 처음 만났다.

"이 전무님, 저희 대리점 장 사장님이십니다."

김 전무가 장 사장님을 소개해 준다.

"안녕하십니까? 장 사장입니다."

"안녕하세요, 이인상 전무입니다."

키는 작지만 단단한 체격에, 남들을 기분 좋게 만들어 주는 웃음으로 아주 명랑하고 기분 좋은 인사를 한다. 역시 사업을 하시는 분이라 사람 대하는 것이 참 자연스럽구나 하고 생각을 담아 두었다.

첫째 날은 시내 관광으로 시간을 보내고 저녁식사로 마무리하는데 저녁 식사 시간에 술들을 많이도 마신다.

'내일 골프는 어떻게 치려고 저리들 많이 마시나!' 한편으로 걱정도 된다. 전에 임원들 골프 행사 진행하면서 전날 술들을 너무 마셔서 한 임원이 공 치다 말고 페어웨이 한구석으로 달려가던 기억이 떠오른다.

기대하던 날이 밝았다. 대만에서 골프 친다는 것이 항상 있는 일도 아니고 모처럼 맘 편하게 운동할 수 있어서 잠도 설쳤다. 근데 영 날씨가 도와주지를 않는다. 가는 날이 장날이라고 바람도 세고 일기 예보에 비도 올 거란다. 골프장에 도착해서 옷을 갈아입고 시간이 조금 남아서 샷 연습을 하러 옆에 있는 드라이빙 레인지로 갔다. 잔디밭에서 치는 연습장이어서 그런지 조금 색다르다. 이때, 장 사장님이 오더니 한 말씀하신다.

"이 전무님 이런 잔디밭 레인지에서 공을 칠 때는 한 쪽 끝에서부터 시작해서 디봇 자국 나는 대로 옆으로 이동하면서 연습하시면 됩니다."

"그러면서 앞으로 계속 치고 나가면 뒤에 있는 디봇 자국에 잔디가 자라납니다."

'아하 그렇구나, 그래야 계속 잔디가 유지되지.'

"그런데 장 사장님은 어떻게 이런 걸 다 아세요?"

"저는 매년 태국으로 전지훈련을 갑니다. 거기도 이런 연습장이 있거든요."

옆에서 장 사장님이 공을 치는 것을 보니 예사롭지 않다. 일단 자세부터 스윙, 그리고 공의 탄도와 바람을 뚫고서 나가는 비거리 등 꼭 프로가 공을 치는 것 같다.

"아니, 장 사장님, 혹시 프로세요?"

"아이 무슨 프로는요, 그냥 골프를 정말 좋아할 뿐입니다."

연습을 마치고 필드로 내려가는데 바람은 더 세진다. 비도 조금씩 내리기 시작한다. 장 사장님은 다른 팀과 플레이하고, 경기 끝난 후에 결과를 보니 그 어려운 날씨 속에서도 77타를 적어 냈다.

'역시 프로네!'

이 정도 바람에 비까지 오는 환경에서는 정말 대단한 스코어다.

"그런데 장 사장님, 어떻게 그렇게 공을 잘 치세요?"

장 사장님은 정말 골프에 열정이 있었다.

"저는 처음 골프를 시작할 때부터 거의 매일 연습장에서 살았습니다. 게임에서 지면 돈도 잃고 기분도 좋지 않더라고요. 하루에 일 끝나고 매일 2시간 이상은 연습장에서 보냈습니다. 지금도 연습을 거의 매일 하다시피 합니다. 그리고 프로 코치의 레슨도 계속 받고 있습니다. 겨울철에는 그동안 연습하고 미진하다고 생각한 부분을 필드에서 연습하기 위해 동남아로 전지훈련도 갑니다."

무엇이든 공짜는 없다. 무슨 일을 하든 장 사장님이 하는 것처럼, 열정과 끈기를 가지고 도전한다면 좋은 결과를 거둘 것이라 확신한다.

영업 사원들이 처음 거래처를 뚫기 위해서 그리고 기존 거래처에 신제품을 팔기 위해서는 그 제품에 대한 확신과 업무에 대한 열정이 필요하다. 어느 고객이 처음 만나는 영업사원에게 오더를 바로 주겠는가?

P 사장님과 황 부장은 오랜 기간 동안 거래를 하지 못했고 좋은 관계를 가져가지 못했던 거래처에 대하여 관계 개선이 될 때까지 계속 거래처 문

을 두드렸다.

"이 전무님, 우리가 이 고객을 우리 회사의 가장 큰 고객으로 만들기 위하여 얼마나 많이 찾아갔는지 아세요?"

"글쎄요?"

"처음에는 찾아가면 만나 주지도 않았습니다. 문전 박대 당하기 일쑤였습니다."

"일 년 동안 황 부장은 거의 매일 고객사를 방문했습니다. 그리고 저는 일주일에 한 번씩 연구소, 구매부, 생산팀 그리고 경영전략팀 등 임원들을 만나서 운동도 하고 식사도 하고 관계 개선을 위한 노력을 많이 했습니다."

얼마나 많은 시간과 노력을 쏟아부었는지 짐작할 수 있다. 이 열정을 가지고 도전한 결과 해당 기업이 원하는 개선된 제품과 솔루션을 제공할 수 있었고, 지금은 가장 신뢰할 수 있는 고객으로 만들 수 있었다.

"이 전무님, 이제부터가 더 중요합니다. 한번 만들어진 관계를 계속 유지하는 것은 또 다른 관심과 노력이 필요합니다. 신뢰를 만들기는 어렵지만 신뢰가 깨지는 것은 한순간입니다."

맞는 말이다. 잡아놓은 고기라고 관리를 잘 못하면 그냥 죽어 버릴 수 있다. 계속 좋은 관계를 유지하고자 한다면 가격 경쟁력을 유지하고, 품질 문제가 절대로 생기지 않게 하여야 한다. 또한 고객이 시장에서 계속 선도적인 위치를 유지할 수 있도록 신제품의 개발과 응용에 대하여 고객의 목소리를 귀 기울여 들어야 한다.

바람이 불고 비도 내릴 수 있다. 골프장에서의 환경이 변한다고 라운딩을 하지 못하는 것이 아니다. 아무리 어려운 환경이더라도 장 사장님은 77 타를 기록한다. 그렇게 만나주지도 않던 고객을 P 사장님과 황 부장은 열정과 끈기로 지금의 가장 중요한 고객으로 만들었다.

프로는 계속 진화한다.

장 사장님은 좋은 자세와 샷을 유지할 수 있도록 지금도 프로골퍼의 레슨을 받으며 앞으로 나아간다. 황 부장은 P 사장님의 조언을 바탕으로 계속 자신의 발전을 도모하고 있다.

"장 사장님, 프로 같네요."

장 사장님은 내가 본 아마 프로였다. P 사장님은 진짜 영업 프로다.

'많은 가르침을 주는 사람이 진짜 프로 아닌가?'

이젠 파 5에서 우드 안 잡는다.

TV에서 PGA 프로들이 파 5, 롱 홀에서 멋진 드라이버 샷을 하고 우드로 투 온을 시킨다. 그린을 세밀히 살핀 다음 퍼팅, 공이 홀 컵으로 빨려 들어간다. 나도 모르게 두 손을 번쩍 들며 탄성을 발한다.

"그렇지, 나이스 이글!"

마치 내가 이글을 한 것처럼 괜히 짜릿하다.

아직 샷 이글은 못 해 보았고 투 온 원 퍼트로 이글은 한차례 해 보았다. 우연히 아내와 조인 팀으로 비에이 비스타에 가서 부부 팀을 만났다. 무기명 회원권을 가지고 있는 팀이라 저렴한 비용이 마음에 든다.

오늘따라 우드가 잘 맞는다. 어제 저녁 연습 때도 우드가 잘 맞았다. 평상시 연습장에서 200미터 보고 연습하는데 충분히 그 정도 거리를 보내는 것 같다. 파 5, 롱 홀에서 드라이버가 페어웨이 한가운데로 가더니 생각보다 많이 굴러 간다. 드라이버의 가운데에 잘 맞았는지 평상시 보다 20미터는 더 간 것 같다.

어째 심상치 않다.

"이 사장님, 투 온 가셔도 되겠는데요? 한 210미터 남은 것 같아요."

캐디가 톤 높은 목소리로 신나서 한 마디 한다.

"그래? 언니 3번 우드 주세요"

"어깨 힘 빼고, 그래 우드를 믿어 보자."

힘껏 휘두른 우드의 타감이 좋다. 제대로 걸린 것 같다.

"아!"

그런데 방향이 아니다.

오른쪽에 그린 벙커가 멀리 보이고 깃대는 조금 왼쪽에 꽂혀 있다. 공은 벙커 쪽으로 날아간다. 어라, 그런데 공이 벙커 턱에 맞고 그린으로 올라가며 왼쪽으로 뛴다.

"사장님 나이스 온 이에요."

캐디가 자기가 샷 한 것처럼 좋아한다. 이 캐디 파이팅이 좋다. 고객들을 기분 좋게 만드는 힘을 가지고 있다. 부지런히 걸음을 옮겨 그린으로 가 보니 홀이 왼쪽으로 경사가 있어 공이 벙커 턱을 맞고 홀 컵 1미터 안쪽으로 굴러가 붙어 있다.

"이글 퍼트이기 때문에 컨시드 줄 수는 없고 퍼팅 하세요."

아내가 기분 좋은 멘트를 날리고, 나는 가볍게 탭 인으로 이글을 만들었다. TV에서 느낀 짜릿함을 실제로 느낀다.

조인 팀 부부도 축하해 주며 이글 패를 해 줘야 하는지 묻는데 두 번째 이글이라 사양하고 마음만 받았다.

이렇게 잘 맞고 이글까지 만들어 내던 우드가 어느 날은 참 골프를 어렵게 만든다. 어제 연습장에서 쭉쭉 뻗어 나가 연습장 그물망 중간에 딱딱 떨어 지던 그 우드 샷이 오늘은 이상하게 안 맞는다.

대영 힐스 청 코스 파 5홀, 이전에는 투 온 시켰었지만 너무 멀리 온 그린 시켜 4 퍼트로 보기한 홀이다. 이번에도 한번 올려 보자 하고 치려는데 뭔가가 이상하다.

"퍽"

뒤 땅이다. 한 30미터 굴러간다.

갑자기 열이 오른다. '아니 전에 투 온 시켰었잖아. 왜 그러는데!' 속으로 마음을 다 잡고 다시 우드를 잡는다. 충분히 온 그린 시킬 수 있는 거리니 올려서 파를 하자. 그런데 또 어깨에 잔뜩 힘이 들어가고 스윙은 부드럽지 못해서 다시 한번 뒤 땅을 때린다.

"퍽"

"아이고!"

이번에는 조금 더 굴러가서 50미터 정도는 간다. 제대로 열이 받는다. 드라이버 제일 잘 쳐 놓고, 내기에서 질 생각하니 더 경직된다.

"진작에 아이언으로 샷 할걸. 잘 맞는 4번 아이언 치면 160미터 가볍게 보내고 남은 거리는 웨지로 온 그린 하는데 아무 문제 없는데 왜 우드를 치는 거지?"

이해가 되지 않는다. 뒤 핀까지 남은 거리 130미터를 7번 아이언으로 안전하게 치는데 이번에는 너무 잘 맞았다. 평소 140미터 정도 보내는데 150미터 정도를 가는 것 같다. 숲으로 들어가지는 않고 언덕에 걸린다. 다행이다.

'내리막이네!'

자세 잡기도 어렵고 스윙이 아주 불편하다. TV에서 본 대로 몸을 언덕 경사와 비슷하게 기울이고 웨지로 가볍게 스윙을 한다. 그런데 몸이 일어 섰는지 웨지가 공 밑을 파고들지 못하고 머리를 때린다.

"아, 미치겠네!"

다시 그린 반대쪽 아래로 굴러 내려간다. 잔디가 별로 없어서 어프로치가 어려운데 걱정이 앞선다.

'한 타가 돈인데. 이거 배판을 치르게 생겼네!'

더 샷이 안 된다. 동반자들은 얼굴에 화색이 돈다. 전 홀까지 벌어 논 돈을 다 풀게 생겼다. 어렵게 어프로치 하는데 홀 컵에 가깝게 보내지 못한다. 투 퍼트로 마무리하니 트리플이다. OB가 난 것도 아닌데 트리플이라니 근래에 보기 드문 스코어에 짜증도 나고 배판을 만든 나 자신에 화도 난다.

한 번의 의사결정에 따라 이글과 트리플이라는 극과 극의 결과를 만들어 냈다. 의사결정에 있어서 사실에 기인한 의사결정을 하지 못한 때문이다. 어쩌다 한번 잘 맞은 우드 샷을 항상 잘 맞는 샷으로 오인한 것이다. 제대로 된 의사결정을 하기 위해서는 가능한 정확하고 많은 데이터가 필요하다. 연습장에서의 우드 샷 데이터가 아닌 필드에서의 우드 샷 데이터가 필요한 것이다. 필드에서 100%에 가까운 우드 샷을 구사했다면 나는 우드 샷에 자신감을 가져도 될 것이고 실제로 뒤 땅 치는 우드 샷은 보이지 않았을 것이다.

울산에 출장을 다녀오느라 행신역으로 오는 KTX를 탔다. 창가에 앉아 책을 보며 오고 있는데 동대구역에서 젊은 여성이 옆자리에 탄다. 조금 후 전화 통화를 하는데 여성이 조언을 한다.

"김 과장님, 이직은 과장님 인생에 있어서 굉장히 중요한 의사결정입니다. 저는 과장님이 이직에 대한 확신이 없으면 이직하라고 권유하고 싶지 않습니다. 고객을 행복하도록 도와주는 것이 제 일이기 때문입니다. 오늘 집에 가시면 현재 회사에 남아 있음으로 만나는 장점과 단점을 한쪽에 적고, 그 반대편에 이직하게 됨으로 얻게 되는 장점과 단점을 비교해서 적어

보세요. 그렇게 하면 장단점이 한눈에 들어와 결정에 도움이 될 거예요. 장점이 더 많고 과장님의 미래에 도움이 되는 쪽으로 움직이면 되지 않을까요?"

'좋은 방법이네!'

사실에 근거한 의사결정을 할 수 있는 현실적 방법을 한가지 배웠다. 최근에 은퇴한 조 부사장이 저녁 식사를 하자고 연락을 해서 식사 자리를 가졌는데 비슷한 고민을 털어놓는다.

"이 전무님, 제가 최근에 다니던 회사를 나와서 제 사업을 해 보겠다고 씨를 뿌리고 있는 중인데요, 아는 지인이 저의 영업 능력을 기대하며 회사를 키워 달라고 초빙을 하는데 제 사업을 해야 하는지 아니면 회사로 다시 들어가야 하는지 인사담당자 입장에서 조언 좀 부탁합니다."

그 여성 헤드헌터가 김 과장에게 조언한 대로 조 부사장님에게 내 의견을 말해 보았다.

"오늘 집에 돌아가셔서 개인사업의 장점과 단점을 한쪽 편에 적고 그 반대편에 지인 회사에 취업해서 얻을 수 있는 장점과 단점을 적어서 비교해 보시면 장점과 단점을 한눈에 볼 수 있을 것입니다."

이렇게 비교해 봄으로써 막연한 기대나 어느 한가지 사실에 기인하지 않고, 다양한 요소들을 모두 검토한 후 종합적인 판단을 할 수 있을 것이다. 능력 있는 은퇴자들은 언제나 시장에 길이 있음을 확인하기도 했고, 배운 것을 나누는 기쁨도 있어 아주 기분 좋은 저녁식사 시간이었다.

우드를 잡아야 할 때는 우드를 잡아야 한다. 항상 우드 샷이 잘 맞는데 굳이 아이언으로 쓰리 온을 할 필요는 없다.

나의 우드 실력은 어떤지?

나는 사실에 근거한 의사결정을 하는지 짚어보자.

다시 잘 맞는 우드 샷을 쳐서 이글 한번 해 보자!

가방 끈 길다고 공부 잘하나?

"이 전무님, 5월 4일에 꼭 오셔야 합니다."

임원 초청 골프 대회가 있어서 참석하였는데 시상 내역이 다양하다. 당연히 대회 챔피언이 있고, 우승, 준우승 그리고 신페리오 우승, 롱기스트 와 니어 상이 있다. 장타를 치는 참가자들은 롱기스트에 많은 기대를 하고 멀리 쳐보려고 힘을 써 보지만, 힘을 쓰면 쓸수록 공은 원하지 않는 방향으로 날아가고 페어웨이 안으로 보내지도 못해서 롱기스트 후보와는 거리가 멀어진다.

"이 전무님 롱기 한번 하셔야죠"

옆에서 동반자들이 유혹의 말로 어깨에 힘이 들어가게 한다. 비거리는 어깨에 힘이 들어가는 것과 반비례하는데 마음만 앞선다. 파 5, 롱 홀에서 마음은 300미터를 상상하는데 실제 거리는 200미터 정도밖에 나가지 않는다. 그것도 도로 옆 언덕으로 올라가 버린다. 아쉽다.

"도로라도 타고 가다가 페어웨이로 들어오지."

신형 우드가 걸려 있는데 욕심이 앞서서 페어웨이도 못 지켰다.

"괜히 힘만 썼네."

100타를 깨고자 할 때는 매일 드라이버만 연습했다. 손가락에 쓸데없는 물집이 잡히고 오른손 엄지에는 굳은살이 박인다. 비거리는 남자의 자존심이라고 하지 않나? 남자는 일단 장타를 쳐야 된다는 생각이 넘쳐나던 시절이다. 어쩌다 드라이버 하나가 잘 맞으면 230미터를 넘게 나간다. 그때부터 '내 드라이버 샷은 230미터야.' 라는 착각을 한다.

이제 드라이버는 됐다 싶어 필드에 나가면 공이 일정하게 나가지 않는다. 잘 맞았다고 생각하면 왼쪽으로 당겨지거나 오른쪽으로 슬라이스가 나고, 거리는 나는 것 같은데 똑바로 가는 공이 별로 없다. 어쩌다 잘 맞는 드라이버 하나로 오늘의 모든 잘못된 샷을 위로한다. 스코어를 보면 언제나 100언저리다. 드라이버만 죽어라 연습했는데 제대로 된 드라이버 샷은 안 나오고 아이언과 어프로치는 정확하지 않다. 쓰리 퍼트도 가끔 나오니 스코어가 좋을 수가 없다.

"가방 끈 길다고 공부 잘하는 거 아냐, 드라이버 멀리 보낸다고 매일 버디하나? 먼저 똑바로 보내야지."

"드라이버는 쇼고 퍼팅이 돈이라는 유명한 말도 있잖아."

김 프로가 한마디 하며 기를 죽인다.

골프 대회 가운데 장타 대회가 있다. 장타대회에 나오는 선수들은 보통 400야드 가까이 비거리를 낸다. 그런데 8번의 기회를 가져가면서 페어웨이에 들어오는 공은 2~3개밖에 되지 않는다. 장타를 치기 위하여 그 수보다 더 많은 OB를 내는 것이다.

세계 장타대회에서 새들로프스키는 공식적으로 434야드를 날렸다. 놀랍게도 퍼터로도 300야드를 기록한다. 7번 아이언으로 240야드를 날리니 내가 드라이버로 치는 것보다 멀리 보낸다. 새들로프스키와 장타 대결을 해서 패한 프로 골퍼 개리거스는 '골프는 멀리치기 게임이 아니다'라고 말했지만, 새들로프스키의 골프 최저타 기록은 62타로 장타 선수가 골프 스코어도 좋을 수 있음을 보여준다.

장타가 골프 스코어를 좋게 만드는데 충분히 기여한다는데 동의를 하지만 그 전제 조건은 페어웨이 안으로 드라이버를 실수 없이 보낼 수 있어야 한다는 것이다. OB 한 방에 두 타를 잃는 골프 게임에서 페어웨이를 벗어나는 드라이버 샷은 치지 아니함만 못하다.

임원 초청 골프대회에서 도로를 맞고 언덕에 올라간 드라이버 샷의 아쉬움을 뒤로하고 4번 아이언을 꺼내 든다.

'잘 맞을까? 4번 아이언 습을 안 했는데.'

발끝 내리막 언덕이라 자세 잡기가 불편하다. 거리를 내 보자고 4번 아이언을 풀 스윙으로 친다.

"어-어-어"

공이 오른쪽으로 확 휘어져 날아간다. 조금 더 왼쪽을 보고 쳤어야 하는데 그냥 똑바로 보고 쳤더니 OB 다. 드라이버 하나 잘못 쳐서 언덕에 보내 놓고 제대로 연습 안된 아이언으로 공략하다가 타수만 잃었다.

'4번 아이언 좀 더 연습할 걸.'

볼이 나간 곳에서 다섯 번째 샷을 한다. 아직도 갈 길이 멀다. 3번 우드로 잘 맞으면 200미터 가니까 온 그린 공략하자고 신중하게 샷을 한다. 공이 나가는 것을 보고 싶었는지 고개를 번쩍 드는 것이 느껴지고 볼의 머리를 때린다. 제대로 공을 맞히지 못해서 그냥 뱀 샷이 된다. 그래도 100미터는 간다.

'다행이다. 이제 좋아하는 피칭 샷으로 붙여서 더블로 막자.'

아이언 중에서 피칭은 연습을 해서 나름 자신이 있다. 그린 앞 벙커가 조금 신경 쓰인다. 하지만 충분히 그린에 올릴 수 있는 거리다. 공이 잘 맞았는지 손의 느낌이 좋다. 그런데 탄도가 너무 높아 거리가 조금 짧은 것 같다.

"왜 또 벙커야!"

의욕이 사라지며 타수를 세본다. 벌써 7타 째다.

"이러다 더블 파 하겠다."

벙커 샷은 일단 탈출이 목표다. 홀 컵을 겨냥하고 쳤지만 거리가 멀다. 투 퍼트로 마무리하고 보니 양파다. 파 5, 롱 홀에서 5개나 더 쳤다. 언덕으로 보낸 드라이버 샷 하나가 양파의 시발점이 된 것이다. 골프는 균형이 필요한 운동으로 드라이버를 잘 친 다음에는 아이언이나 우드를 잘 쳐야 그린에 공을 올릴 수 있고, 그린에 올려서는 퍼팅을 잘해야 좋은 스코어를 만들 수 있다는 골프의 기본을 배우는 시간이었다.

균형 잡히지 못한 능력은 회사에서도 문제를 만들어 낸다. 기술적 능력은 뛰어나지만 리더십이 부족하고 근시안적 관리를 하는 매니저는 팀 매니저로서는 많은 문제가 있음을 보여준다. 단지 드라이버만 잘 쳐서는 좋은 스코어를 만들 수 없는 것처럼, 기술적 능력만이 뛰어나서는 팀을 잘 이끌어 좋은 성과를 만들어 내지 못한다. 기술적 능력과 리더십, 솔선 수범하는 행동 등 여러 가지 역량을 골고루 갖추어야 좋은 관리자로 성장할 수 있는 것이다.

한가지 능력만이 우수한 인재와 여러 분야의 경험을 한 인재를 놓고 누구를 뽑아야 할 것인가를 놓고 오랜 시간 격론을 벌였다. 글로벌 영업부에서 인재 채용을 하게 되어 다양한 경로로 후보자를 추천받았다. 해당 영업부에서도 한 명의 인재를 추천하였는데, 잠재력이 우수한 브라질에 있는 한국인 2세다. 영어는 원어민처럼 완벽하게 사용하지만 한국말이 서툴고 회계 및 재무

분야는 경험해 보았지만 영업이나 마케팅 분야에서는 전혀 경험이 없었다.

또 다른 후보자는 한국의 써치 펌이 추천한 한국인 인재로 해당 영업분야에서 13년 이상을 경험하였고 꾸준하게 좋은 영업 실적을 올려오고 있다. 물론 영어도 잘하고 영업 실적에 따른 다양한 포상 경력도 화려하다.

누구를 채용하여야 할까?

드라이버만 멀리 잘 치는 골퍼를 채용하여야 할까? 아니면 드라이버 거리는 짧아도 아이언 샷과 우드 샷 그리고 어프로치와 퍼팅도 균형 있게 잘해서 좋은 스코어를 보여주는 골퍼를 채용할까?

일단 해당 사업부에서는 영업 성과를 계속 올리기를 원하고 더 나아가 새로운 프로젝트도 만들어가기를 원한다. 한국말도 제대로 하지 못하는 한국인 2세가 혼자 고객사에 가서 원하는 영업 성과를 만들어 낼 수 있을까? 만약 기술적 질문을 받게 되면 무슨 답변을 할 수 있을까? 플러스 요인과 마이너스 요인을 비교해 보니 한국인 영업사원을 채용하는 것이 답이었고 결론이었다. 역시 잘 한 결정이었고 좋은 실적을 올리고 있다.

드라이버를 잘 치면 스코어를 줄이는 데 도움을 준다는 것에 동의하였듯이 드라이버를 잘 치는 능력을 다른 클럽도 잘 칠 수 있는 능력으로 발전시켜야 한다. 잠재력이 있는 브라질 한인 2세를 한국이 아닌 브라질에서 직접 채용하여 2~3년 동안 영업이나 마케팅 훈련을 시킨 다음, 영업이나 마케팅 담당으로 아시아 지역본부로 보내는 것이 어떨지 고려해 보도록 권고하였다.

가방 끈만 길어가지고는 공부를 잘할 수 없다. 가방 속에 들어 있는 책으로 다양한 분야의 지식을 늘리고 많은 경험을 해야 좋은 스코어를 기록할 수 있는 것이다. 부족한 것이 있다면 오늘부터 연습하자. 좋은 스코어는 내가 하기에 달려 있다.

'나는 드라이버만 잘 치는 100타 골퍼인가?'

'아니면 드라이버도 잘 치고 다른 클럽도 모두 잘 사용할 줄 프로 골퍼 인가?'

스피드가 답이다.

오늘 아침에 끝난 제 100회 PGA 챔피언십 최종라운드를 보느라 잠을 설쳤다.

타이거 우즈의 명품 샷이 기대되었고 가끔 전성기 시절의 멋진 샷을 보여 주어 타이거 우즈가 살아 있음을 보여 주었다. 준우승으로 경기를 마친 타이거 우즈는 빠르고 정확한 드라이버 샷과 아이언 샷으로 부상 이전으로 돌아왔음을 알려 주었고, 2017년 12월 말 투어에 복귀할 때 1199위에서 1173계단을 뛰어올라 26위로 세계 랭킹을 끌어올렸다.

새벽에 일어나서 피곤하긴 하지만 영업팀과 라운딩을 가기로 해서 피곤함을 잊을 수 있다.

'어디 보자, 오늘은 가보지 않은 강남 쪽 골프장 한번 찾아볼까?'

'레이크 힐스 용인, 11시 5분, 좋다.'

시간대도 좋고 누군가 쉽지 않은 골프장이라고 말한 것이 생각난다. 얼마나 어려운지 확인해 보고 싶은 생각도 들어서, 딱 한 팀 남아있는 것을 재빨리 예약하고 영업팀 멤버들에게 카톡을 날린다.

언제부터인지 영업 팀 직원들과 가끔 라운딩을 하면서 내가 알고 있는 골프 지식을 나누는 재미도 있어서 라운딩을 계속 이어지게 만든다. 골프채를 잡아본 사람은 누구나 다른 사람을 가르치려고 한다고 했던가? 나도 그 범주를 벗어나지 못하고 있는가 보다.

레이크 힐스에 도착해서 카트에 모여 있는데 박 부장이 감사의 말을 던진다.

"전무님 이번에도 잘 부탁드립니다."

"저번에 원 포인트 해 주셔서 어프로치가 많이 좋아졌습니다."

골프에 입문한지 얼마 되지 않은 박 부장이 자기가 어프로치를 배운 다음 고객 접대하러 가서 잘 써먹었다고 무용담을 털어놓는다.

"홀 주변에서 잔디가 없으면 공을 가까이 두고 골프채를 당겨 힐 쪽을 들고 토를 세워서 퍼팅하듯이 치라고 하셨잖아요. 그래서 라운딩 끝나고 연습장 가서 연습을 해 보았는데 거리와 방향이 아주 잘 맞는 거예요. 지난주에 접대 가서 어프로치로 재미 좀 보았죠. 다섯 타는 줄인 것 같아요."

아직 90대 후반 타수를 치고 있는 박 부장은 배우는데 열심이다. 조도현 프로가 방송에서 시현하던 것을 보고 배워서 나도 지금 잘 사용하는 방법인데 박 부장도 괜찮았던 모양이다.

"그런데 전무님, 드라이버 비거리는 어떻게 해야 늘어납니까?"

박 부장은 보통 드라이버 티 샷으로 170미터 정도 보낸다. 박 부장은 공을 살살 달래서 친다. 드라이버만 살살 치는 것이 아니고 아이언도 자신이 없는지 거리를 제대로 내지 못하고 7번 아이언으로 100미터 정도를 보낸다. 그러니 투 온을 시키지 못하고 아직 어프로치가 정확하지 못해서 타수를 줄이지 못하고 있다. 다행스러운 것은 공이 가운데로 다니니 OB나 해저드에 빠지지 않는다는 것이다.

사파이어 코스 1번 홀, 파 4 홀이다. 내리막이 심한 홀인데 박 부장이 드라이버 샷을 준비하면서 연습 스윙을 한다. 그런데 드라이버의 스윙 스피드가 너무 느리다. 영 아니다.

"박 부장, 스피드가 있어야 거리가 나지! 그렇게 살살 달래서 치면 어떻게 거리가 나나? 그냥 빵빵 쳐."

"박 부장, 스피드가 답이야. 공은 안 깨지니까 걱정하지 말고 스윙 스피드를 더 높여서 쳐."

박 부장이 드라이버나 아이언을 치기 전에 연습 스윙을 충분히 하도록 하고 인-투-인 궤도로 스윙 궤도를 가져가도록 하면서 자신 있게 오른 손으로 채를 던지도록 하였다. 스윙 스피드를 올리도록 하니까 방향이 조금 왔다 갔다 하지만 거리는 조금씩 늘어나는 것이 보인다. 박 부장도 조금씩 변화되고 있는 자신의 스윙을 느끼는지 만족스러워하는 모습으로 드라이버에 스피드를 더한다.

"굿 샷! 야! 엄청 간 것 같은데"

"전무님, 역시 스피드가 답인데요."

골프에 있어서 빠른 스피드가 비거리를 결정짓는 중요한 요소인 것처럼 빠른 스피드는 기업의 의사결정 결과에 영향을 준다. 우리는 빠른 의사 결정을 하여야 할 때에는 그때를 놓쳐서는 안 된다. 때를 놓치면 기회가 다시 오지 않기 때문에 빠른 의사결정이 필요하다.

시간 안에 의사결정을 하지 못하게 되면 데드라인을 지키지 못하게 되고, 프로젝트가 지연되거나 자원이 낭비되고 함께 일하는 사람들에게 좌절을 안겨 주게 된다.

어떤 사람들은 더 확실한 정보를 얻고, 그런 정보를 분석하는데 더 많은 시간을 써서 올바른 의사결정을 하기를 원하기도 한다. 그러나 그러한 의도가 아무리 좋다고 하더라도 시간을 끌게 됨으로 나타나는 결과는 시장

기회를 잃는다든지 또는 직원들의 사기를 떨어뜨리는 것과 같이 아주 부정적으로 나타나게 된다.

회사에서 중요한 연구 인력을 채용하여야 하는 과정에 어렵게 후보자를 발견하였는데, 해당 업무에 아주 적격이며 더 이상의 후보자는 발견할 수 없다는 판단을 하였다. 해당 부서에 인터뷰 일정을 잡으라고 하니 그룹 연구소장이 인터뷰 예정 주일에 휴가를 갈 예정이고 2주 후에나 인터뷰를 할 수 있을 것 같다고 한다.

후보자를 추천한 헤드헌터는 인터뷰 일정을 빨리 잡아야 한다고 알려온다.

"이 전무님, 후보자가 다른 곳에서도 인터뷰를 보았는데 반응이 괜찮았고 다음 주 정도에 결과를 알 수 있을 것 같아서 만약 오퍼를 받으면 해당 후보자가 다른 회사로 갈 수도 있습니다. 참고해 주세요."

"네, 잘 알겠습니다. 빨리 인터뷰 일정을 잡도록 해 보겠습니다."

빠른 의사결정이 필요한 순간이다. 어렵게 만난 후보자를 매니저가 휴가 가는 일정 때문에 인터뷰를 못해서 놓치게 된다는 것은 생각할 수 없는 일이다. 좋은 인재를 놓칠 수 없어서 아시아 연구개발부서 인사담당자에게 전화를 걸었다.

"류이, 이 후보자를 이번 주 안에 인터뷰하지 못하면, 다른 회사에 이 후보자를 뺏길 수 있습니다. 다른 회사에서도 이 후보자를 채용하려고 인터뷰 했다는 헤드헌터의 얘기가 있습니다. 다음 주 안에 인터뷰를 하고 채용을 결정해야 합니다."

아시아 인사담당자에게 이번 채용 건의 긴급함을 알려 주었고 그룹 연구소장과 의견 교환을 한 다음 바로 다음날 전화 인터뷰를 하였다. 인터뷰한 모든 사람이 최고의 인재라고 인정하였고 이틀 만에 채용 결정을 하여 무사히 원하는 인재를 채용할 수 있었다.

열심히 일하는 사람이 반드시 일을 잘하는 사람은 아니다. 일을 잘한다고 평가를 받는 사람은 시간 안에 일을 끝마쳐 주는 사람이다. 원하는 자료를 빠른 시간 안에 만들어 제공해 주는 사람이다.

정확하고 꼼꼼하게 자료를 만드느라 정해진 시간을 못 지키는 사람이 있다.

"김 부장, 자료 어떻게 됐어요?"

"아직 준비 중입니다."

아직 전달받지 못한 자료는 의사결정하는 데 전혀 도움을 주지 못한다. 정확한 자료가 시간을 지키지 못하면 자료로써 가치를 잃게 됨을 기억해야 한다.

빠른 스피드를 기대하지만 몸이 좋지 않거나 스윙을 제대로 배우지 못해서 빠른 스윙이 되지 못하는 경우에는 시간을 벌어야 한다. 충분히 연습할 시간이나 몸을 좋은 상태로 되돌릴 시간이 필요하다. 그래야 장타를 칠 수 있고 스코어도 잘 만들어 낼 수 있기 때문이다.

"전무님, 금요일까지 자료를 준비하려면 시간이 조금 부족할 것 같은데 이 자료 다음 주 화요일까지 드리면 안 될까요?"

시간이 더 필요하면 시간을 벌어야 한다. 아무런 말도 하지 않고 자료의 제출 시한을 넘기면, 당연히 자료가 이번 주 금요일까지 준비되는 것으로 알고 있다가 의사결정을 하지 못하게 되어 실망하게 되고, 김 부장에 대한 믿음이 사라지게 된다. 시간이 부족하여 다음 주 화요일까지 준비하겠다고 하는 경우에는 김 부장이 자료를 만들어 낼 수 있도록 최대한 시간을 벌어 주려 할 것이고 화요일까지 기다릴 것이다.

"빠른 스피드가 답이다"

만약 박 부장이 빠른 스피드로 원하는 비거리를 만들어 내면서 페어웨이 한가운데를 지킬 수 있다면 좋은 스코어를 기대해도 될 것이다. 빠른 스피드로 올바른 의사결정을 할 수 있다면 기업의 성과도 좋아질 것이다.

진정한 골프 고수는 스피드를 즐긴다. 그들은 헤드 스피드를 즐긴다. 골프고수는 그린 스피드를 즐긴다. 그린피가 그린 스피드를 유지하는데 들어가는 돈이라고 강변하는 고수들은 퍼팅한 볼이 의도한 대로 굴러서 홀에 굴러 들어가는 그린 스피드를 참 좋아한다.

스피드를 즐겨야 한다.

헤드 스피드건, 그린 스피드건, 아니면 의사결정 스피드건 스피드를 즐기는 사람이 고수다.

'오늘은 어떤 스피드를 즐겨 볼까?'

포스가 장난이 아니네.

    그렇게 덥던 여름 날씨가 오후에는 서늘한 바람을 동반하면서 가을에 들어서고 있음을 알린다. 공원을 산책하던 아내가 갑자기 서늘한 바람에 골프 치고 싶다는 마음이 들었는가 보다.

"내일 토요일인데 볼이나 칠까요?"

"그래? 좋지."

    동반자 구할 필요 없는 조인방이 있어서 너무 편리하다. 전국 회원권을 다 가지고 있으니 주말에도 마음만 먹으면 골프 칠 수 있다. 부부 팀을 선택해서 10시쯤에 부킹 했는데 바로 연락이 온다.

    운악산 근처에 있는 리앤리 CC는 처음 개장했을 때 가보고 5년 만에 가본다. 그때는 신설 골프장이라 조경이나 잔디 상태나 조금 부족함을 느꼈있는데 생각보다 괜찮다. 물론 블로그에 나와 있는 후기도 참고해서 골프장을 선택하긴 했지만 잘 온 것 같다.

"회원님, 이제 출발합니다. 카트로 오세요."

    우리는 15분 전에 연습 그린에 내려가서 퍼팅 연습을 하고 있는데 캐디가 부른다. 다른 부부가 부지런히 연습 그린에서 걸어오면서 인사를 한다.

"안녕하세요, 반갑습니다. 조금 늦었습니다."

    반갑게 인사하는데 포스가 장난이 아니다. 일단 40대 후반 정도로 보이는 윤 사장이라는 남자분은 신장이나 체격이 좋다. 공을 잘 칠 것 같다는 생각을 들게 만든다. 내 지인 중에 로우 핸디를 갖고 있는 김 프로가 항상 타이틀리스트를 입고 있는 것처럼 이분들 부부가 쌍으로 타이틀리스트로 맞취 입었다. 블랙 앤 화이트다.

"이 분도 고수인가?"

여자분은 40대 초반 같은데 뒤에서 보면 역삼각형으로 근육이 잘 발달된 것이 근육 운동을 많이 한 것처럼 보인다. 허리에는 거리 측정기를 매달고 있는 것이 공 좀 치는 것 같다. 보통 여성들이 거리 측정기를 사용하는 것을 많이 보지 못해서 일단 장비를 쓴다는 것 자체만으로 공을 잘 친다고 생각하게 만든다.

"이 여성분도 포스가 장난이 아니네!"

골프장에서 30분 거리에 살기 때문에 이 골프장에 자주 온다는 젊은 부부는 지난주에도 왔는가 보다.

"자기 이번엔 저번보다 한 타만 더 줄여 봐. 그러면 7자 그릴 수 있을 텐데."

"캐디 언니, 지난주에 이 코스에서 36타 쳤어요. 오늘 잘 부탁해요."

'이 팀이 진짜 잘 치는가 보다'라는 생각에 괜히 경쟁심이 생기기도 하고 '어디 얼마나 잘 치나 보자'라는 생각도 함께 일어난다. 티 샷 순서를 뽑아 보니 윤 사장이 먼저다. 스윙 하는 폼이 괜찮다. 바람을 가르는 소리대로 맞으면 300미터는 갈 듯하다.

첫 홀에 앞 팀이 세컨 샷을 준비하고 있다.

"지금 앞 팀 세컨 지점이 220미터 정도 됩니다. 조금 있다가 세컨 치고 나가면 치도록 하겠습니다."

"윤 사장님 준비하세요."

캐디가 앞 팀이 세컨 샷하고 걸어가는 것을 보고 쳐도 된다고 말한다.

"캐디 언니, 저기까지 260미터 정도 되나요?"

"아니요, 240미터 조금 넘을 것 같습니다. 거리가 나시면 조금 더 있다가 치세요"

"캐디 언니, 나는 그 정도 거리 안 나가니까, 제가 먼저 치지요. 윤 사장님, 제가 먼저 치겠습니다."

"네 그러세요."

윤 사장은 기다리고, 나는 드라이버로 티 샷을 한다. 파 4홀에서 드라이버가 잘 맞아서 230미터 정도 거리에 떨어진다. 윤 사장이 드라이버를 휘두르데 쉭 쉭 바람소리가 난다. 연습 스윙을 세 번 하고 힘 있게 스윙을 하는데 공이 확 당겨진다.

"볼~~"

왼쪽 홀에다 대고 캐디가 소리친다. 260미터 생각하고 있다가 150미터 정도의 왼쪽 홀로 날아가는 볼을 보니 조금 허탈하다.

'한번 실수할 수도 있지 첫 홀이니까.' 다음을 기대해 본다.

아내는 여성 골퍼들 가운데서는 드라이버를 잘 치는 축에 든다. 역시 첫 샷부터 멀리 간다.

"굿 샷이에요."

캐디의 굿 샷 소리에 기분이 좋아진다. 드디어 윤 사장 부인이 티 샷을 한다. 거리 측정기를 꺼내 거리를 보고 드라이버를 휘두른다. 역시 폼이 좋다. 맞으면 거리가 많이 날 것 같다.

"안돼!"

드라이버를 치자마자 윤 사장 부인이 소리를 친다. 공이 슬라이스가 크게 나서 오른쪽으로 밀린다. OB다. 부부가 첫 홀에 모두 OB를 낸다.

아내는 5번 아이언으로 세컨 샷을 쳐서 홀 컵에 붙인다. 첫 홀부터 버디다. 나는 어렵게 파를 하고 윤 사장 부부는 더블 보기를 기록한다. 첫 홀이니까 그럴 수 있겠지 하면서 두 번째 홀로 이동한다.

다시 내 첫 샷은 제대로 페어웨이 한가운데로 가고 윤 사장은 전 홀에 더블 보기 한 것이 마음에 안 드는지 조금은 신중해진다. 어깨에 힘이 들어간다. 어깨 턴이 제대로 안 되었는지 아니면 전 홀에 당겨 친 것 때문인지 이번에는 공이 오른쪽으로 날아간다. 다시 OB다. 윤 사장 얼굴이 실망으로 어두워진다.

"당신 오늘은 샷이 이상하네. 뭐가 문제지?"

윤 사장 부인은 윤 사장을 편하게 해 주려고 애쓴다. 그런데 아내가 잘 치니까 그런지 윤 사장 부인의 공도 똑바로 가지 못하고 다시 왼쪽 벙커로 들어가 버린다. 거리도 아직 많이 남았다. 아내와 나는 파로 마무리하고 윤 사장 부인은 벙커에서 나오느라 보기를 한다.

전반 9홀을 마치고 보니 나는 41타, 아내는 40타를 기록하고 윤 사장은 49타, 윤 사장 부인은 48타를 기록한다.

"아! 뭐지?"

뭔가 속은 느낌이다. 저 부부를 처음 보았을 때는 프로 선수 같은 포스에 복장과 장비까지, 그리고 서로 얘기하는 것을 보았을 때는 전반에 40대 초나 30대 후반을 쳐야 될 것 같았는데 실제 뚜껑을 열어 보니 전혀 다르다.

사람을 평가함에 있어서 여러 가지 형태의 오류가 존재한다.

그 가운데 한가지 오류는 한 대상의 두드러진 특성이 그 대상의 다른 세부 특성을 평가하는 데에도 영향을 미치는 현상으로 후광 효과에 의한 오류가 있다. 후광 효과는 가장 일반적인 평가 오류 형태이다. 윤 사장 부부의 포스를 보고 공을 잘 칠 것 같다고 판단한 것이 후광효과로 인한 평가 오류다.

에드워드 손다이크는 군인들을 대상으로 한 실험에서 이를 증명하였다. 제1차 세계대전 때 심리학자 손다이크는 지휘관들에게 병사들 개개인의 역량을 항목별로 평가하도록 하였는데, 지휘관들은 체격 좋고 품행이 단정한 병사들이 지성, 리더십 역시 높을 것이라 예상했고, 그렇지 않은 군인들은 대부분이 역량이 낮을 것이라고 평가하였다.

그러나 실제로 외모와 지성과는 객관적으로 상관관계가 없다는 것이 밝혀졌다.

후광효과 때문에 채용에서 낭패를 본 기억이 난다. 실제로 S대 출신이니까 당연히 일을 잘 할 것이라고 생각하고 채용했는데 실제로는 그렇지 못해서 고생한 적도 있었고, 영어를 잘하기에 일도 잘 할 것이라고 판단하여 채용했지만 실제로는 기대치에 많이 미흡한 경우도 있었다.

우리의 생활 가운데에서도 후광효과는 마케팅의 한 방법으로 사용된다. 화려한 포장지는 그 속에 든 물건을 더 값지게 보이게 만들고, 타이거 우즈 선수가 사용하는 드라이버를 사용하면 나도 300미터를 보낼 수 있을 것 같아 구매하게 되는 오류에 빠지기도 한다.

이처럼 후광효과는 가장 흔한 판단의 오류 형태이므로 객관적 데이터에 근거한 판단을 하여야 함을 기억해야 한다.

골프는 지난주에 잘 쳤다고 반드시 오늘도 좋은 스코어가 나오는 것은 아니다. 골프장이나 동반자가 바뀌거나 환경이 변할 수도 있기 때문에, 오늘 나와 함께 치는 동반자의 실력을 보고 오늘 스코어가 그 사람의 평상시 골프 실력으로 잘 못 판단하는 실수를 할 수 있다.

이것은 최근 효과의 오류이다. 내가 보는 가장 최근의 일이 그 이전까지의 일을 동일시하여 판단하게 한다. 인사 평가 시에 가장 최근에 좋은 업적을 달성한 사람의 성과를 전체적으로 더 잘 했다고 평가하는 최근 효과의 오류에 빠지기도 한다.

'나는 가수다' 라는 TV프로그램에서 가수들이 노래 부르는 순서를 결정할 때 가능하면 제일 처음 부르는 것을 피하려고 하던 것이 기억난다. 가장 늦게 부르는 노래가 가장 많이 기억난다는 것을 모두 알고 있었던 것이다. 최근 효과를 알고 있는 것이다.

처음 효과의 오류도 있다. 처음에 잘 못하면 계속 잘 못할 것 같다고 판단하는 것이다. 윤 사장 부부가 전반 9홀을 치는 것을 보고 후반 9홀도 잘 못칠 것이라고 판단하는 것이다. 실제로 후반에는 두 사람 모두 40타를 쳐서 처음에 판단한 나의 편견을 바꾸어 주었다.

주의해야 할 오류 가운데 하나가 관대화 오류이다. 윤 사장 부부는 서로에게 컨시드를 잘 준다. 조금 멀어도 컨시드를 주고 서로에게 멀리건을 여러 차례 준다. 실제 타수로 계산하면 적어도 다섯 타는 더 되는 것 같다. 서로에게 매우 관대하다.

지인 가운데 신 프로는 사내 직원들과 골프를 치러가면 잘 못 치는 직원들에게는 벙커나 깊은 러프에 들어가면 내놓고 치게 하거나, 언덕으로 올라 가서 라이가 안 좋아도 평평한 곳으로 내려놓고 치게 한다고 한다. 본인 말로는 초보들에게는 매우 관대하다고 한다.

관대화 오류는 평가 장면에서 실제보다 높은 점수를 주거나 긍정적인 방향으로 평가하는 평가자의 오류이다. 관대화 오류는 조직 내에서 공정하고 정확한 평가를 하지 않아 조직 내에서의 형평성에 부정적인 영향을 줄 수 있음에 유의하여야 한다.

보다 공정하게 하기 위하여 평가 시 정규 분포가 이루어지도록 하고 사례에 입각한 구체적인 평가를 하도록 하여야 한다.

스코어 카드를 제대로 기록하여야 공정한 게임이 될 수 있다.

지나치게 긍정적인 판단이나 부정적인 판단을 유보하고 중간 정도로 평가하려는 중심화 경향도 주의하여야 할 판단 오류의 한 형태이다. 책임을 회피하려는 사람들이 모든 직원들을 '중'으로 평가해 버린다.

평가받는 사람은 자기가 잘 한 것에 대하여 분명한 피드백과 평가 및 보상을 바라기 때문에, 중심화 오류로 인하여 잘한 사람과 못한 사람의 구분이 되지 않아 사기 저하나 불만의 원인이 되기도 한다.

평가 기준을 분명히 하고 평가 방법을 충분히 숙지하도록 하여 객관적으로 평가하도록 하여야 한다.

윤 사장 부부와 골프를 마치면서 '인사담당자로서 사람을 제대로 보지 못하는 구나' 하는 자책을 한다.

사람을 제대로 평가하는 일이 참 어렵다. 판단을 흐리게 하는 여러 가지 효과를 알면서도 실제로는 적용하지 못하고 끌려다닌다.

이제부터는 좀 더 신중해 지자. 용기를 가지고 아니라고 말해 보자.

나는 후광 효과의 오류에서 자유로운가?

나는 최근 효과와 처음 효과에서 자유로운가?

"이 전무님, 이 드라이버 요즘 버바 왓슨이 사용하는 핑 G400인데요. 거리가 30미터는 더 나간다고 합니다."

"안 사요. 그냥 제 드라이버 더 쓸래요."

이게 우드야 드라이버야?

파리 시내에서 30분 거리에 있는 골프장이다. '파리에서도 골프를 칠 수 있을까?' 하는 기대감을 오늘 필립이 만족시켜 주고 있다. 우연하게도 함께 일하는 글로벌 인사팀의 필립과의 저녁 식사 대화 중에 골프 얘기가 나왔고 시간이 되면 라운딩을 하자고 약속한 것이 1년 전이었는데, 이번 프랑스 출장중에 하루 휴가를 내서 라운딩을 하자고 메일로 일정을 알려 왔다.

"땡큐, 필립!"

1976년 몬트리올 올림픽에 10종 경기 프랑스 대표로 참가한 필립은 모든 운동을 좋아하고 골프도 즐긴다. 80대 중반을 기록하는 스코어를 가지고 있지만 스코어보다는 골프 그 자체를 즐기는 것 같다.

필립은 친구와 골프장의 주차장에서 만나서 인사를 나누며 나를 소개해준다. 필립의 친구는 88올림픽 때 프랑스어로 진행을 도운 사람이다.

"안녕하세요, 만나서 반갑습니다."

한국어로 인사를 한다. 오래전에 배운 한국어를 잊지 않고 사용한다.

파리의 골프장은 한국 골프장과 비교하여 시설은 열악하다. 락카 룸과 샤워 시설이 공사 중이라 사용할 수 없어 그냥 옷을 집에서 입고 오거나 차량에서 갈아입는다. 우리도 차에서 옷을 갈아입고 일인용 수동 카트에 백을 실은 다음 시작 티로 이동한다.

그래도 프랑스에서 처음 치는 골프라 즐겁기만 하다. 캐디가 없어서 거리를 정확히 알 수 없고 거리 목을 참고하여 샷을 하여야 하는 불편함은 여전히 남아 있다.

필립이 준 캐디 백에는 우드를 닮은 오래된 드라이버가 들어 있다.

"필립, 이거 우드에요 드라이버에요?"

요즘 드라이버와 달리 360cc 정도 되는 것 같은데 우드와 비슷하다. 이 드라이버로 공을 맞힐 수 있을지 모르겠다.

"아 그건 내 친구한테서 빌려온 드라이버인데 꽤 오래된 드라이버라고 합니다. 그래도 그 친구는 그 채로 매번 싱글을 칩니다."

그러니까 채의 문제가 아니고 골퍼의 기량에 따라 스코어가 달라진다는 얘기다. 모양만 보면 우드인데 드라이버의 역할을 충분히 해 낸다는 설명이다. 필립과 친구는 이 골프장에 자주 오는지 내 공이 페어웨이에 떨어지면 홀까지 거리를 불러 주면서 캐디 역할을 해 준다.

우드 닮은 드라이버에 익숙해지면서 거리도 적당히 나고 방향은 페어웨이 한가운데로 나간다. 필립의 친구가 이 오래된 드라이버로 싱글 친다는 말이 실감이 난다.

"필립, 이제 2홀 남았네요. 저는 현재 17개 오버하고 있습니다."

"이 전무, 나보다 1타 적게 치고 있네요. 나는 18개 오버하고 있습니다."

각자 자기 스코어 카드를 보면서 스코어를 말한다. 필립은 운동을 즐기면서도 승부사의 기질이 있기 때문에 내 스코어를 계속 확인해 보곤 한다.

17번 홀에서는 내가 보기를 기록하고 필립은 파를 기록한다. 드디어 동타다. 필립의 얼굴에 미소가 넘친다.

"이 전무, 이제 마지막 홀입니다. 승부를 봐야지요."

"네 필립, 잘 치세요. 버디 하나 하세요."

필립에게 버디를 하라고 말하면서도 속으로는 내가 버디를 해야지 하고 마음먹는다. 나도 승부욕이 발동된다.

필립이 드라이버 샷을 왼쪽 러프로 보낸다. 이기려는 맘 때문인지 어깨에 힘이 들어가서 공을 당겨 버린다. 러프가 길어서 투 온 시키기가 만만치 않을 것 같다.

'찬스다.'

러프에 빠진 필립의 공을 보면서 마지막 홀에서 파를 기록할 수 있다면 한 타 차이로 필립을 이길 수 있을 것 같다는 생각이 밀려온다.

"우드 닮은 드라이버야, 너를 믿어 보마."

역시 우드를 닮아서인지 방향성은 좋다. 거리는 조금 덜 가는 것 같은데 페어웨이 한가운데다. 거리 목을 보니 150미터 목 안쪽이다. 140미터 정도 남았는데 가장 자신 있는 7번 아이언으로 치면 실수 없이 온 그린이 가능할 것 같다.

"오 마이 갓!"

예상대로 필립은 러프에서 공을 쳐 냈지만 온 그린을 못 시키고 홀까지 40미터 정도의 거리를 남겨 둔다.

"이 전무, 잘 치세요."

필립의 격려가 실수하기를 바란다고 들린다. 필립의 기대를 져버리고 내 볼은 홀 컵에서 5미터 정도에 떨어진다.

"나이스 온."

필립이 축하한다. 그런데 필립은 3번째 샷을 남겨 놓은 상태라 마음이 편치는 않은 것 같다.

"나이스 샷 필립, 홀 컵에 붙은 것 같아요."

40미터 어프로치가 아주 잘 되었다. 공은 홀을 지나 3미터 정도에 멈춰서 있다. 내리막 퍼팅이다.

내 공은 오른쪽에서 왼쪽으로 옆 라이가 있다. 5미터 정도인데 버디는 쉽지가 않다. 붙여서 파만 하면 충분하다.

"나이스 파."

컨시드를 주어서 나는 파를 기록했지만 필립은 3미터 내리막 파 퍼팅을 놓친다. 무척 아쉬워하는 필립이다.

"좋은 라운딩이었습니다. 필립."

"공 잘 치네요, 이 전무. 내가 한 타를 졌네요."

필립은 한 타를 졌다는 것은 이 경기를 졌다는 것으로 생각하고 있었다. 자기가 운동선수로서 지금까지 살아오면서 승부의 세계는 1점 또는 1초 차이로 결정되기 때문에, 골프에서의 한 타 승부도 승자와 패자의 개념으로 받아들이고 있었다.

실제로 골프는 1등을 가리는 운동이다. 연장 승부를 해서라도 1등과 2등을 가리는 것이 골프다. 1등과 2등의 상금도 많은 차이가 있다.

PGA 투어에서 페덱스 컵에서 가장 높은 포인트를 쌓은 선수에게는 1000만 달러를 지급하고, 2위에게는 300만 달러, 3위에게는 200만 달러, 4위에게는 150만 달러 그리고 5위에게는 100만 달러를 지급한다. 1등과 2등 이하의 성적과는 엄청난 상금 차이가 존재한다.

"필립, 제가 한 타 이겼네요. 다음에 설욕할 기회를 드릴게요. 언제든지 한국에 오면 라운딩 합시다."

그 이후에 필립은 사람들을 만나는 자리에서 매번 내가 골프를 참 잘 친다고 소개한다. 자기가 한 타를 졌다는 말도 빠뜨리지 않는다.

우드인지 드라이버인지 모를 골프채를 보면서 처음에는 무척 실망했던 것이 그 드라이버의 성능이 그렇게 나쁘지 않으며, 최신의 드라이버 보다 거리는 조금 덜 나갈 수 있지만 방향성은 좋다는 장점이 있다는 것을 알게 된 것은 그 채를 쳐 보고서야 알게 되었다.

외모 만을 보고 잘못된 판단을 하게 되는 경우를 너무 많이 본다. 이들은 성적인 차별이나 인종적 차별 또는 지역적 차별 그리고 문화적 차별 등으로도 확대될 수 있다.

예전에는 우리 회사 한국 공장에는 여성 엔지니어가 한 명도 없었다. 당연히 남성이 여성보다 일을 잘 할 것이라는 생각 때문이었을 것이다. 그룹에서 다양성 정책을 펴면서 여성 엔지니어들을 채용하기로 결정하고, 여성 대학 졸업생들을 채용 전에 공장에서 실습을 하도록 하는 인턴쉽 제도를 도입하였다. 성공적으로 여성 엔지니어들이 정착하였고 지금은 다른 남성 엔지니어들과 함께 아주 협력적이며 생산적으로 일하고 있다.

학력만을 보고 능력이 제한적이라고 판단하기도 한다. 고졸이기 때문에 업무에 제한이 있을 것이라는 생각은 예전에 버린 지 오래다. 실제로 현장 생산직 출신이 회사의 생산이나 기술 담당 관리자로 승진한 예는 무수히 많고, 업무의 경험과 숙련도는 그들만이 가진 높은 가치로 평가할 수 있다.

P 사장님은 인재를 키우는데 많은 노력을 아끼지 않는다. 영업 지원 업

무를 하는 여성 인력을 영업사원으로 발탁하고 훈련시켜 2명이나 영업 임원으로 만들어 냈다. 여성이기 때문에 영업을 하지 못할 것이라는 기본 틀을 바꿔 버린 것이다. 지금도 가능하다면 남녀의 구분 없이 실력 만으로 사람을 평가하려고 한다.

P 사장님은 모든 사람들이 가지고 있는 서로 다른, 그러나 보완적인 기술, 배경, 그리고 문화적 지식을 바탕으로 모든 사람들의 잠재력을 극대화하는 방법과 가치를 잘 알고 있다. P 사장님은 직원들의 서로 다른 학습 방법과 업무 스타일을 잘 알고 있고, 직원들의 이러한 업무 스타일을 어떻게 효과적으로 적용할 수 있을까를 검토한다.

즉 개인이 프로젝트를 하는 것이 좋은지 아니면 그룹으로 프로젝트에 참여하는지를 좋아하는지를 검토하거나 또는 구체적이고 효율적인 시간 관리 방법으로 프로젝트를 진행할지 아니면 보다 창의적으로 문제를 해결할 수 있도록 자세한 시간 일정을 정하지 않고 프로젝트를 진행할지를 고민한다.

P 사장님은 사람들의 마음가짐을 달리하도록 여성 임원으로 성장시킨 사례를 내부 직원들의 교육이나 외부 고객과의 대화 시 가끔 인용한다.

능력에는 제한이 없다. 우드 닮은 드라이버지만 결과적으로 좋은 결과를 낼 수 있다는 점에 주목한다. 우드 닮은 드라이버를 쳐 봐야 그 가치를 알 수 있는 것처럼 여성 인력을 써 보아야 그들의 가치를 알 수 있는 것이다. 우드 같은 드라이버를 쳐보고 효과가 좋으면 이를 널리 알리는 것도 다른 사람들의 인식 개선을 도와주는 좋은 방법이다.

"필립 제가 한 타 이겼네요."

목표를 달성하기 위해 서로 다른 방법을 사용할 수 있음을 인식하도록 만드는 것도 중요하다. 사람들이 어떤 문제를 만나면 다양한 방법으로 일해 보도록 격려하고 가장 효과적인 접근 방법을 결정하도록 하자.

어떠한 편견도 갖지 않고 일을 해 나갈 수 있도록 나 자신에게 물어보아야 한다.

"나는 우드 닮은 드라이버를 우드로 보지는 않는가?"

"나는 우드 닮은 드라이버를 드라이버로 신뢰하지 않는가?

"필립, 우드 닮은 드라이버지만 역시 드라이버네요. 다음에 또 한 타의 승부를 기대합니다."

골프를 좋아하나요?

누가 '취미가 무엇이냐?'고 물어보면 나는 골프라고 대답한다.

꼭 골프를 잘 치기 때문에 골프를 취미라고 말하지는 않는다. 그냥 골프가 좋다. 필드에 나가도 좋지만 드라이빙 레인지에서 연습할 때도 좋다. 드라이버로 공을 칠 때 생각한 대로 공이 쭉쭉 뻗어 나가는 것을 보는 것도 좋고, 어쩌다 아이언으로 느껴지는 손맛은 계속 공을 치게 만든다. 연습 그린에서 원하는 방향과 거리로 공이 홀에 빨려 들어갈 때 느껴지는 퍼팅의 희열은 이루 말할 수 없다.

옆에서 연습하는 다른 골퍼의 공이 더 멀리 똑바로 가는 것 같으면 나도 모르게 어깨에 힘이 들어가고 경쟁적으로 공을 친다. 혹시 좋은 팁이 있지 않을까 하고 티칭 프로의 레슨을 귀동냥해 듣는다.

"사장님, 힘 빼고 부드럽게 '슝' 치세요"

내가 치는 공이 레슨받는 사람보다 더 잘 가는 것 같아 회심의 미소를 짓는다.

골프에는 열정이 있다. P 사장님과 라운딩을 할 때면 사장님은 가끔 새로운 채를 가져오신다.

"이 전무님, 오늘은 드라이버가 잘 맞을 것 같습니다."

새로 준비해온 드라이버를 선보이기도 하고 직접 피팅한 채를 지인들에게 무상 분양하기도 한다. P 사장님의 아들은 티칭 프로다. 아브라함이 하나님을 사랑하여 이삭을 드림과 같이 골프를 사랑하셔서 아들을 골프선수로 만드셨나? 이렇게 골프를 좋아하시는 분들과 함께 라운딩을 하는 것은 기쁨이다.

골프는 부부가 함께 즐길 수 있는 몇 안 되는 운동 가운데 하나이다. 약간의 비용이 든다는 것이 단점 일 수 있지만 횟수를 줄이고, 저렴한 비용의 골프장을 찾아가면 하루를 즐겁게 보낼 수 있다. 초록색 잔디 위를 걷는 것만으로도 힐링이 된다.

"굿 샷!"

"오늘 샷이 좋은데!"

부부가 함께 대화를 나누며 잔디 위를 걷고 굿 샷을 외쳐 주는 것이 낭만이고, 서로 나눌 수 있는 이야깃거리를 풍성하게 만들어 주는 추억의 한 장이 되지 않을까?

나이 먹어 멀리 가기 어렵거나 비용이 문제 되면 우리에게는 스크린 골프가 있다. 여름에 시원하고 겨울에 따뜻한 실내 스크린 골프장이 우리의 놀이터가 될 것이다. 심지어 친구들끼리 진담 섞인 농담도 한다.

"친구야, 우리 은퇴하면 스크린 골프장을 차려서 손님 없을 때는 우리끼리 게임하고 돈 벌면 필드도 나가는 것이 어떨까?"

이렇게 의미 있는 계획도 세워본다.

골프가 취미인 분들 가운데에는 절대 카트를 타지 않는 분들이 있다. 골프장에서는 잔디를 밟고 걸어야 한다는 철학을 가지고 있는 분들이다. 골프가 무슨 운동이 되느냐는 반론을 펴는 분들도 있지만 필드에 나가서 카트를 타지 않고 걸으면 6~7킬로미터를 걷게 된다.

"이 전무님, 걷는 것이 좋은 운동입니다. 저는 혈당이 조금 높아서 하루 만보 걷기를 목표로 하는데 필드에 다녀오면 하루 만보 걷기 목표는 초과 달성합니다."

이 의견에 동의한다. 걷기가 기본이다. 재미있게 걷고자 한다면 골프만한 운동이 없다.

우리나라에 있는 많은 군 골프장에는 체력훈련을 위해 타고 다니는 카트 없이 끌거나 캐디백만 싣고 다니는 카트를 운영한다. 걸으며 체력훈련을 하라는 것이다. 한 번은 군 골프장에 갔을 때 계속 오르막 코스를 걸으며 올라갔더니 제대로 체력훈련이 되는 것 같았다. 군인들의 체력훈련을 위해서도 즐겁게 운동할 수 있는 골프장이 좋은 훈련 장소라는 데 동의한다.

골프를 좋아하는 이유 가운데 하나는 아마도 기록경기이기 때문일 것이다. 나의 기록은 나의 실력에 기인하기 때문에 남을 탓할 수도 없고, 내가 노력한 만큼 그 결과를 볼 수 있기 때문일 것이다. 4명이 하는 게임이기 때문에 다른 사람과 실력이 비교되기도 하고 남보다 잘 치려는 경쟁심이 유발되는 것도 골프의 매력이다.

여기에 골프의 도박성이 가미되면 그 경쟁심은 더해지고 인간의 본성이 드러난다. 단돈 천 원짜리 게임을 하더라도 돈을 잃으면 언성이 높아지고 기분이 상해질 수 있는 것이 골프고 반대로 천 원을 따도 기분이 좋아지는 것이 골프다. 이러한 경쟁을 즐기고 싶다면 골프가 가장 좋은 게임이라고 추천한다.

다른 사람을 알고 싶으면 골프를 같이 쳐 보면 된다고 했다. 다른 사람의 성격과 매너를 알 수 있는 게임이 골프다. 또 나의 모든 것이 보일 수 있다는 점에서도 주의하여야 한다.

골프를 얼마나 좋아하면 골프 기도문까지 나왔겠는가?

'이제껏 골프를 한 것도 주님의 은혜인데 오늘도 필드로 인도하여 주심에 감사드립니다.

티 샷을 70%의 힘만 사용하는 지혜를 주시옵고,

아이언 샷은 간결하게 채를 떨어뜨리는 용기를 주옵소서,

OB나 쪼루에 주눅이 들지 않으며,

대자연의 풍성함 속에서 본전이나마 건지게 된 것을 가문의 영광으로 감사하게 하옵소서,

실수한 제 샷은 요행의 길로 인도하여 주시고,

러프나 디봇에서도 똑바로 나가게 하옵시고,

자주 카트 길을 따라 최대 비거리를 창출하게 하옵소서,

저에게는 항상 평정과 안정을 주시고,

상대 선수는 샷을 하는 매 순간마다 힘의 유혹이 가득하게 하옵소서,

오비나 더블 파로 괴로워하는 상대 선수를 위로할 수 있는 여유를 주시옵고,

또 간절한 마음으로 비오니 이겨도 겉으로 표시 나지 않게 내숭과 겸손함을 함께 주옵소서,

골프를 사랑하는 주님의 이름으로 간절히 기도드리나이다.

아멘.'

골퍼의 심리와 상대방과의 경쟁관계를 잘 나타내는 기도문이다. 자신의 마음을 다스리는데 골프만큼 좋은 운동이 없다. 조금만 흥분하거나 마음의 평정을 잃으면 원하는 샷을 하지 못하고 마음이 급하거나 자만심에 빠져도 실수를 하게 된다. 모든 샷에는 자신의 마음가짐이 담겨 있는 것이 골프다.

골프를 좋아하는 P 사장님은 영업사원은 무조건 골프를 쳐야 한다고 주장한다. 골프가 비즈니스에 도움이 된다고 확신한다. 만약 동반자들과 함께 차 한 대로 골프장에 가는 경우라면 이동 시간부터, 골프 경기 시간, 씻고, 이동하여 식사 및 헤어지기 전까지의 모든 시간을 계산해 보면 거의 하루를 함께 있게 된다는 것이다. 골프 외에 고객과 이렇게 오랫동안 시간을 보낼 수 있는 방법이 있는가? 없다면 골프를 쳐야 한다. 골프를 같이 치는 것이 고객에 대한 접대가 아니고 영업 상담하는 시간이며 거기에 들어가는 비용이라고 보는 것이 타당하다.

골프를 좋아하는 마지막 이유는 내일을 기대하기 때문이다. 전반 코스를 다 돌고 후반 세 홀 남았을 때부터 공이 맞기 시작한다. 아쉬움이 남는다.

"이 전무님, 9홀 추가할까요?"

그랬으면 좋겠다. 이제부터 치면 잘 칠 수 있을 것 같은 착각에 다음 약속을 한다. 오늘 실수하거나 잘 못 친 샷을 기억하지 못하고 제일 잘 친 샷 몇 개가 기억에 남는다. 이런 샷에 대한 기억은 다음 골프 약속을 기대하게 한다. 다음에는 오늘 잘 친 샷 들의 조합으로 게임이 이뤄질 것이라고 기대한다.

오늘도 골프 주기도문을 외며 필드에서 초록색 잔디를 밟고 싶다. 마음이 맞는 동반자와 굿 샷을 외쳐 보고 싶다.

02

아이언 샷으로 배우는 인생 코칭

아이언 샷으로
배우는
인생 코칭

골프장에서 왜 하키를 하세요?

처음 골프에 입문하면서 연습장에 매일 나갔다. 같은 교회의 박 집사님이 그립 잡는 법과 자세에 대하여 처음 알려 주고 그냥 독학으로 연습을 했다. 혼자 연습하다 보니 오늘은 잘 맞는 것 같은데 그 다음날은 이상하게 안 맞는다. 손가락도 아프고 그립 잡은 오른손 손가락에 물집이 잡힌다. 오른손 엄지에는 굳은살이 박인다. 온몸이 다 아프기도 하고……

"이거 골프 쉬운 운동이 아니네!"

한 3개월 독학으로 연습하다 보니 대충 공이 맞아 나간다. 연습장에서 열심히 공을 치고 있는데 박 집사님이 옆 타석에서 연습을 하고 있다가 한 말씀 하신다.

'이 집사님, 이제 필드 나가도 디겠는데!'

"그런가요?"

'하, 역시 나는 운동에 소질이 있구나! 나는 진짜 내가 공을 잘 치는구나' 라고 생각했다. 박 집사님이 약속을 잡는다.

"이번 주 토요일에 가까운 1.2.3 골프장이라도 가볼까요?"

무조건 오케이다.

"좋습니다. 감사합니다."

드디어 일정이 잡혔다.

'매일 출근하면서 보았던 그리고 지인들이 말하던 구파발역 근처의 1.2.3 골프장을 나도 가게 되는구나! 아싸!'

6홀짜리 골프장이지만 처음 필드에 나간다는 기대감에 가슴이 뛴다. 드디어 10분 거리 안에 있는 골프장에 도착하니 대기하고 있는 백이 꽤 많이 보인다.

박 집사님이 백을 관리하고 있는 마스터 캐디에게 묻는다.

"얼마나 기다려야 해요?"

"2시간은 기다리셔야 됩니다."

"이 집사님, 아래 연습장에 가서 연습 좀 하고 옵시다. 연습하고 오면 딱 시간 될 것 같아요."

공을 한 박스 치고 올라오니 이제 티 업 시간이 다 되었다.

박 집사님과 내 백을 하나의 카트에 싣고 걸어내려 가며 박 집사님이 캐디에게 한 말씀하신다.

"이 분은 오늘 처음 머리 올리는 거니까 잘 좀 부탁해요".

"네, 잘 알겠습니다.'

캐디가 시원시원하게 대답한다.

"첫 홀 150미터 파 3홀입니다."

조금 전 연습장에서는 그런대로 잘 맞았다. 캐디에게 아이언을 달라고 하면서도 기대 반 걱정 반이다.

"캐디 언니 5번 아이언 주세요."

걱정 반 기대 반으로 5번 아이언으로 샷을 했다. 초보는 걱정한 대로 공이 간다고 하더니, 역시 걱정한 대로 공이 머리를 맞고 그냥 굴러 내려간다.

"아이구! 이런! 참!"

만감이 교차한다. 어프로치는 배운 적이 없으니 간신히 홀 아웃하고 다시 두 번째 파 5홀로 이동해서 티 샷을 준비한다. 그동안 연습장에서 잘 맞았다고 생각한 드라이버를 힘차게 휘둘렀다.

"아! 정말!"

쪼루가 나서 또 공이 굴러간다.

"미치겠네, 뭐가 문제야?"

티 샷 한 공은 70미터 정도 굴러가서 서 있다. 그냥 그동안 연습한 7번 아이언으로 치자고 생각하고 세컨 샷을 친다. 그런데 첫 홀과 마찬가지로 7번 아이언으로 친 공이 마냥 굴러 간다.

"아니 공이 왜 안 뜨는 거야?"

공이 떠서 가야지 굴러간다. 세 번째 파 4 홀까지 공이 한 번도 제대로 맞지 않고 그냥 굴러 다닌다. 이때 캐디가 웃으면서 한 마디 한다.

"사장님, 골프장에서 왜 하키를 하세요"

그렇지 않아도 공이 안 맞아 미치겠는데 아주 비수를 꽂는다. 공을 제대로 한 번도 못 치고 있으니 할 말도 없다. 제대로 무시당했다. 6홀을 도는 동안 공 한번 못 띄우고 라운딩을 마쳤다. 몇 타를 쳤는지 기억도 나지 않고 빨리 이 자리를 벗어나고픈 생각뿐이었다.

'아, 쪽팔려!'

준비를 열심히 한다고 해도 그건 나만의 착각일 수 있다는 점에서 생각이 많아지는 날이었다. 준비가 덜 된 것이다. 연습장에서 독학으로 열심히 공을 쳤지만 프로 코치로부터 코치도 받은 적 없고 누구처럼 하루에 몇 시간씩 연습하지도 않고, 준비가 덜 된 상태로 머리를 올리러 갔으니 골프장에서 하키를 할 수밖에 없는 것이다.

처음 스키를 타러 갔을 때와 유사하다. 용평 스키장으로 회사 워크샵을 가서 처음 스키를 접했다. 김 부장이 내 손을 잡으며 말한다.

"이 전무님, 초급이나 중급이나 똑같습니다. 그냥 올라가서 내려 오시면 됩니다."

제대로 교습도 받지 못한 채 김 부장의 손에 이끌려 리프트를 처음으로 타본다. 그런데 이게 장난이 아니다.

"김 부장, 아니 중급이 초급하고 똑같다고?"

리프트에서 내리자마자 내려올 생각도 못 하고 그냥 얼어붙어 버렸다. 절벽 끝에 서있다는 두려움에 스키를 타고 내려올 수가 없어서 앉아서 내려

왔던 기억이 겹쳐 오른다.

준비가 안된 상태에서는 무시를 당하거나 손해를 당하거나 또는 잘못된 의사결정을 하게 된다.

인재를 채용해야 하는 일은 인사담당자와 해당 업무 매니저의 중요한 일 가운데 하나다. 좋은 인재를 채용하려면 인터뷰 준비를 잘 해야 한다. 채용 인터뷰를 준비하려면 먼저 일정을 잡고 인터뷰할 대상자의 이력서와 자기 소개서를 꼼꼼하게 읽어 보아야 한다. 그리고 어떤 질문을 할 것인가도 하나씩 적어 본다.

그리고 일반적인 질문 외에, 보다 심도 있는 질문을 위해 심층 질문 기법을 도입하는 것을 추천한다.

"당신이 최근에 이룬 3가지 성과를 얘기해 보세요."

"어떻게 그것을 실행시킬 수 있었나요?"

"당신의 역할은 무엇이었나요?"

"당신은 왜 그런 생각을 했나요?"

"지금 당신이 그것을 다시 한다면 어떻게 할 수 있을까요?"

'당신'과 '왜' 그리고 '어떻게'라는 단어에 중점을 둔 질문을 만들어야 한다. 그래야 그 사람이 취한 행동, 동기, 그리고 만들어낸 결과를 좀 더 의미 있게 알 수 있게 된다.

인터뷰 질문을 잘 준비하면 우리에게 필요한 인재인지 아닌지를 쉽게 판단할 수 있다. 한 번의 채용 실수는 오랜 시간 동안 조직에 고통을 주게 되기 때문에 인터뷰 준비를 철저히 하여야 한다.

주변에서 젊은 직원들이 다가올 미래를 준비하는 것을 종종 본다. 영어를 계속 공부하고, 관련 대학원에 다니고, 자기 업무에 필요한 자격증도 준비한다.

그리고 회사가 요청하는 경우에는 지방이나 해외로 보직도 변경한다. 지방이나 해외로의 보직 변경이 앞으로 기대되는 승진이나 자신의 발전에 필요한 준비라고 생각하기 때문이다.

언제 어떤 기회가 열릴지 모른다. 그 기회는 준비된 자만이 누릴 수 있다. 준비 안된 채 필드에 나가면 어려움을 겪을 수 있고 동반자들에게도 선의의 피해가 갈 수 있다는 점에 유의할 필요가 있다. 이제는 누가 부르더라도 자신 있게 필드에 나갈 수 있도록 충분히 연습하고 준비하자. 어떤 자리에서 부르더라도 내 역량을 발휘할 수 있도록 준비하자.

'이제 내 인생에 골프 공으로 하는 하키는 없다.'

성격 참 거지 같네.

프로들의 경기를 보다 보면 성격이 참 거지 같은 골퍼들을 보게 된다. 2015년 PGA 챔피언십에서 존 댈리 선수가 7번 홀에서 3번이나 공을 물에 빠뜨린 후 자기 성질을 못 이겨 그대로 클럽을 미시간 호수에 집어 던진 사건이 있었다. '오죽하면 클럽을 물속으로 던져 버릴까?' 하고 한편으로 이해가 가기도 하지만 한편으로는 매우 불쾌하다.

"뭐 저런 놈이 다 있나?"

"동반자가 무서워서 같이 공 칠 수 있겠나?"

LPGA 경기에서도 가끔 크리스티 커 선수가 볼을 원하는 대로 보내지 못하면 굉장히 화를 내고 자기 분에 못 이겨 성질을 낸다. 해설자가 저런 선수와 함께 같은 조에서 경기하면 굉장히 불편하다고 얘기한다.

골프를 같이 치다 보면 정말 동반자의 성격이 보인다. 아내가 어느 날 필드를 나갔다 오더니 함께 운동한 김 여사의 성격에 대하여 털어놓는다. 김 여사는 골프를 정말 좋아한다. 한겨울과 7, 8월 한여름을 제외하고 달력에 매주 3번씩 골프장 예약이 되어 있지 않으면 불안해할 정도다. 골프를 칠 수 있는 계절에는 일상의 우선순위가 골프라고 말한다.

그런데 김 여사는 경쟁의식이 굉장히 강하다. 체구가 작고 비거리가 나지 않기 때문에 거리가 긴 골프장은 별로 좋아하지 않는다. 특히 장타 치는 동반자에게 지나가는 말로 꼭 한 마디씩 한다.

"너는 거리가 길어서 좋겠다. 좀 살살 쳐."

김 여사는 자기의 스코어가 상대방 보다 좋으면 얼굴에 화색이 돌고 캐디와도 아주 즐겁게 얘기하며 게임을 진행한다. 그런데 동반자들 보다 자신의 스코어가 나빠지면, 그때부터 말이 없어지고, 다른 동반자들의 샷을 보지도 않을뿐더러, 갑자기 로스트 볼을 주우러 산으로 간다. 캐디가 불러도 소용이 없고 동반자들은 괜히 미안해지며 게임이 재미 없어진다.

"우리가 무슨 잘못을 한 거지?"

"저 언니 또 저렇게 하네."

동반자들은 익히 그 성격을 알기 때문에 적당한 거리를 컨시드 주기도 해서 스코어를 맞춰준다. 김 여사는 이런 성격이다.

4명이 회원대우를 받는 무기명 회원권이 있다 하여 회원과 함께 비에비스타 CC에 갔다. 역시 회원은 대우가 다르다. 캐디가 깍듯이 회원님, 회원님하고 호칭을 불러 준다.

이 회원님이 드라이버로 티 샷을 하는데 우측으로 공이 날아간다. OB다. 회원님이 성질을 낸다.

"아 뭐 공이 저렇게 맞냐"

"회원님 하나 더 치세요"

캐디가 상냥하게 말한다. 그래 처음이니까 멀리건을 줘도 좋지. 회원님인데.

그런데 이게 장난이 아니다. 공이 옆으로 나갈 때 회원님은 신경질 내고, 그때마다 캐디는 하나 더 치라고 하고 그 회원은 당연하다는 듯이 하나 더 치고, 싱글 스코어를 만들어 간다.

"아 싱글 스코어는 저렇게 캐디가 만들어 주는 것이구나"

동반자들 가운데는 가끔 골프 룰에 박식한 멤버들이 있다. 지인들과 백제 CC 초창기에 몇 번 다녀왔다. 내기를 하는 중이라 신경이 예민하다. 조 사장님의 공이 해저드에 빠졌다. 해저드 근처에 해저드 샷을 할 수 있도록 인조 매트를 깔아 놓았는데 조 사장님은 인조 매트를 싫어해서 볼이 빠진 해저드 뒤에서 샷을 하려고 한다. 그런데 정 사장님이 좀 깐깐한 성격이다.

"조 사장님, 해저드 티가 있으니까, 해저드 티에서 샷 하셔야 합니다."

"난 인조 매트가 싫어요. 그냥 해저드 뒤에서 칠게요."

"안되지요."

해저드 뒤에서 '치겠다'와 '불가하다'가 왔다 갔다 하다 결국 조 사장님이 인조 잔디에서 치게 되었는데 그 샷이 그린을 넘어 러프로 들어간다. 조 사장님의 얼굴색이 벌게지고 갑자기 분위기가 싸해진다. 결국 그 홀을 더블로 막는다. '다시는 같이 골프 치나 봐라'라고 말하는 것이 조 사장님 얼굴에 보인다.

상대방에 대한 배려와 골프에 대한 에티켓이 있다면 기분 좋게 게임을 할 수 도 있고 서로 격려하며 좋은 관계를 발전시켜 나갈 수도 있을 것이다.

골프에서는 프리 샷 루틴이 굉장히 중요하다. 전인지 선수는 항상 샷을 하기 전에 볼 뒤에 서서 마음속으로 샷을 그리고 그대로 샷을 하는 것을 볼 수 있다. 함께 볼을 치는 박 전무와 정 상무를 보면 두 사람의 프리 샷 루틴이 정말 다르다. 박 전무는 일단 볼 뒤에 서서 클럽을 세 번을 휘두른다. 동반자들은 이제 치겠구나 하는데 다시 볼 뒤에 서서 앞을 주시한다. 그리고 다시 세 번을 휘두르고 그제서야 볼을 친다.

"박 전무님, 그냥 두 번만 휘두르고 치세요."

정 상무는 이와 반대다. 그냥 프리 샷 루틴이 없고 공 뒤에서 보고 그냥 한 번에 친다. 그것도 매우 빨리 친다.

"정 상무님, 좀 천천히 치세요."

박 전무는 굉장히 신중하다. 업무를 할 때나 직원들에게 교육을 시킬 때도 세밀한 부분까지 설명한다. 반면 정 상무는 대담하다. 그리고 업무 처리를 빨리한다.

함께 일하는 사람의 성격을 알면 수월하게 일을 풀어 나갈 수 있기도 하다. 전에 함께 일했던 외국인 사장님께 연말 행사를 위한 기안을 올렸더니 다시 메일로 질문이 온다. 그 이전에 모셨던 사장님께는 큰 그림을 먼저 보여 드리고 나중에 다시 세부 사항에 대하여 보고 하였는데, 새로 오신 이 분은 처음부터 비용의 근거와 부서별 참가 인원수, 예비 장소 그리고 행사 진행 세부 일정 등에 대하여 질문해 온다.

이 분의 성격이 꼼꼼하다는 것은 리더십 교육을 하는 중에 성격 검사를 통하여 알게 되었다. 그 후부터는 처음부터 세부적인 내용을 붙여서 기안을 올리게 되었고 더 이상의 추가 질문 없이 승인을 해 주었다.

사람들의 행동 유형을 분석하는 도구로 DiSC 분석을 많이 사용한다. 현장 수퍼바이저 교육을 하는 중에 DiSC를 소개해 주었고 현장 직원들의 성격을 파악하여 의사소통에 이용하고자 하고 있다.

책, '사람을 읽는 힘 DiSC'에 간단한 DiSC 유형에 대한 설명이 있다. 사람의 성격을 크게 4가지로 구분하는데 각각의 특성이 있다.

주도형 (Dominant)은 결과를 중시하고 단도직입적이다. 사태를 주도하며 독립성이 강하고 위험을 감수하는 유형으로 큰 그림에 초점을 둔다. 주도형과 의사소통을 하기 위해서는 곧바로 요점을 파고드는 것이 좋다. 가급적이면 비즈니스 주제만 다루고 결과에 초점을 맞추어야 한다.

사교형 (Interactive)은 집단 지향적이며 낙관적으로 어떤 일이든지 높은 열의를 보인다. 사회성이 좋으며 동기를 유발하고 유머감각이 좋아 재미있다. 사교형과 의사소통하기 위해서는 상냥하게 대하고 곧바로 용건을 논하지 않는다. 상대방의 의견을 구하고, 지나친 디테일에 빠지지 않도록 큰 그림에서 벗어나지 않는다.

안정형 (Supportive)은 인간관계를 중시하고 현 상태를 유지하려는 성격으로 상대방과 조화를 잘 이루고 남을 잘 배려한다. 변함없이 일관성을 유지하고 감정이입에 능하며 인내심이 강하다. 안정형과 의사소통하기 위해서는 상대방에게 흥미를 보이며 친밀해지고 침착하고 인내심을 가져야 한다. 그리고 안정형과는 급하지 않고 느긋느긋하게 대하는 것이 좋다.

신중형 (Conscientious)은 논리적이며 분석적으로 캐묻기를 좋아하며, 세부사항에 치중한다. 정확하며 정리된 것을 좋아하는 성격이다. 외교적이다. 신중형과의 의사소통은 결정에 이르게 된 논리를 제공하고 질서정연하고 모든 준비가 되어 있음을 보여준다. 상대방에게 생각할 시간을 충분히 주고 질문을 던진다.

남을 알기 전에 나의 성격이 어떤지부터 먼저 알아야 한다. '지피지기면 백전백승'이라 하지 않았는가? 동반자의 성격 유형을 알면 좀 더 즐겁게 라운딩을 즐길 수 있다.

"저분은 원래 저래, 그러니까 이렇게 해주면 돼"

동반자의 행동에 크게 마음 상하지 않고, 상대방이 대접받고 싶어 하는 대로 해 주면 결국 그 동반자에게 나는 좋은 동반자로 남게 될 것이고 언제든지 또 부름을 받게 될 것이다. 외국인 사장님의 성향이 신중형이라는 것을 알게 되고 그에 맞는 의사소통을 하여 업무를 수월하게 만든 것처럼 행동유형 분석을 통한 업무 효율을 기대해 보자.

오늘은 어떤 성격 유형을 가진 동반자를 만나게 될까? 서로의 마음을 읽어 주는 동반자를 만나고 싶다.

오늘 많이 배웠습니다.

"두 분 관계가 어떻게 되세요?"

"아! 제 사위입니다."

"어쩐지! 아들 같은데 성이 달라서 궁금했습니다."

김 사장님이 고개를 끄덕이며 인사를 한다.

"휴가 기간 중에 라운딩 경험 좀 살려 주려고 함께 왔습니다. 아직 필드에 몇 번 나가지 않은 초보이니까 많이 가르쳐 주십시오."

"부럽습니다. 저도 빨리 사위 보고 싶네요. 우리 딸은 저보고 남자 친구를 만들어 달라고 합니다. 허허허"

김 사장님과 같이 온 천 사장님이 너털웃음을 지으며 부러운 눈초리를 보내는데 기분이 나쁘지 않다. 조인 라운딩을 해도 사위와 둘이 같이 갈 수 있으니 혼자 보다 낫다는 생각이다. 김 사장님과 천 사장님도 올해는 라운딩을 하며 휴가를 보내기로 하고 오늘까지 4일째 동반 라운딩을 하는 중이라 한다.

"여기 레이크힐스가 쉬운 골프장이 아닌데 경험하기에는 좋은 골프장이 되겠네요."

김 사장님의 샷이 참 좋다. 장타는 아니지만 일관성 있는 샷을 보여 준다. 천 사장님은 거리가 조금 더 나지만 약간씩 왼쪽으로 감기는 샷을 보여 준다. 두 분 다 구력이 오래돼서 그런지 숏 게임이 무척 좋다. 그린 주변에서 어프로치 샷이 홀 컵 주변을 맴돈다.

전반에만 김 사장님은 2개 오버다. 사진을 찍어서 친구들에게 자랑한다고 카톡에 올린다.

3일째 라운딩 중인 우리 손 프로는 둘째 날 끝마칠 때 느꼈던 드라이버와 아이언의 샷 감을 아직 찾지 못하고 자꾸 오른쪽으로 슬라이스를 낸다.

슬라이스가 자꾸 나니까 몸을 더 왼쪽으로 틀고 왼쪽을 보고 선 다음 너무 왼쪽으로 보내지 않으려고 치면 슬라이스가 나온다.

"손 프로, 슬라이스 난다고 왼쪽을 보고 서서 치면 슬라이스가 고쳐지지 않아요. 슬라이스를 고치려면 똑바로 서서 가운데로 치려고 노력해야 몸이 적응하게 됩니다. 나도 예전에 슬라이스 때문에 고생할 때 왼쪽을 너무 보고 치다가 바로잡느라 아주 힘들었어요."

"자. 똑바로 서서 쳐 봐요."

코칭이 시작된다. 필드 경험이 많은 고수가 자기 경험을 바탕으로 해주는 코칭이다. 좋은 기회다.

"오늘 좋은 코치 만났으니까, 열심히 배우게 손 프로."

나는 코칭의 역할을 김 사장님께 슬쩍 넘기고 김 사장님은 본격적으로 코칭을 시작한다.

손 프로는 3개월 정도 레슨을 받아서 그런지 폼은 잘 잡혀있는데 힘 조절이 잘 안되고 공을 끝까지 보지 못해서 탑 볼을 낸다. 연습 스윙은 스피드 있게 하는데 막상 공을 놓고 스윙하면 스피드가 현저히 떨어진다. 숏 아이언으로 어프로치 할 때면 멀리 가면 어쩌나 하는 걱정 때문인지 제대로 스윙을 못해서 항상 절반의 거리 밖에 보내지 못하고, 꼭 한번 더 어프로치를 해서 온 그린 시킨다. 손끝의 감각은 좋아서 퍼팅은 거의 투 퍼트로 끝내는 것이 장점이다.

"손 프로, 오늘은 에이밍하고 아이언을 스피드 있게 치는 것에만 집중합시다."

역시 고수다. 김 사장님은 많은 경험을 바탕으로 초보에게 한 번에 너무 많은 것을 알려주면 받아들이지 못하고 생각이 많아져서, 공을 더 못 친다는 것을 알고 있기에 쉽게 실전에 적용할 수 있는 두 가지 목표에만 집중하고자 하는 것이다.

"손 프로! 자, 지금 드라이버 샷을 하려고 서 있는 발끝에 드라이버를 그대로 내려놔 봐요. 이제 뒤로 나와서 드라이버가 놓인 방향이 내가 처음에 생각했던 방향인가 다시 보세요."

"어, 이상한데요. 저는 가운데 보고 섰는데 뒤에서 보니까 왼쪽 끝을 보고 있네요."

"이게 보통 초보들이 많이 실수하는 것 중에 하나입니다. 똑바로 서는 것 같은데 조금씩 조금씩 왼쪽으로 돌아서 있어서 공을 칠 때는 오른쪽으로 슬라이스가 나는 샷을 하는 겁니다. 그렇지 않고 똑바로 맞게 되면 왼쪽으로 나가게 되고요."

김 사장님의 코칭에 이해가 되는지 다시 자세를 취하려 하는데 캐디가 도움을 준다.

"손 프로님, 그냥 공을 놓지 마시고 익숙해질 때까지 공 위에 그려져 있는 라인을 목표 방향과 일치하게 놓고 치세요. 그리고 익숙해질 때까지 클럽을 하나 더 가지고 다니면서 목표에 일직선으로 놓고 치면 도움이 될 거에요. 하지만 룰을 위반하는 것이 되니까 처음에만 해 보시고 자리를 잡게 되시면 그냥 목표를 보고 에이밍을 하세요."

방향을 제대로 서서 친 때문인지 공이 가운데로 가다가 조금 오른쪽으로 휘는데 그래도 페어웨이에 떨어진다. 오늘 친 드라이버 샷 가운데 가장 좋은 샷인 것 같다.

김 사장님의 얼굴에 미소가 보인다. 코치는 코칭 받는 사람이 향상되는 것을 보는 것이 보람이다.

"굿 샷, 아주 잘 쳤네요."

모든 사람이 초보 골퍼의 사기를 북돋워 준다.

"체격 조건이 좋으니까 힘들여 풀 스윙 하려고 할 필요 없어요. 사분의 삼 스윙으로 공을 보면서 부드럽게 클럽 무게로 스윙 하면 제거리 다 갈 겁니다. 연습 스윙 할 때 디봇 자국 나게 찍으면서 연습하세요."

오랜만에 아이언 샷도 똑바로 간다. 제 거리를 다 보내지 못해 그린 앞에 떨어졌지만 방향과 거리가 좋아졌다. 어프로치로 그린에 올렸지만 거리가 많이 남아서 투 퍼트로 마무리하여 처음으로 보기를 기록한다. 100돌이가 이제 보기 플레이도 가능하다.

"손 프로! 자, 이 줄 티를 줄 테니까 티를 꽂은 다음 줄을 목표 방향으로 꽂으면 공으로 방향을 잡는 것보다 더 수월할 거야."

김 사장님이 자기가 가지고 있는 줄 티를 건네준다.

좋은 코치는 긍정적이며, 열정이 있고, 지지해 주며, 신뢰하고, 상대방을 존중해 준다. 그리고 인내한다.

김 사장님은 손 프로가 체격 조건이 훌륭하기 때문에 골프를 잘 칠 것이라고 생각한다. 코치는 긍정적이어야 한다.

많은 골퍼들이 그렇겠지만 하수에게 한 수 지도할 때는 아주 열정적이다.

자신의 골프 스킬을 한 단계 업그레이드하려는 것처럼 옆에 붙어서 설명해 주고 시연도 해 준다. 참 열정이 있다.

손 프로가 자세를 잡으면 신뢰를 가지고 지켜보며 더 이상 말로 방해를 하지 않는다. 그리고 좋은 샷이 나오면 "굿 샷"을 외쳐주고 격려해주는 김 사장님은 좋은 코치임에 틀림없다.

김 사장님은 초보의 한계를 잘 알고 있다. 초보 골퍼를 오늘 하루의 코칭으로 모든 샷을 향상시켜 갑자기 80대 치는 골퍼로 바꿀 수 없다는 것을 잘 알고 있다. 하나씩 하나씩 바꾸어 나가도록 도우며 기다리는 인내가 필요하다는 것을 아는 김 사장님이야말로 정말 좋은 코치인 것이다.

"오늘 많이 배웠습니다."

꾸벅 인사하는 손 프로의 등을 김 사장님이 가볍게 두드린다.

"수고했어요. 나중에 기회 되면 라운딩 한번 또 합시다."

우리는 보스이면서 코치일 수도 있고 동료이면서 코치일 수도 있다. 또한 부하직원이면서 코치일 수도 있다. 최근에 리버스 멘토링 제도의 시행을 보았다. 디지털에 익숙한 신세대들이 디지털 기술, 소셜 미디어 그리고 트렌드 등에 쉽게 적응하지 못하는 시니어들과 디지털에 관하여 나누고 디지털에 대한 인식을 개선하는 프로그램이다.

나이가 어려도 자신의 전문분야를 가지고 충분히 코칭을 할 수 있다.

상사로써 코치의 역할은 부하 직원들이 그들의 일을 잘 할 수 있도록 도구나, 시간, 지시사항, 질문에 대한 응답 그리고 외부 방해로부터의 보호를 포함하여 부하직원들이 필요로 하는 것을 갖도록 하는 것이다. 궁극적으로는 성과가 최고에 도달하도록 직원을 코칭 함으로써 생산성 목표를 달성하는 것이다.

매년 성과 평가를 하고 나면 필요한 경우에 개인별 성과 향상 프로그램을 시행한다.

"이 전무님, 우리 부서의 김 대리에 대하여 성과 향상 프로그램을 시행했으면 합니다."

"왜요? 무슨 문제가 있나요?"

"피드백이 너무 안 좋아요."

"제가 한번 만나 보아도 될까요?"

시간을 정해서 지금까지 어떻게 업무를 수행했는지 설명을 듣게 되었다. 김 대리는 성과 향상 프로그램이 갖는 의미를 전혀 알지 못하고 있어서 일단 이 프로그램이 성과를 향상시키기 위하여 3개월 동안 세부적인 계획을 세워서 실행될 것이고, 성과가 향상되지 못하면 본의의 커리어에 중대한 영향을 줄 수 있음을 상기시켜 주었다.

김 대리의 얼굴색이 변하는 것을 보았다. 지금까지는 성과 향상 프로그램을 별거 아니라고 생각했는가 본데, 자신에게 중대한 영향이 올 수 있음을 알고는 바짝 다가 앉는다.

"전무님, 제가 지난 6개월 동안 프로젝트를 영업부의 조 과장님과 함께 진행했습니다. 조 과장님과 함께 업체를 방문해서 회의를 하고 회의 보고서를 써서 부서장님과 관련 직원들에게 보내면, 조 과장님이 제 보고서가 잘못됐다고 관련자 모두에게 메일을 다시 돌리는 겁니다."

"그래서요?"

"저보다는 고객 사를 더 잘 알고 저보다 더 많은 정보를 가지고 있으면서 공유하지 않고 있다가, 제가 메일만 쓰면 뒤통수를 치기에 매번 당하기 싫어서 조 과장님을 메일 리스트에서 빼고 회의 보고서를 보내다 보니 조 과장님의 피드백이 매우 안 좋게 나온 것 같습니다."

들어보니 아쉬운 대목들이다. 그렇게 문제가 될 일이 아닌데 성과 향상 프로그램을 하자고 여기까지 오게 되었다는 것이 아쉽다.

"김 대리, 문제가 어디에 있는 것 같아요?"

"제 생각에는 커뮤니케이션이 잘 안된 것 같습니다."

"그래요? 그러면 어떻게 커뮤니케이션을 해야 할까요?"

"먼저 조 과장님과의 커뮤니케이션이 잘 안되었던 것 같습니다. 오늘부터는 어떤 프로젝트를 하건, 함께 프로젝트를 진행하는 동료의 지원을 받아야 한다고 생각합니다. 회의 보고서를 상사나 관련자에게 보내기 전에 조 과장님에게 보고서 초안을 보내서, 조 과장님의 의견을 듣고 보고서를 보내면 조 과장님이 보고서에 대하여 문제 제기를 하지 않을 것 같습니다."

"좋은 생각입니다. 또 다른 커뮤니케이션 문제는 없나요?"

"또 한 가지는 상사와의 커뮤니케이션이라고 생각합니다. 상사는 언제나 도와줄 마음을 가지고 있는 것 같습니다. 프로젝트가 시작되면 항상 궁금해 합니다. 그래서 물어보기 전에 항상 진행 사항을 업데이트해주는 것이 필요하다고 생각합니다. 이제부터 매일 아침 출근하면 상사에게 아침 인사를 하면서 프로젝트를 업데이트할 내용이 있으면 자연스럽게 대화를 나누고 상사의 지원이 필요하면 요청하도록 하겠습니다."

"그렇습니다. 상사는 프로젝트가 성공적으로 끝나길 바랍니다. 상사에게도 프로젝트에 참여할 수 기회를 주는 것이 바람직합니다."

"김 대리, 그리고 앞으로 3개월 동안 2 주마다 나하고 만나서 오늘 얘기 나눈 것들을 어떻게 실행하고 있는지를 나누어 봅시다."

"OK?"

잘 해보겠다고 다짐하는 김 주임에게 파이팅을 해주고 2주마다 점검해 보았더니 잘 실행하고 있었다. 상사와 매일 인사하고 프로젝트 업데이트 해주었더니 관계가 많이 좋아져서 어떤 문제든지 얘기할 수 있게 되었다는 것이다. 그리고 이제는 프로젝트를 변경하여 다른 영업팀과 프로젝트를 진행하면서 아무 문제 없이 좋은 관계를 가져가고 있다는 것이다.

3개월이 지난 후 김 주임이 찾아왔다.

"이 전무님, 전무님 덕분에 성과 향상 프로그램을 잘 마쳤습니다. 그리고 더 이상 성과 향상 프로그램을 진행하지 않아도 된다고 매니저로부터 확인받았습니다. 감사합니다."

코칭의 보람을 느끼는 순간이다. 내 샷이 한 단계 업그레이드된 것 같은 느낌이다. 우리는 더 많이 코치 역할을 하고 덜 보스 역할을 함으로써 부하 직원들이 성과를 올리도록 만들 수 있다.

코치는 말하기 보다 많이 듣는다. 또한 코치는 문제를 고치려 노력하기보다 문제가 발생하지 않도록 돕는다. 코치는 명령하기보다는 이의를 제기하고, 직원들 위에서 일하지 않고 그들과 함께 일한다. 그리고 코치는 비난을 전가하지 않고 자기가 책임을 진다.

'나는 코치인가? 아니면 보스인가?'

'아니면 코치인 보스인가?'

'골프장에서는 김 사장님 같은 좋은 코치가 되고 싶다.'

'여기 이 자리에서는 코치인 보스이고 싶다.'

골프 많이 늘었어요?

"벌써 1년이나 되었네요."

"그러게 말입니다. 시간 참 빨리 가네요."

1년 만에 속칭 정 프로와 이 프로 그리고 김 프로와 다시 라운딩을 하기 위해 군산 CC를 찾았다.

오는 날이 장날이라고 오늘 여성 시니어 프로대회가 진행되고 있어서 조금 어수선하다.

날씨는 아주 좋은데 바람이 조금씩 세게 불어온다.

"오늘 전반에 친 프로들은 스코어가 괜찮았는데 후반에 치는 프로들은 스코어가 좋지 않다고 합니다."

캐디가 오늘의 행사 결과를 전해 준다.

"우리는 프로가 아니기 때문에 스코어가 크게 차이 나지 않을 거야. 원래 공이 똑바로 가지 않았으니까 바람이 부나 안부나 차이가 없어. 바람이 불어서 시원하긴 한데 앞바람이면 거리는 손해 보겠다."

정 프로의 스코어는 1년 전에 100타를 넘었는데 오늘은 어떻게 칠지 궁금하기도 하여 물어보았다.

"그동안 연습 많이 하셨습니까?"

"연습은 뭔 연습을 합니까? 그냥 치는 거지."

정 프로의 말을 받아 이 프로가 정 프로에게 한마디 한다.

"요즘 정 프로와 스크린 골프 치면 제가 못 당해요. 싱글은 기본이고 언더파도 가끔 칩니다."

"스크린과 필드가 같나요? 저도 스크린에서 치는 것처럼 쳤으면 좋겠습니다."

일단 캐디가 안내하는 대로 먼저 남원 코스로 향한다.

"오늘 바람 때문에 거리가 정확하지 않을 수 있습니다. 제가 거리를 불러드릴 테니 바람은 따로 보세요."

첫 홀부터 정 프로의 샷이 예사롭지 않다. 앞바람이 세게 부는데도 드라이버를 아주 잘 친다. 바람을 뚫고 페어웨이 한가운데로 볼을 보낸다.

"오! 굿 샷, 그동안 연습 많이 하셨는데요!"

정 프로가 페어웨이 한가운데로 볼을 잘 보내고 나니 이 프로는 힘이 들어가는지 공을 확 당겨 버린다. 다행히 해저드에는 빠지지 않았고 라인 근처에 볼이 선다.

"아! 힘만 썼네."

자기보다 하수인 사람이 잘 치는 것 같으면 더 잘 쳐야 된다는 생각 때문에 힘이 들어가는가 보다.

내 샷은 무리 없이 페어웨이로 가고 김 프로의 샷은 약간 오른쪽으로 밀린다. 4명 모두 첫 샷을 문제없이 앞으로 보냈다. 그 가운데서도 가장 걱정하였던 정 프로가 공을 잘 보낸 것이 보기 좋았다.

세컨 샷은 아이언으로 올려야 되는데 정 프로와 이 프로는 짧아서 그린 앞에 떨어지고 나는 투 온을 시켜서 버디 찬스를 만들었다.

"아, 벙커 싫은데!"

아쉽게도 김 프로가 친 공이 벙커로 들어가 버리고 어렵게 벙커에서 탈출만 한다. 그동안 스크린에서 갈고닦은 실력이 나오는가 보다. 정 프로가 어프로치 한 볼이 홀 컵 근처에 붙는다.

"나이스 파!"

이 프로와 김 프로도 붙이려 했지만 조금 멀리 굴러간다. 보기와 더블 보기를 기록한다. 내 버디 퍼트는 아깝게 홀을 비껴가고 무난하게 파를 기록한다.

"아니 정 프로님 어떻게 연습을 했길래 이렇게 달라질 수가 있는 겁니까"

"골프는 계속 배우는 운동이더라고요. 동영상도 보고 고수들한테 조언도 들으면서 일주일에 두 번 정도는 스크린을 했습니다. 그런데 스크린만 계속 치면 드라이버나 아이언 샷이 실제 어디로 가는지 알 수가 없어서, 스크린 한 그 다음날은 거리가 있는 인도어 연습장에 가서 드라이버와 아이언 샷을 점검했습니다."

"퍼팅이나 어프로치는 스크린과 인도어 연습장이 조금 차이는 있지만 기본은 비슷한 것 같아서 따로 많이 연습하지는 않았습니다."

골프 스윙을 내 것으로 만들기 위해서 얼마나 많은 시간과 노력을 쏟아야 하는지 모른다. 배움에는 끝이 없는 것이고 성장하기 위해서는 배우는 노력을 계속하여야 하는 것이다.

정 프로의 골프 실력을 향상시키기 위한 노력은 지속적이고 구체적이다.

영어 공부는 한국인에게는 어렵지만 극복하여야 하는 공부 중의 하나이다. 특히 외국계 회사에 근무하는 직원들에게는 더 많이 요구되는 능력 가운데 하나이지만 금방 실력이 늘지도 않는 것이 사실이다.

이러한 필요성은 일반 사무직 직원뿐 아니라 글로벌 노사관계 포럼에 참석하여야 하는 노동조합 위원장에게도 필요하다. 이 위원장은 지난 수 년 동안 영어공부를 하고 있다. 필리핀으로 어학연수도 가고, 학원이나 일대일 영어 학습을 통해 실력을 끌어올리고 있다. 좋은 학습의 모본이다. 아직은 영어로 한국 내 노사관계를 100% 설명하지는 못하지만, 참석자들끼리의 간단한 의사소통은 충분히 가능할 만큼 향상시켰음을 글로벌 포럼에 참석한 노사담당 임원의 피드백을 들어 보면 알 수 있다.

"He improved his English communication skill a lot."

영어 실력을 늘리는 동시에 이 위원장은 야간 대학을 졸업하여 계속 배우고 성장하는 좋은 본보기가 되고 있다.

카투사 시험에 합격하고 입대하기 전까지 매일 민병철 영어 1,2,3권을 통째로 외워서 입대했는데 고급 영어가 별로 소용이 없었다. 카투사 주방에서 일하면서 주로 사용하는 영어는 몇 마디 되지 않았다. 식사를 하기 위하여 식당으로 와서 줄 서 있는 군인들에게 묻는다.

"What do you want?"

"Medium or Rare?"

"OK, Next"

난 영어가 조금은 되는 줄 알았다. 피앤지로 회사를 옮겨서 공장에 근무할 때 미국에서 파견 나온 톰슨과 2년 동안 같은 사무실을 사용하게 되었다. 톰슨이 출근하면 아침마다 한국생활부터 매일의 일상을 얘기하는 것으로 시작하였고 회사 업무도 자연스럽게 협의할 수 있었다.

톰슨이 2년간의 한국생활을 마치고 떠나기 전날 나에게 한 말이 기억난다.

"미스터 리, 당신 영어 많이 늘었다. 내가 처음 한국에 와서 일주일 정도 지났을 때 당신이 나를 민속촌에 데리고 간 적이 있었는데, 그때 나는 뒷자리에서 와이프에게 '허니, 미스터리가 영어가 잘 안돼서 어떻게 일해야 될지 모르겠다' 고 얘기 한 적이 있다."

"그런데 지난 2년 동안 함께 지내면서 당신 영어 실력이 많이 향상 되었다는 것을 알 수 있었다. 계속 파이팅!"

'아, 뭐지!'

한편으로는 2년 전의 나 자신에게 부끄럽기도 했지만 현재의 나 자신에게는 뿌듯함을 느낄 수 있었다. 솔직한 피드백을 해준 톰슨에게 감사하고 매일매일 함께 대화를 나눠 준 것도 감사하다.

자신을 개발하기 위한 가장 효과적인 방법은 배움을 일상생활의 한 부분으로 만드는 것이다. 즉 시스템화하는 것이다.

"기도를 잘 하려면 시간을 정해 놓고 기도를 해야 합니다. 저는 휴대폰에 매일 아침, 점심, 저녁 기도 시간을 알람으로 울리게 합니다. 시스템 적으로 접근하는 것이 필요합니다."

목사님도 기도를 일상화하기 위하여 매일 알람을 통한 기도 시간의 시스템화를 이루고자 하고 있다.

1년에 한번 집중적으로 교육을 받는 것보다 매일 짧은 시간이지만 지속적으로 자기 개발을 위해 계속 노력하는 것이 보다 효과적이다. 단 5분이라도 매일 현명하게 사용한다면 현저하게 좋은 결과를 만들어 낼 수 있을 것이다.

"정 프로, 어떻게 골프 연습을 했다고?"

"저는 일주일에 두 번 스크린 골프를 치고 인도어에서 드라이버와 아이언 샷을 점검했습니다."

"1년 정도 하고 나니까 제 샷을 믿을 수 있었습니다."

골프에서 샷 루틴이 있듯이, 자기 개발을 위한 루틴이 있어야 한다. 목사님처럼 일정한 시간을 정하는 것이 바람직하다. 다른 사람이나 일정에 방해를 받지 않도록 하루를 시작하기 전이나 일과 후 실행계획을 세워보고 그 결과를 반추해 볼 수 있는 시간을 갖는 것이 필요하다.

"저는 스크린 골프 가는 것이 제 일과 가운데 최우선 과제였습니다."

자기 개발을 위한 과제는 일과 가운데 첫 번째 하여야 할 일로 적어 놓고 실행하도록 한다. 보다 효과적으로 실행하기 위해서는 목표를 시각화 시키는 것도 생각해 볼 수 있다. 시각화 시킴으로써 개발 동기가 계속 생각나고 달성한 모습을 상상해 보는 데 도움이 될 수 있다.

가끔 필드에 나가 스크린 골프와 인도어에서 연습한 샷이 제대로 실현되는지를 점검할 필요가 있는 것처럼 지금 하고 있는 일들이 제대로 나의 능력을 향상시키고 있는지 확인해 보는 과정도 필요하다.

누구나 나의 스승이 될 수 있다는 열린 마음과 현재 하고 있는 학습 시스템을 유연하게 변화시킬 수 있다는 자세를 갖는 것도 중요하다. 그리고 지금 하고 있는 방법에서 더 향상시킬 수 있는 방법이 있는지 검토해보고 있다면 적용해 본다.

배움에는 정석이 없다. 폼은 이상하지만 함께 라운딩을 해보면 스코어는 항상 싱글인 골퍼들도 많이 있다. 그들 나름의 특별한 능력이 있다. 함께 라운딩 하는 사람들로부터 그들의 노하우를 배울 수 있는 것처럼 함께 일하는 사람들은 나의 개발에 도움이 되는 사람들이다. 그들에게 피드백을 받아 보는 것은 아주 좋은 개발 도구이다.

"이 프로님, 저는 우드 샷이 잘 안되는데 어떻게 해야 우드 샷을 잘 칠 수 있나요."

"정 프로님, 제 친구가 로우 싱글입니다. 그 친구가 말하길, '너는 우드를 칠 때 공 어디를 보고 치냐'고 묻길래 '그냥 공 가운데 보고 치지'라고 했더니, 그 친구 왈 '우드 칠 때는 공의 오른쪽 아래 4분면에서 절대로 눈을 떼면 안돼, 그곳에 집중해서 공을 치면 절대로 공이 옆으로 가지 않고 가운데로 잘 갈 거야'라고 말해서 저도 그렇게 해보니까 잘 되더라고요."

"저도 집에 가서 연습해 봐야겠네요. 이제 우드만 잘 맞으면 내년에는 8자를 그릴 수 있을 것 같습니다."

정 프로는 오늘 또 하나를 배워 간다. 연습할 계획도 세우고 있다. 분명한 건 오늘 스코어가 작년에 비하여 10타는 줄었다는 것이다.

정 프로 말대로 내년에는 또 10타를 줄여 올 것이 분명하다. 하루라도 노력하지 않으면 발전을 이룰 수 없다. 연습도 하지 않고 스코어가 좋아지기를 바라는 것은 어불성설이다. 필드를 많이 나가지 못하면서도 타수를 줄이는 방법은 매일 연습해서 나의 샷을 잊지 말아야 하고 완벽한 샷으로 몸에 체득시켜야 하는 것이다.

배움의 길은 내가 가야 한다. 그 길에서 보고 듣고 느낀 경험이 내 것이 된다.

오늘은 어떤 새로운 것을 배울 수 있을까?

기대가 되는가?

이 아이언으로 다섯 타 줄입니다.

"전무님 안녕하십니까?"

점심 식사를 마친 조 상무가 방으로 찾아오면서 얼굴에 반가움을 담아서 가지고 온다.

"아니 뭐 좋은 일이라도 있습니까? 얼굴에 화색이 도는데요?"

"전무님, 주말에 집 근처에 있는 골프 샵에 갔는데 새로 나온 핑 400드라이버가 20미터는 더 나간다고 합니다. 그래서 진짜 그럴까 하고 시타를 해보았는데 정말 잘 나가던데요. 그래서 무리해서 하나 장만했습니다."

갑자기 궁금해진다.

"20미터를 더 보낼 수 있다면 고민해 볼 만하지. 이번 주 라운딩에 가져오면 한 번 쳐 봅시다."

새벽에 이동해서 라운딩 장소인 클럽 모우 CC로 갔다. 전에 라운딩 하다 다 못 끝내고 돌아온 것이 못 내 아쉬워 다시 이곳에다 예약을 하였다.

첫 홀은 마운틴 코스 파 5홀이다. 중간에 실개천이 흐르는 아름답지만 어려운 홀이다. 클럽 모우 CC를 다녀온 사람들 중에는 아주 어렵다고 말하며 10타는 더 나온다고 말하는 사람들이 있는 반면, 아주 재미있게 즐길 수 있다고 말하는 사람들이 있다. 초보들에게는 조금 어렵고 중·고수에게는 재미 있는 홀이라고 한다.

첫 홀에서는 항상 긴장을 하는지 드라이버 샷이 제대로 되지 않는다. 조 상무가 새로 산 핑 드라이버를 꺼내 들고 두 번 연습 스윙을 한 다음 샷을 하는데 생각보다 잘 맞는다. 가운데로 잘 간다.

"이 전무님, 제가 여기서 후반 9홀에 우리 사장님을 이겼다는 거 아닙니까? 그날은 아이언하고 퍼팅이 참 잘 되더라고요."

"조 상무님, 드라이버 좀 빌려주세요, 한번 쳐 보게. 고객 만족도가 올라갈 수 있는지 테스트해 보아야지요."

"여기 있습니다."

전에 핑 G15와 I20을 사서 써본 경험이 있어서 핑 드라이버와는 친숙한 편이다. 스윙을 해보니 괜찮다. 잘 맞을 것 같은 생각이 든다. 그런데 생각이 너무 앞서갔는가 보다.

"이런!"

탑 볼이다. 몸이 일어나면서 공이 제대로 맞지 않아 낮게 굴러 간다. 좋은 드라이버라고 빌려서 쳐 보았는데 첫 홀부터 탑 볼이나 치고, 기분이 안 좋다.

"내 채로 칠 걸 그랬어. 괜히 힘 만 썼어요."

김 과장은 이제 골프를 시작한 지 얼마 안 되어서 그런지 드라이버를 치는 것이 어설프다. 150미터 정도 오른쪽으로 보내는데 그래도 앞으로 간다.

서 부장은 역시 장타를 날려서 조 상무 앞으로 공을 보낸다.

"나이스 샷"

제일 뒤에 있는 내 공은 100미터 정도 밖에 가지 못해서 갈 길이 멀다.

"해저드를 넘기려면 캐리로 160 미터는 쳐야 합니다."

"왼쪽 해저드도 조심하시고요."

첫 티 샷을 잘 못하면 이렇게 힘든 길을 가야 한다. 일단 160미터는 넘기자 생각하고 하이브리드로 공략한다. 그런데 생각보다 거리를 내지 못했는지 공이 날아가다가 뚝 떨어진다. 해저드에 빠진다.

"오늘 안되네."

초보인 김 과장은 해저드 앞까지 끊어서 간다. 100미터를 치고 다시 세 번째 샷으로 해저드를 넘겨 130미터를 안전하게 보낸다.

"나는 4번째 샷으로 해저드를 넘기는데, 김 과장이 나보다 낫네."

조 상무의 샷은 벙커에 빠지고 서 부장은 5번 아이언을 달라고 한다.

"서 부장, 이 아이언이 요즘 핫한 G400 아이언입니까?"

"네, G400 아이언입니다. 기왕에 치던 아이언보다 한 클럽 혹은 두 클럽 거리가 더 납니다."

"아이언 멀리 쳐서 무슨 이점이 있는데?"

나는 아이언을 산지 10년도 더 된다. 아직 아이언을 바꾸어 볼 생각을 하지는 않았지만 새로운 장비에는 신경이 쓰인다.

"일단 힘을 덜 들이고 아이언을 칠 수 있습니다. 7번으로 5번 정도의 거리를 낸다면 힘들이지 않고 쉽게 그린 공략이 가능합니다. 그리고 짧은 채로 치니까 방향성도 좋아지고, 결국 스코어에 영향을 주게 되지요."

"저와 같은 90대 타수 골퍼가 쉽게 치고 타수를 줄이게 해주니까 G400 아이언이 잘 팔리는 것 아니겠습니까? 쉽게 얘기하면 클럽의 생산성이 좋다고 말할 수 있지요. 그리고 아시다시피 AS 도 확실하구요."

고객에게 물건을 팔려고 하면 처음에는 구매 담당자나 의사 결정권자를 만나는 것도 쉽지 않습니다. 또 기왕에 쓰고 있는 원료를 특별한 사유가 없는 한 새로운 원료로 바꾸게 만들기가 쉽지 않다.

G400 아이언이 아무리 좋다고 하더라도 그 필요성을 느끼지 못하는 사람에게는 팔리지 않는다. 아무리 좋은 원료가 있다고 하더라도 좋은 원료의 가치가 고객의 필요성을 상회하지 못하면 팔리지 않는 것이다.

"어떻게 해야 고객이 우리 물건을 사 갑니까?"

영업 팀의 김 전무와 점심 식사를 하면서 물어보았다.

"이 전무님, 제품을 신규로 진입 시키기는 정말 어렵습니다. 회사들은 자기들이 현재 쓰고 있는 제품을 바꾸려 하지 않습니다. 갤럭시 노트7 폭발 사건에서 보듯이 만약 원료를 바꾸었다가 품질 문제가 생기거나 하면 그 책임을 져야 하기 때문에 특별한 이유가 없으면 절대로 바꾸려 하지 않는 것이 일반적인 속성입니다."

"그런데 만약 우리 제품을 사용했을 때 30% 이상의 생산성이 더 올라간다면 고객은 한번 생각해 볼 것입니다. 갈수록 가격 경쟁력이 심해지기 때문에 그 제품이 기존 사용하던 제품보다 더 비싸다고 하더라도 30%의 생산성으로 그 비용을 상쇄 시킬 수 있다면 기꺼이 새로운 원재료에 관심을 가질 수 있습니다."

"실제 성공 사례가 있나요?"

"많지요. 실제로 오래전에 자동차용 케이블 타이를 제조하는 회사에 새롭게 2000톤의 원재료를 공급할 수 있었던 것은 우리 제품을 사용함으로써 생산성을 크게 올릴 수 있었기 때문입니다. 고객사는 30%의 생산량을 올리기 위하여 공장을 더 짓거나 다른 곳으로 확장 이전할 필요가 없이 기존의 공장 설비를 그대로 이용할 수 있어 비용을 줄일 수 있었으며, 불량이 줄면서 업무의 효율이 올라가고 설비 증설이 없다 보니 새로운 인력을 충원할 필요가 없게 된 것입니다."

궁극적으로 고객사는 가격이 조금 더 비싼 원료를 사용했지만 비용보다 더 많은 이익을 올릴 수 있게 되었고, 직원들에게는 경쟁력 있는 급여와 복지를 제공하게 됨으로써, 직원들의 사기를 올리고 이직률이 줄어들게 되어 좋은 인재를 계속 유지하게 되는 이익까지도 누리게 되었다.

G400 아이언을 치는 서 부장은 G400에 대한 칭찬과 자부심이 대단하다. 이 아이언을 치면서 스코어가 적어도 5타는 줄었다고 생각하고 있다.

서 부장과 같은 충성도가 높은 고객을 만들어가는 것이 기업의 궁극적 목표이다. G400을 이용함으로써 서 부장의 골프 생산성이 올라가니 당연히 핑 브랜드에 대한 충성도가 올라가 버리는 것이다.

고객의 생산성 못지않게 개인의 생산성도 중요하다. 개인의 높은 업무 생산성은 기업을 성공으로 이끌어 간다. 개인의 생산성을 높이기 위하여 각 기업마다 시도하고 있는 방법은 아주 다양하다.

이 메일의 홍수 속에서 살아가는 직장인들에게 꼭 필요한 사람에게만 메일을 보내게 하고, 효과적인 회의를 하기 위해서 사전에 회의 안건을 공유하도록 한다. 아침에는 업무 집중 시간을 정하여 회의를 피하고, 회의를 하게 되면 정해진 시간 안에 회의를 마치도록 유도한다.

오래전에 피앤지에서 경험한 원 페이지 메모는 아무리 많은 자료를 가지고 있더라고 승인을 받고자 하는 내용을 한 장으로 요약하여 사장의 승인을 받도록 한다. 이렇게 함으로써 결정권자의 의사결정 시간을 줄여주어 생산성을 높인다.

시간 관리와 우선순위 관리도 업무 처리에 있어서 매우 중요하다. 주어진 시간 안에 업무를 완수하여야 하는 직원 입장에서 새로운 업무 명령을 온전히 수행하기가 어려운 경우에는 우선순위를 조정하여 상사와 협의하여야 한다. 무조건 다 한다는 것은 만용이며 상사에 대한 기만이 될 수 있으니 사전에 협의하여 주어진 업무를 마칠 수 있는 시간을 확보하여야 한다.

보고는 신속하게 하여야 한다. 성공적으로 업무가 수행되었든지 업무 수행에 문제가 발생하였든지 신속한 보고가 필요하다. 특히 안전 환경 문제에 있어서는 더욱 신속한 보고가 필요하다. 늑장 보고로 인해 미리 대처하지 못하고 곤경에 빠질 수도 있다.

안전 문제가 발생하면 즉각적으로 CEO에까지 보고하도록 하는 체계는 회사를 안전에 있어서 최고의 회사로 만드는 기본이 되고 있다.

시대가 변하면서 그에 맞는 새로운 업무 방법이 등장하게 된다. 온라인 협업은 세계 각지의 동료들과 언제 어디서나 협업을 할 수 있게 만들어 주는 새로운 업무 방법이다.

출장을 줄여주는 비디오 회의는 일반화되고 있고 앞으로 얼마나 다양한 기술이 우리의 업무 생산성을 높여줄 수 있을지 기대가 된다.

우리는 자기가 맡은 일에서 개선할 수 있는 부분이 있는가를 항상 염두에 두고 업무를 하여야 한다. 작은 개선이 모이면 기업 전체로는 큰 변화가 될 수 있다. 이제는 그 변화를 만들어 내는 주체가 되어야 하겠다.

나는 지금 우리 회사의 생산성을 향상시키기 위한 노력을 하고 있나?

내가 하는 일이 고객을 만족시키는 데 도움이 되는가?

"서 부장, 나도 핑 G400 아이언을 사고 싶다. 타수가 5타 줄어든다며!"

박 프로 긴장해야겠어!

"박 프로 긴장해야겠어, 이러다가 우리 김 프로에게 역전될 것 같다."

전반 8홀을 지났는데 스코어카드를 보던 조 프로가 김 프로를 보면서 한 마디 한다. 첫 홀부터 해저드로 볼을 보낸 박 프로는 계속 드라이버 샷이 문제다. 제대로 가운데로 가는 볼이 몇 개 안 된다. 조 프로는 계속 샷이 빨라서 아이언으로 친 공이 뜨지 못하고 굴러다니며 고전을 면치 못한다. 특히 양잔디의 특성상 볼이 잔디에 붙어 있다 보니 조금만 몸이 일어서면서 맞으면 땅볼을 치게 된다. 초보인 김 프로에게 몇 가지 팁을 주니 잘 따라 한다.

"김 프로 일단 오늘은 방향에만 집중하자. 에이밍을 제대로 하면 5타는 줄일 수 있을 거야."

"넵. 방향만 잡겠습니다."

전방을 향해 목표를 설정하고 볼에 그어진 선을 목표 방향으로 일치시킨다. 볼 앞에 1미터 안쪽에 튀어나온 풀이나 디봇 자국 등을 참고하여 발을 맞춘다. 배운 대로 잘한다. 적응력이 보통이 아니다.

"지금처럼 아이언 치면 돼. 왼쪽으로 약간만 핸드 포스트하고 아이언 헤드를 조금 열어서 치면 채가 볼 밑으로 잘 들어가고 볼이 잘 뜰 거야."

"넵. 말씀하신 대로 시행하겠습니다."

방향을 제대로 잡고 몸의 스웨이 없이 팔로만 치는데도 거리가 잘 나간다. 골반을 쓰지 않으니 왼쪽으로 당겨 쳐지는 것은 어쩔 수 없지만, 밖으로 나가지는 않고 앞으로는 간다.

"김 프로, 지금처럼 쳐서 포 온 에 투 퍼트하면 보기야. 그러면 90타야.

100타 깨기 쉽지?"

"네. 그러네요."

그런데 마지막 홀 파 5를 쓰리 온 시킨다. 드라이버와 아이언이 다 잘 맞아서 첫 버디 찬스를 맞는다. 거리가 좀 있다. 약 15미터 정도 떨어져 있는데 내리막 라이에 놓여 있다."

"김 프로, 버디 찬스다. 잘해 봐. 공을 1미터 선 그어 놓은 이 안으로 던진다고 하고 굴려 봐."

신중하다. 그런데 뭔가 어색하다. 퍼팅 연습을 해 보지 않아서 거리감이 없다.

"아! 세다."

그래. 세다. 내리막도 있는데, 공은 그린 엣지까지 굴러간다. 다시 5 미터 정도 오르막을 남긴다.

"내리막에서 그렇게 세게 치면 어떻게 해. 이번에는 오르막이니까 잘 붙여봐."

어렵게 홀 컵 옆으로 붙인다. 아쉽게 자력으로 파를 못하지만, 파5 에서 보기로 막는다.

"박 프로는 더블, 조 프로는 보기를 기록하고 나는 파를 기록한다. 전반 스코어는

이 프로 43

조 프로 47

박 프로 54

김 프로 55

"박 프로 1타 차이야, 정말 긴장해야겠어."

"아우, 오랜만에 나왔더니 드라이버 감을 못 잡겠네요. 이 전무님, 김 프로만 코치하지 마시고 제 샷도 좀 봐 주세요."

"아니 장타자가 방향만 잘 잡고 치면 되지 뭔 엄살이야."

잠시 쉬면서 자기 샷이 왜 안 되는지를 되짚어 본다. 박 프로는 드라이버 샷에 대해서 점검해 보고, 조 프로는 아이언 샷을 물어본다.

"조 프로, 내가 보기에는 스윙이 너~무 빨라요. 백스윙을 더 뒤로 넘겨야 할 것 같아. 코킹이 안 되고 올리다 말고 내려오니까 너무 빨리 치게 되는 것 같아. 탑에서 잠깐 멈춤이 필요할 것 같아요."

"후반 9홀은 잘 쳐 보겠습니다. 내일 고객 접대도 있는데 이렇게 치면 망신입니다. 고객들은 80대 중반 치는데."

잠시의 휴식과 전반 9홀의 연습이 본래 자기 스윙의 DNA를 깨우는가 보다. 첫 홀부터 박 프로의 드라이버 샷과 조 프로의 아이언 샷이 달라진다. 상대적으로 김 프로의 샷이 무너진다.

골프가 멘탈 게임이라고 하더니 이렇게 금방 달라지는가? 상대방이 잘하면 더 잘하려고 힘이 들어가서 샷이 달라지는 것이 골프다.

나도 여러 번 그런 경험을 했다. 나보다 20미터씩 더 보내는 장타자 들과 함께 라운딩하다 보면 뒤떨어지지 않으려고 기를 쓰고 스윙한다. 그러다 보면 공이 드라이버 가운데에 맞지 않고 오른쪽으로 밀리거나 어떤 경우에는 쪼루가 나서 얼마 가지 못하기도 한다. 경쟁에서 지기 싫어하는 마음이 힘만 더 쓰게 만든다.

고등학교에 가서 처음 본 시험 결과가 복도 벽에 걸렸는데 앞쪽부터 내 이름을 찾아보다가 없어서 계속 찾아보니 뒤에서 몇 번째에 내 이름이 있었다. 학생들끼리 경쟁하라고 붙여 놓았는데 조금 창피하기도 하고 이러면 안 되겠다는 마음에 다시 공부하는 법을 배우게 된 계기가 되었다.

각 팀 별로 실적을 게시판에 붙여서 경쟁을 유도하는 것은 가장 기본적이고 보편적인 경쟁 유도 방법인 것 같다.

매년 실적이 좋은 사원을 뽑아 게시판에 알리고 우수사원으로 표창하거나 상금으로 동기를 부여하게 하여 다른 사람들의 경쟁심을 자극한다.

'퍼플 카우 – 보랏빛 소가 온다'에서 남들이 볼 수 있도록 우수한 사원에게 트로피를 주고 그 트로피를 일정 기간 우수 사원 자리에 두어 다른 사람들이 볼 수 있도록 만들기도 한다.

"이 전무님, 이번에 색다르게 최우수 사원에게 한 달간 스포츠카를 렌트해서 주면 어떨까요?"

"좋은 아이디어네요. 색다른 포상 방법이긴 한데 영업사원들이 그 차를 타고 다닐 시간이 많이 있을까요?"

다른 사람들에게 보여 주어 경쟁심을 유도하고 받는 사람도 만족스러운 방법에는 어떤 것이 있을까를 항상 고민한다.

"김 프로 오늘 잘 쳤어. 조금만 더 연습하면 박 프로를 따라갈 수 있을 거야."

골프에서 한 타를 따라가기가 쉽지 않다. 경쟁에서 이기기 위하여 각고의 노력을 하지 않으면 앞서가는 사람을 따라가지 못한다.

앞서 나가는 사람도 그냥 멈춰 서 있지 않기 때문이다. 앞서 나가는 사람은 더 앞으로 나가기 위하여 노력한다. 앞서 나가는 사람을 따라잡기 위하여는 그만큼 더 노력하여야 한다.

1등을 따라잡기가 쉽지 않다.

그만큼 노력하지 않으면 얻을 수 있는 것이 없다. 그 경쟁에서 살아남기 위하여 나 자신을 단련시키고 한 타씩 한 타씩 줄여 나가야 한다.

경쟁을 즐겨야 한다. 오늘은 뒤를 따라가지만 내일은 앞서서 걸어가자.

내일을 기대한다.

"박 프로 긴장해라! 김 프로가 따라간다."

목표 타수가 어떻게 되세요?

"윤 사장님 안녕하세요?"

"아, 안녕하세요 서 코치님."

앞 타석에서 연습하고 있는 분에게 여자 프로 코치가 인사를 하고 윤 사장님이 반갑게 코치를 맞는다.

"윤 사장님, 지난주에 라운딩 다녀오신다고 하셨는데 어떻게 잘 치셨어요?"

"아이고 말씀도 마세요. 킹스데일 CC에 갔는데 생각보다 골프장 정말 어렵데요? 치기는 잘 친 것 같은데 스코어는 100개 근처에 가 있더라고요. 골프 쉽지 않네요."

서 코치가 맞장구를 친다.

"킹스데일도 어려운 골프장이에요. 처음 가면 보통 5타는 더 나온다고 해요. 그리고 초보들에게는 언둘레이션이 심해서 더 어렵고요."

윤 사장은 서 코치가 말하는 대로 고개를 끄덕인다. 서로 말이 통한다. 윤 사장의 어려움을 이해해 주는 것으로 코칭이 시작된다.

코치는 1500년대에 등장한 마차로, 현재 있는 곳에서 가고 싶은 곳으로 실어다 주는 맞춤형 운송수단이었다. 코치가 하는 일은 코치 대상자를 가르치고 훈련시키는 것이 아니라 코치 대상자가 변화하고 성장할 수 있도록 도와주는 사람이다. 그리고 코칭은 개인이나 조직을 현재 있는 지점에서 그들이 원하는 지점으로 갈 수 있도록 인도하는 기술이자 파트너십 과정이다. 코칭을 이끌어 가기 위한 과정으로 코칭 대화 모델이 사용된다. 보통 GROW 모델이 사용되는데, G (Goal : 목표설정), R (Reality :현실 인식), O (Option : 대안 검토), W (Will :실행 의지)의 약자로 쓰이고 있다.

직장에서의 코칭은 코치가 코칭 대상자와의 관계를 형성하는 것으로부터 시작한다. 코칭 하는 사람들이 보통 라포 (Rapport)를 형성한다고 말하는 것으로 상사가 코칭 하는 리더로서 역할을 하려면 부하직원과 좋은 관계가 형성되어 있어야 한다. 상사를 신뢰할 수 있어야 자신이 가지고 있는 어떠한 이야기도 털어놓을 수 있음에 유의하고 관계 형성에 신경을 써야 한다.

관계를 형성하는 시간은 코칭 대상자가 코칭에 적극적으로 참여하고 코칭에 대한 기대를 갖게 만들 수 있는 시간이기도 하기 때문에 매우 중요하다.

이번에 코칭 교육을 받고 돌아온 정 이사가 김 과장을 코칭 하기로 한 날이다. 미리 만날 장소와 시간을 약속한 터라 커피 두 잔을 준비하여 김 과장과 만나기로 한 회의실로 들어가서 자리에 앉으며 얘기를 건넨다.

"김 과장 커피 한잔하면서 얘기 나눕시다. 오늘 기분은 어때?."

"어제는 고객 방문하느라 힘들었는데 오늘은 좋습니다."

"맞아, 고객 방문은 항상 어렵지. 나도 어제 고객 만났는데 요구 사항 맞춰 주느라 머리 쥐나는 줄 알았으니까."

"그런데 요즘 최근에 좀 더 신경 써야 될 일이 있나?"

"이사님도 아시다시피 경쟁사가 가격으로 치고 들어오는 것이 신경 쓰입니다."

정 이사는 코칭 교육에서 배운 대로 김 과장의 어려움에 대하여 공감을 표해주고 인정해 줌으로써 관계 형성을 시도하고 어떤 이야기도 들을 자세가 되어 있음을 보여준다.

관계가 형성되면 다음 프로세스는 코칭 대상자가 스스로 목표를 세우도록 만드는 것이다.

서 코치가 윤 사장이 드라이버 샷을 하는 것을 보고 있다가 불러 세운다.

"윤 사장님, 잠시만 멈춰 보세요. 많이 좋아지셨어요. 그런데 지금처럼 계속 연습하면 슬라이스가 나게 돼요. 인 아웃으로 쳐야 되는데 아웃 인으로 들어가거든요."

"아, 그래서 자꾸만 슬라이스가 났군요."

"그런데 사장님, 사장님은 스코어에 대한 목표가 있으신가요?"

"네, 현재 95타 정도인데 1년 안으로 80대 중반이 되는 것이 저의 일차 목표입니다."

"아! 그러시군요."

서 코치는 윤 사장이 궁극적인 목표를 설정해서 자신과 공유하도록 한다. 혼자만 목표를 가지고 있는 것이 아니라 코치와 공유함으로써 목표를 공식화시킬 수 있도록 만든다. 쉽게 포기하지 못하게 만드는 것이다.

많은 사람들이 자신이 진정으로 원하는 목표를 잘 알지 못하거나 아는 것 같아도 구체화시키지 못하기 때문에 코치는 고객이 원하는 주제를 찾고 목표를 구체화할 수 있도록 도와주는 역할을 한다.

정 이사는 김 과장과 라포를 형성했다고 생각한다. 김 과장의 어려움을 듣고 있던 정 이사가 김 과장이 목표를 세우도록 다시 묻는다.

"올해 김 과장 영업 목표가 뭐지?"

"제 올해 첫 번째 영업 목표는 경쟁사로부터 현재 시장을 지켜 내는 것입니다. 새로운 고객 개발도 중요하지만 현재 텃밭을 지키는 것이 더 중요하다고 생각합니다."

"그래, 일단 김 과장이 명확한 목표를 설정하고 있다는 것에 큰 점수를 주고 싶어. 가야 할 곳을 명확히 알아야 목표에 도달할 수 있으니까."

코치로서 서 코치는 85타 중반의 타수를 목표로 가지고 있는 윤 사장을 그리고 정 이사는 경쟁사로부터 현재 시장을 지켜야 한다는 목표를 갖고 있는 김 과장을 도와 목표를 달성하도록 파트너 십을 발휘하여야 한다.

서 코치는 윤 사장이 85타를 목표로 하고 있음을 확인하고 현실적으로 달성할 수 있는지를 짚어볼 필요가 있다.

"윤 사장님. 현재 95타 정도 치시는데 어디에서 가장 많이 타수를 잃고 있나요?"

"먼저 드라이버 샷이 잘 안돼요. 보통 전, 후 반에 2개 정도씩 OB가 나요. 그리고 벙커에 들어가면 한 번에 나오지 못하거나 제대로 온 그린을 못 시켜요."

"그린 주변에 와서도 홀 컵에 붙이지 못하고 왔다 갔다 하지요."

"퍼팅은 어떠세요?"

"그나마 퍼팅은 괜찮게 됩니다."

"그럼 80타 중반 치려면 어떻게 해야 된다고 생각하세요?"

서 코치는 윤 사장이 현재 문제점을 파악하도록 만든 뒤 어떻게 해야 타수를 줄일 수 있을까에 대한 답을 스스로 찾아내도록 만든다. 코치는 길을 찾을 수 있도록 도와주는 사람이다.

"가장 타수를 많이 잃고 있는 드라이버 샷이 슬라이스가 나지 않도록 연습을 해야 할 것 같습니다. 그리고 그린 주변에서 홀 컵에 붙일 수 있도록 어프로치 연습에도 시간을 많이 보내야 할 것 같습니다."

"윤 사장님, 참 잘 파악하셨습니다."

"드라이버에서 실수하게 되면 타수를 크게 잃게 되고, 대신 어프로치가 잘 되면 타수를 줄일 수 있습니다."

"사장님, 다시 드라이버 한번 쳐 보시겠습니까?"

"굿 샷!"

"사장님, 일단 슬라이스가 나지만 거리는 확보될 것 같습니다. 스윙 스피드가 좋으세요. 인 아웃만 잘 연습하면 드라이버 샷은 잘 칠 수 있을 것 같습니다."

역시 서 코치는 좋은 코치다. 적절하게 칭찬과 격려를 해 줌으로써 사기를 돋우어 준다.

코치로서 정 이사는 김 과장의 영업 목표를 듣고 나서 목표 달성의 가능성에 대하여 현실성을 확인해 본다.

"김 과장, 그러면 올해 영업 목표에 가장 위협이 되는 경쟁사가 어떤 방법으로 공략해 올지 예측할 수 있나요?"

"네 이사님, 경쟁사는 우선 가격을 저희 가격 보다 낮게 가져갈 것입니다. 저의 제품이 품질은 우수하지만 가격 격차가 너무 많이 나면 다른 방법을 강구하여야 할 것 같습니다."

"김 과장, 그러면 가격을 낮추지 않고 시장을 지킬 수 있는 방법은 없을까?"

"이사님, 고객과 장기계약을 추진하는 것도 고려해 볼 수 있는 대안 일 것 같습니다. 기존 거래선이 원료 수급을 안정적으로 가져가려는 전략을 가지고 있기 때문에, 가격이 조금 높아도 장기적으로 안정적인 원료 공급을 보장한다면 장기 계약이 가능할 수 있습니다."

"좋은 전략 같은데, 다른 방법은 또 없을까?"

"제가 생각해 보니 우리는 국내 생산이고 경쟁사는 해외 생산품을 수입하여 들여오기 때문에 재고 비용을 줄여 줄 수 있는 Just In Time으로 원료를 공급하는 것입니다. 우리의 물류 시스템을 개선하면 비용을 줄일 수 있고 우리 가격도 일정 부분 내릴 수 있는 여지가 있습니다."

"역시 김 과장은 아이디어 뱅크야!"

처음 코칭을 하는 정 이사는 코칭 교육에서 배워온 내용을 실현해 보면서 흐뭇한 마음으로 김 과장을 바라보며 말을 잇는다.

"그러면 김 과장, 구체적으로 실행하려면 무엇부터 해야 할까?"

"이사님, 장기 계약을 하려면 원가의 변동을 반영하는 공식을 만들어야 할 것 같습니다. 본사 마케팅 매니저에게 공식을 만들 수 있도록 협조 요청해서 계약서를 준비하겠습니다."

"좋은 생각인데!"

"그리고 고객을 방문하여 장기 계약의 이점에 대하여 충분히 설명하고 상호 이익이 되는 선에서 계약을 추진해 보도록 하겠습니다."

"그리고 물류 팀, 공장 그리고 원가 팀과 협의하여 비용을 절감할 수 있는 방안을 더 찾아보도록 하겠습니다."

"좋아, 언제부터 시작할 수 있을까?"

"바로 내일부터 시작해야 될 것 같습니다."

"그러면 언제 마무리할 수 있을까?"

"두 달 정도는 걸릴 것 같습니다. 11월 말까지는 마무리 짓도록 해 보겠습니다."

"내가 도움이 될 일이 있을까? 아니면 회사 차원에서 지원해 줄 일이 있으면 얘기해 줘."

"이사님께서 고객 회사 구매팀장을 잘 아시니 나중에 함께 방문해 주시면 도움이 되겠습니다."

"그래, 구매팀장은 대학교 친구니까 만나서 김 과장이 생각하고 있는 내용을 일단 전달해 놓도록 하지. 걱정하지 마."

"김 과장과 이렇게 대화를 나눠 보니 내가 많이 배우게 되네. 계획된 대로 일이 잘 처리되었으면 해."

"저도 이사님께서 관심 보여 주시고 많이 지원해 주시기로 확인해 주시니 힘이 납니다. 열심히 하겠습니다."

회의실을 나서는 정 이사는 코칭 교육에서 배운 코칭 프로세스가 제대로 적용되었음에 안도의 한숨을 쉬면서 코칭의 힘을 느낀다. 코칭을 받은 김 과장의 얼굴에는 웃음이 흐르고 두 손에는 자신감이 꽉 차 있다. 코칭은 서로에게 힘이 되는 과정이고 서로가 배우는 과정임을 알 수 있는 순간이다.

서 코치는 여전히 윤 사장의 드라이버 샷을 바라보며 어떻게 교정을 해 줘야 안정적으로 샷을 할 수 있을 것인가를 고민한다. 다음 시간에 집중적으로 드라이버 샷을 레슨 해 주기로 생각하고 어프로치 하는 방법을 시범 보인다.

"윤 사장님, 드라이버 샷은 자신감이 필요합니다. 다음 시간에 집중적으로 인 아웃 스윙을 연습해 보겠습니다."

"어프로치는 연습을 많이 하셔야 해요. 연습하시면 충분히 타수를 줄일 수 있습니다. 간단하게 어프로치 샷 하는 방법을 보여 드릴 테니까 시간 나는 대로 연습하세요."

"네. 잘 알겠습니다."

"그런데 윤 사장님, 연습계획은 어떻게 가져가실 생각이세요?"

서 코치는 코칭 기술이 뛰어나다. 현실성 파악을 한 후에 윤 사장 본인이 구체적인 연습계획을 세울 수 있도록 가이드하고 윤 사장은 앞으로 어떻게 연습할 것인지 세부적인 연습계획을 얘기한다.

"앞으로 1년 동안은 1주일에 3번은 연습장에 오고 코치님 계실 때 집중적으로 드라이버 샷을 연습할 생각입니다. 그리고 최소한 어프로치 샷을 20분씩은 연습할 생각입니다. 그리고 기회가 되면 코치님과 필드에 한번 가서 벙커 샷에 대한 레슨도 받았으면 합니다. 그리고 타수를 제대로 기록해서 잘 안되는 샷은 라운딩 후에 다시 원 포인트 레슨을 받을 생각입니다."

"윤 사장님, 좋은 생각이시네요. 안 되는 것은 다시 복습할 필요가 있습니다. 그리고 잘 되는 샷은 계속 유지할 수 있도록 꾸준하게 연습하시면 됩니다."

"제가 보니까, 윤 사장님은 기본 체력이 있어서 조금만 연습하시면 충분히 원하는 샷을 할 수 있을 것 같습니다."

서 코치가 윤 사장의 실행의지를 확인하고 격려로 코칭을 마치면서 다음 약속 시간을 잡는다.

"윤 사장님, 다음 주 월요일 9시에 뵙겠습니다. 수고 많이 하셨습니다."

"네, 수고하셨습니다."

1년 후에는 80타 중반을 기대하며 드라이버 샷을 하는 윤 사장의 공이 그물 망으로 날아간다. 나는 윤 사장 타석 뒤에서 속으로 윤 사장을 응원한다.

"윤 사장님, 서 코치가 코칭 하는 대로 따라서 하면 싱글 칠 수 있을 겁니다."

정 이사는 보스에서 코치로 변신하고 있다. 사람을 GROW 시킬 수 있는 코치가 되어가고 있다.

이제부터 당신도 코치다.

03

캐디와 퍼팅에서 배우는 인생 코칭

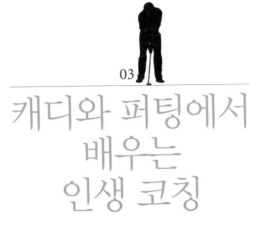

03
캐디와 퍼팅에서
배우는
인생 코칭

일본 캐디는?

2017년에 일본으로 골프 여행을 갔다. 후쿠오카의 '센츄리' 골프장인데 골프장 운영과 코스 등이 한국 골프장들과 비슷하다. 부대시설들은 오래되어서 낡아 보이지만 나름 관리가 잘 되어 있고 깨끗하다.

단지 나이 든 청소 아주머니가 남자들이 알몸으로 사우나 실에 있는 것을 아랑곳 하지 않고, 남자 탈의실과 욕실 앞에서 수건 정리, 비품 챙겨 넣기 등 자기 일을 열심히 하는 것이 조금 생소하다는 것 외에는 별로 불편함이 없었다.

골프장에 도착해서 티 샷을 할 시간이 가까워지자 캐디들이 우르르 몰려온다. 원래 캐디들이 상주하지 않고 필요한 경우 요청하면 캐디 하러 온단다. 우리 팀으로 '아키코'라는 이름의 여자 캐디가 배정되었다.

"아키코 상, 영어 할 줄 알아요?"

"잘하지는 못하고 조금 합니다."

영어도 잘 못하고 한국말도 아주 조금 할 줄 아는 정도이다.

"이 전무님, 거리 물어 보기도 힘들 것 같습니다. 제가 거리 측정기를 가지고 왔으니까 걱정하지 마십시오."

친절한 박 부장이 캐디를 자처한다.

카트를 타고 첫 티 샷을 하기 위해 이동하는데 같은 팀에 배정된 유 전무가 계속 줄 담배를 태운다.

티 샷을 하면서 피우던 담배를 티 박스 옆에 있는 재떨이에 올려놓는다. 티 샷을 하고 돌아와도 담배가 안전하게 유지될 수 있도록 고안되어 있다. 유 전무는 재떨이에 관심을 보인다.

"이 재떨이 예술인데요. 모양도 예쁘지만 여지간해서는 담배가 떨어지지 않도록 디자인되어 있는 것이 흡연자를 위한 배려가 돋보입니다."

홀마다 재떨이가 있는 골프장이 우리나라에도 있는지 잘 기억이 나지 않지만, 재떨이 하나에도 정성을 기울이고 고객을 위하는 일본인들의 마음을 엿볼 수 있다.

일단 나와 유 전무 그리고 최 사장님의 티 샷은 페어웨이 한가운데로 잘 떨어졌다. 박 부장의 공이 오른쪽으로 밀려서 나가 버린다. 다시 박 부장이 멀리건 티 샷을 하고 앞으로 나가려고 하는데 잔디 위에 팻말이 세워져 있다. 일본어와 함께 한국 사람들을 위한 배려의 글이 한국어로 번역되어 있었다. 한국 사람들이 많이 찾아오는가 보다.

'OB가 나면 준비된 OB 티에서 재생됩니다.'

한국말로 번역이 잘 못된 것 같다. 박 부장이 '재생' 된다는 말이 영 어색한지 '아키코'에게 '재생'이라는 번역이 조금 어색하다고 설명해 준다.

다음 홀에서 공을 치려고 기다리는데 '아키코'가 수첩을 가지고 박 부장에게 다가와서 묻는다.

"박 부장님, '재생'을 어떻게 고쳤으면 좋겠습니까?"

박 부장은 '아키코'가 내민 종이에 제대로 된 한국말을 적어 준다.

'다시 칩니다.' 또는 '시작합니다.'

"아리가또 고자이 마스."

'아키코'는 감사하다고 연신 말하며 고개를 숙여 인사한다. 박 부장이 적어 준 내용으로 그 팻말의 내용이 바뀌었는지는 모르겠지만, 분명한 것은 캐디도 자신이 할 수 있는 한에서 최선의 개선활동을 하고 있다는 것이 마음에 와닿았다.

문제점을 제기해 주는 박 부장이나 문제점이 있다는 것을 전해 듣고 이를 개선하기 위해 실천으로 옮기는 캐디나 변화에 익숙한 사람들이다. 새로움을 추구하는데 두려움이 없는 사람들이다. 그들은 고객들이 편리하고 기업에 도움이 되는 활동을 계속할 것이다. 개선을 위해 노력하는 이런 캐디가 있는 골프장은 항상 새롭게 바뀔 것이다.

일본의 개선활동은 새로운 것이 아니다. 오래전부터 5S활동을 통해 현장의 개선을 이루어 왔고 이미 우리나라의 많은 기업들도 지속적인 개선활동을 오래전부터 시행하고 있다. 새롭게 하고자 하는 마음을 가지고 일상을 보면 어렵지 않게 개선 항목을 찾아볼 수 있다.

골프장에서는 보통 티 샷 하기 전에 골프 부상을 예방하기 위하여 몸풀기 운동을 한다. 단체로 줄 서서하는 이런 준비운동을 싫어하는 분도 있지만 대부분이 팔 운동, 목 운동, 허리와 다리 운동 그리고 손 털기 등을 의미 없이 한다.
서원 힐스 골프장으로 라운딩을 갔는데 여성 캐디의 준비운동이 예사롭지 않아 기억이 난다. 이 캐디는 각각의 운동에 의미를 부여하고 있었다.
"자, 비거리를 20미터 늘려주는 팔 돌리기 운동입니다. 왼 팔을 오른 팔로 잡고 돌려주세요"
"다섯 타 줄여주는 다리운동입니다. 왼발을 앞으로 내면서 지그시 눌러주세요."
"디스크를 방지하는 허리 운동입니다. 손깍지 끼고 다리 교차한 상태로 내려갑니다."
이런 멘트를 하면서 준비 운동을 하니 누가 열심히 따라 하지 않겠는가? 거리도 늘려 주고 타수도 줄여 주며, 디스크도 예방해 준다는데 따라 하지 않는 사람이 이상할 것이다. 실제 거리가 더 늘어나고 타수가 줄어드는지는 모르겠지만 그냥 하는 것보다는 훨씬 의미가 있고 신선하다.
무슨 일을 하든 목표 없이 매일 똑같은 일을 한다면 너무 지루하지 않겠는가?
내가 하는 일이 매일 새롭고 더 나아질 것이라는 기대감이 있으면 그 일은 즐겁고 큰 보람을 느낄 것이다.

대영 힐스 CC에 가본 골퍼라면 기억할지 모르겠다. 각 코스의 홀마다 각기 다른 이름을 붙여 놓았다. 특히 청 코스의 각 홀에 붙여 있는 이름이 인상적이다.

1번홀 일파만파: 한 사람이 파면 모두 파로 기록한다

2번홀 버탐보득: 파 3에서 버디를 노리다 보기를 득한다.

3번홀 파죽지세: 내리막 핸디캡 1번 홀로 기세 있게 공략한다.

4번홀 견물생심: 버디를 노려보고 싶은 홀이다.

5번홀 남원북철: 마음은 남쪽이나 공은 북쪽으로 간다.

6번홀 오비이락: OB가 많이 나는 홀이다.

7번홀 부귀영화: 파3홀로 그린에 올리기만 하면 부귀를 누린다.

8번홀 거두절미: 아무 생각 말고 그냥 매우 쳐라.

9번홀 과유불급: 지나침은 미치지 못함과 같다.

각 홀의 특징과 골퍼의 심리까지 고려한 절묘한 이름 선택에 기분이 좋아진다. 그냥 1번 홀이라고 할 수 있지만 골퍼가 그 홀을 한번 생각해 볼 수 있도록 만든 것이 새롭다.

2번 홀은 '버탐보득'이다. 나는 2번 홀의 의미를 좋아한다. 버디를 탐하다 보기가 될 수 있다는 '버탐보득'의 경고는 골프에서만이 아니고 모든 일을 함에 너무 욕심을 부리지 말고 자신의 능력에 맞게 최선을 다하여 도전하라는 의미로 와 닿는다. 그러한 도전에 새로움을 더할 수 있다면 더할 나위가 없겠다.

새로운 생각에 도전하도록 만들기 위해 전 직장에서 약 300명의 현장 신입 사원을 뽑을 때 사용한 질문이 생각난다.

"여기 종이 컵이 있습니다. 이 종이 컵을 다른 용도로 사용할 수 있다면 어떤 용도로 사용할 수 있을까요?"

"화분으로 사용할 수 있습니다."

"작은 부품을 분류하는데 사용할 수 있습니다."

"아이들 송수화기 장난감으로 사용합니다."

"밥공기로 대신합니다."

"라면을 덜어 먹습니다."

"작은 구멍을 막는데 사용합니다."

"바닥에 구멍을 뚫어서 거름망을 대신합니다."

등등 다양한 용도를 얘기한다. 어떤 이는 기발한 아이디어를 많이 낸다. 반면 또 다른 이는 별생각이 없다. 간단한 질문 하나로 사고의 틀을 확인해 볼 수 있다. 개선은 먼데 있지 않다. 우리의 일상적인 업무에 생각의 힘을 더하면 더 나은 과정과 결과가 나오게 됨을 현장 제안제도를 통해 목격한다. 생각이 없으면 업무의 향상을 기대하기 어렵다.

생각을 현실로 옮기기 위하여 우리는 제안제도를 운영한다. 제안에 대한 개인과 팀 목표를 세우고 이를 비용 절감 목표에 연계시켜 목표를 달성하는 경우 인센티브와 개인 포상을 겸하니 좋은 결과가 나온다. 매년 상당한 고정 비용이 절감되어 회사의 경쟁력 향상에 도움이 되고 있다.

개선 활동을 지원하는데 이용할 수 있는 교육으로는 6 시그마 교육을 들수 있겠다. 모든 결과를 정량적으로 분석하여 실제 개선 효과를 알아볼 수 있게 해주는 좋은 도구라고 할 수 있다. 인사 부서에서 6 시그마 블랙벨트 교육을 받으며 프로젝트로 시행해 본 것이 교육의 효과성에 대한 분석이었다. 지금까지 해 보지 않았던 새로운 시도였고 쉽지 않은 주제 선정이었다.

결론적으로 6 시그마 교육의 효과는 투입되는 시간과 비용보다는 그 결과가 훨씬 크기 때문에 그 어떤 교육 보다 더 우선적으로 시행하여야 한다는 결과를 수치로 보여 주었다. 물론 더 많은 직원이 참여할 수 있도록 확대 시행되는 결과로 이어졌고 교육을 통한 프로젝트 진행으로 상당한 비용 절감을 이룰 수 있었다.

골프를 잘 하기 위해서는 자신이 잘하고 있는 부분을 계속 강화하고, 잘 하는 사람들로부터 배우거나 전문 티칭 프로의 도움을 받기도 한다. 더 나아지고자 하는 사람은 다른 사람으로부터 배우는 것을 부끄러워하거나 꺼리지 않고 주변의 모범 사례를 학습하며, 더불어 자기가 학습한 내용을 나누는 사람이다.

대부분의 기업은 자체 개선활동과 학습을 위한 많은 정보를 가지고 있으며, 더 나아가 다른 기업들에서 실시하고 있는 좋은 제도들을 모범 사례로 도입할 수 있다.

새로운 것을 배우고자 하는 사람은 외부 전문가들의 경험을 배울 수 있는 모임에 참석하는 것도 적극 추천한다. 전문가들의 모범사례를 습득하고 자기 업무에 적용해 보는 것이 좋다. 전문가들의 경험과 모범 사례가 나의 업무에 잘 적용되고 효과를 보여 주는 경우에는, 사내 커뮤니케이션을 통하여 내용을 공유하고 다른 사람들의 업무 개선에 도움을 주도록 한다. 이와 함께 관련 정보를 계속 업데이트하는 것도 지속되어야 할 일이다.

매일매일 변화가 없는 생활은 너무 무의미하다. 골프장에서 캐디도 자신이 할 수 있는 최선의 개선활동을 하는 것을 보면서, 우리가 새로운 변화를 위해 할 수 있는 일이 얼마나 많은지 알 수 있다.

우리의 귀를 열고, 새로운 변화를 놓치지 말고, 새로움에 도전하자. 재미 있지 않은가?

아! 퍼팅 입스.

"여보세요? 이인상입니다. 아! 송 전무님, 어쩐 일이세요?"

"이 전무님, 오늘 오후에 스크린 한 게임 어떠세요?"

" 좋습니다. 특별히 약속도 없고 골프도 치고 싶었는데 잘 되었네요."

"그럼 이따가 2시에 비발디에서 뵙지요."

2년 전 겨울에 송 전무와 함께 동네 스크린 골프장에 갔다. 겨울철이라 날도 춥고, 공은 치고 싶고 해외는 나가지 못하니 스크린 골프가 제격이다. 마침 송 전무가 아는 스크린 동호회 회원인 김 여사와 최 사장님이 스크린 골프장에서 연습 중이라 함께 플레이하기로 했다. 타당 이천 원 짜리다. 다른 분들 실력은 잘 모르지만 요즘 내 성적은 거의 이븐 파 정도 치고 있으니 게임을 해도 크게 잃지는 않을 것이란 생각이 들었다.

오늘도 샷이 그리 나쁘지는 않다. 드라이버는 스트레이트로 잘 나가고 아이언은 그린에 잘 떨어진다. 전반에 버디 2개, 보기 한 개 그리고 나머지 홀은 파. 나쁘지 않은 성적이다. 후반에도 보기 2개, 버디 2개 그리고 나머지 파, 전체로 1언더를 기록한다. 2천 원짜리인데도 6만 원 정도 쌓여 있는 것이 버디의 영향인가 보다.

게임이 끝나고 그만 마칠까 하는데, 김 여사가 열이 받았는지 한 게임 더 하자고 한다.

"오늘 이상하네, 이 전무님 한 게임 더 하죠?"

보통 언더파 치는 분인데 오늘은 이상하게 공이 안 맞았다고 혼잣말로 뭐라 한다. 어차피 게임비도 땄고, 돈을 잃은 김 여사가 한 게임 더 하자고 하는데 그만하고 집에 가기도 뭐 해서 다시 한 게임 더하기로 하고 샷을 하는데 뭔가가 이상하다.

분위기는 가라앉아 있고 공을 치는데 몸이 무겁고 마음이 답답하다.

첫 홀부터 퍼팅에 이상이 나타났다. 그렇게 잘 들어가고 거리감도 좋던 퍼팅이 떨린다. 롱 퍼팅하려는데 스트로크 할 때 마다 움찔거린다.

'아, 뭐지! 거리도 안 맞고 방향은 더 이상하다.'

쓰리 퍼팅이 나온다.

"오 마이 갓!"

혼자서 보기를 하고 나머지 세 명은 파를 기록해서 배 판이다. 한번 안 되니 계속 퍼팅이 문제다. 가까스로 홀 주변에서 어프로치로 파하고, 가까이 붙은 공을 버디로 연결하지 못하니 퍼팅이 무서워지기 시작한다. 어떻게 퍼팅을 해야 할지 정말 미치겠다. 그린에 볼을 올리는 것이 두려워진다.

"이게 말로만 듣던 퍼팅 입스 인가"?

김 여사는 첫 홀부터 계속 돈을 챙기며 다시 샷이 살아나는데 버디에 파에 나쁘지 않다. 심리적으로 밀리고 있는 것이 분명하다. 그런데 한번 움츠려진 마음은 편하게 퍼팅을 하지 못하게 만든다. 그럴수록 몸은 더욱 긴장 상태로 빠져든다. 몸이 말을 안 들으면서 방향감과 거리감이 뚝 떨어진다. 결국 퍼팅 실수가 이어지고 근래 들어 최악의 스코어를 만들어 낸다.

'아 정말 쓰리 퍼팅에 미치는 줄 알았다.'

결국 김 여사와의 두 번째 게임은 첫 번째 게임에서 딴 돈을 모두 반납하는 공평한 결과 외에 개인적으로는 퍼팅 입스라는 치유하기 힘든 심리적 두려움을 얻게 만든 시간이었다.

그 시간 이후 스크린 성적은 이븐 파에서 타수가 올라 평균 10개에서 15개를 넘나드는 평범한 플레이어로 전락하게 되었고, 쉽게 치유되지 않는 어려운 시간이 지금까지 이어지고 있다.

퍼팅 입스는 필드로 그대로 옮겨진다. 봄이 되어 첫 필드 라운딩을 갔는데 역시 퍼팅 입스는 그대로다. 처음 몇 개 홀을 보내면서 역 그립, 오른손과 왼손을 포개 잡기, 오른손을 아래로 쭉 내려 잡기, 그리고 왼손 위주의 스트로크 등 할 수 있는 다양한 그립과 스트로크를 해 보았지만 볼을 칠 때의 움찔함은 없어지지 않는다.

"퍼팅 입스에는 무거운 퍼터를 써서 퍼터 무게로 치면 돼요."

싱글 플레이어인 김 프로가 조언한다.

"알겠습니다. 퍼터를 바꾸어 봐야겠어요."

퍼터를 무거운 캘러웨이로 새롭게 바꾸어도 크게 나아지지 않는다. 이제 귀가 얇아져서 퍼팅을 잘하게 만들어 준다면 뭐든 할 태세다. 파주 CC에 라운딩을 하러 갔는데 홍보 현수막이 걸려 있다.

"그냥 치면 다 들어갑니다."

자립식 퍼터는 혼자 서있을 수 있도록 디자인되어 있는 퍼터다. 그냥 서있는 상태에서 치면 다 들어간다 하여 귀가 솔깃하다. 판매하는 사장님과 연습 그린으로 올라가서 연습 퍼팅을 해 보니 잘 되는 것 같다. 그 사장님은 툭툭 치는데 쑥쑥 들어간다.

"사장님, 이거 퍼팅 입스에도 도움이 될까요?"

"보셨잖아요. 그냥 선채로 치면 다 들어갑니다."

다 들어갈 것 같아 자립식 퍼터도 구입하여 연습하고 실전에 써 보지만 몸이 안 따라 준다.

생각해 보면 퍼팅 입스는 긴장된 상태에서 몸이 편안하지 못해서 생기는 심리적 요인이기 때문에 장비를 바꿔도 그리고 그립을 바꿔도 그 근본 원인이 남아 있으면 항상 재발할 수 있는 것이다. 긴장하게 되면 항상 실수할 수 있고 자신의 능력을 다 발휘하지 못한다.

아직도 퍼팅 입스에서 완벽하게 벗어나지는 못했지만 조금씩 나아지고 있다. 내가 터득한 나만의 퍼팅 입스를 줄이는 방법은 일단 오른손으로 공을 때리지 않도록 주의한다. 체중은 왼쪽으로 많이 두고 퍼터도 핸드 퍼스트 형태로 스트로크 하니 숏 퍼팅에서 많은 도움이 되었다.

어떤 상황이건 긴장을 하게 되면 우리는 우리가 생각한 바를 100% 실현시키지 못한다. 최근에 일 때문에 중앙노동위원회에 다녀 왔다. 부당 해고 구제신청을 요청한 신청인에게 심판 위원들이 질문을 했을 때, 신청인은 긴장을 해서인지 질문에 대하여 정확한 답변을 하지 못하였다. 목소리는 떨리고 땀도 닦는다. 말은 빨라지고 무슨 소리를 하는지 말에 두서가 없다.

역시 긴장은 자신의 의사도 제대로 표현하지 못하게 만드는 근본 원인임을 알 수 있었다. 긴장을 없애려면 자신감이 있어야 한다. 눈을 감고도 퍼팅을 할 수 있을 만큼 자신감이 있으면 퍼팅 입스도 어느 정도 해소할 수 있지 않을까? 어느 분야건 내가 다른 사람보다 더 많이 알고 더 잘할 수 있다는 자신감이 있다면 긴장감은 줄어들 것이다.

누군가가 자신의 전문 분야에 대하여 질문할 때 해당 분야에 정통한 사람은 아무 문제 없이 자신 있게 답변할 수 있지만, 잘 모르는 사람은 퍼팅 입스에 걸린 것처럼 자신감이 떨어진 답변을 하게 되고 신뢰도 잃게 될 것이다.

자신감을 가질 수 있는 방법은 연습밖에 없는 것 같다. 고성과 조직을 만들기 위하여 전 직원을 대상으로 교육을 시켜야 되어 미국 본사에 가서 강사 교육을 받고 돌아왔다. 처음 교육을 진행할 때는 말도 꼬이고 사례도 잘 생각나지 않고 많이 힘들었다.

그러나 매번 할 때마다 탄력이 붙어서 2번째보다는 3번째가 그리고 3번째보다는 4번째 교육할 때가 훨씬 수월하게 진행할 수 있었다. 경험이 쌓일수록 자신감이 생기게 됨은 당연하다.

지난주에 목소리 교육을 받을 때 강사가 수강생들에게 소리를 지르도록 한다.

"자신 있게 소리를 지르세요."

"복식호흡으로 숨을 들이 마시고 저와 함께 소리를 내보겠습니다."

목소리 내는 것도 자신감이 필요하다. 자신이 없으면 소리부터 나오지 않는다. 차를 타고 다니면서 배에 힘을 주고 소리를 질러본다.

"어~이~~~"

"안~녕~하~십~니~까~."

자신감을 찾아야 한다. 자신 있게 내는 소리는 소리가 다르다. 나만의 자신 있는 소리를 찾아야 한다.

나는 퍼팅 입스에 빠져 1년 이상을 고생했다. 퍼팅에서의 자신감 결여는 전체 골프 경기와 스코어에 영향을 준다. 우리 삶에 입스가 오지 않도록 각별히 주의하고 자신감이 충만한 생활이 되도록 항상 실력 향상에 노력하자.

'퍼팅 입스! 다시는 겪고 싶지 않다.'

'자신감 있는 나를 만나고 싶다.'

사장님 차 트렁크에는 골프백만?

'칭찬은 고래도 춤추게 한다'고 한다.

그리고 '선물은 고객을 춤추게 한다'. 가끔 고객 접대하는 자리에 대타로 참가하는 경우가 생긴다. 대영베이스에서 75타로 싱글을 하고 나서부터, 항상 싱글 플레이는 하지 못하지만 P 사장님은 나를 싱글 플레이어로 인정해 주고 대우를 해 준다.

'그래서 골프는 잘 쳐 놓고 보아야 한다고 했던가?'

오늘도 고객 접대에 불러 주셔서 참석하는데 고객 사에서 김 팀장님과 조 과장님이 참석했다. 김 팀장님은 체구가 마르고 작은데도 굉장한 장타다. 허리를 완전히 돌려서 치는데 거리가 많이 나고 페어웨이를 크게 벗어나지도 않는다. 제대로 배운 골프를 한다. 전체적으로 샷에 무리가 없고 그린 주변에서의 플레이도 잘한다.

"김 팀장님은 핸디가 어떻게 되세요?"

"저, 잘 못 쳐요. 80대 초반 칩니다."

"아, 잘 치시네요."

대타로 나왔으니 열심히 쳐야지 하고 공에 집중한다. 80대 초반으로 거의 비슷한 타수가 기록된다. 대타로 와서 타수가 너무 안 좋으면 어쩌나 했는데 고객사에서 온 김 팀장과 비슷하게 타수가 나와서 충분히 만족스럽다.

"역시 이 전무는 우리 회사 프로입니다"

사장님께서 띄워 주시는 멘트에 괜히 쑥스럽기도 하고 7자를 그린 것도 아닌데 민망하지만, 주말골퍼가 이 정도 치면 충분하다고 생각하면서 위안을 삼는다.

샤워를 하고 차로 이동하려는데 P 사장님께서

"김 팀장님, 잠깐만 기다리세요, 제가 차에 좀 다녀오겠습니다."

바삐 차로 가신다. 한 쪽에 주차되어 있는 사장님 차에 가시더니 트렁크를 열고 작지만 고급스러운 선물 백 2개를 가지고 오신다. 의아해 하는 김 팀장님과 조 과장에게 가져온 선물 백을 내미시며 말씀하신다.

"이거 면세점에서 산 화장품인데 사모님들 하나씩 갖다 드리세요."

"10년을 젊게 만들어 주는 피부 탄력 개선 크림이랍니다. 나중에 사모님들한테 좋은 소리 들으시면 식사나 사세요"

평소 보통 접대하시는 분들이 운동 마치면 골프 샵에서 선물을 사서 드리는 것을 본 적은 있지만 면세점에서 선물을 사서 가져오는 경우는 처음 보았다.

"아이 뭐 이런 걸 다 주세요"

김 팀장님은 감사 인사를 하면서도 싫지 않은 눈치였고, 주말에 집에서 기다리는 아내에게 줄 선물이라 더 기뻐하는 눈치였다.

"그렇지 선물은 받는 사람이 필요로 하고 좋아하는 것을 하는 것이 제일 좋은 선물이고, 그 선물에 가치를 더해주는 멘트를 더해주면 상대방은 정말 잊지 못할 선물이 되겠지."

참 좋은 아이디어라는 생각이 든다. 그런데 사장님은 어떻게 이런 선물을 미리 준비해 두었을까?

궁금해진다.

김 팀장님과 조 과장이 떠난 후에 사장님께 여쭤보았다.

"아니, 사장님, 오늘 저분들께 드리려고 미리 면세점에서 사 오신 건가요?"

P 사장님께서 웃는 얼굴로 한 말씀하신다.

"이 전무님, 잠깐 와 보세요"

P 사장님께서는 차로 가시며 차 트렁크를 연다.

"이 전무님, 여기 한 번 보세요."

트렁크에는 두 사람에게 준 선물백과 같은 것 두 개와 또 다른 선물이 세 개나 더 있었다.

"아니, 사장님, 무슨 선물을 이렇게 많이 차에 싣고 다니세요?"

P 사장님이 웃으면서 말씀하신다.

"이 전무님, 저는 영업사원할 때부터 차에 미리 선물을 준비해서 다녔습니다. 이게 습관이 되어 해외 출장 갈 때면 적당한 선물을 미리 사서 옵니다. 어느 때, 어디에서 어떤 새로운 고객을 만날지 알 수 없기 때문이지요. 선물은 고객을 춤추게 만들거든요."

오늘 김 팀장과 조 과장이 선물을 받고 좋아하는 모습을 상기해 보면서 사장님 말씀에 공감하였다.

이 스토리를 몇 명의 영업 사원들에게 전해 주었는데 최근에 만난 영업담당 전무는 자기도 그 이야기를 듣고 트렁크에 미리 준비한 선물을 넣고 다닌다는 것이다. 그리고 그 준비한 선물 덕분에 고객을 기분 좋게 만들어 영업 활동에 도움을 받았다는 얘기를 전해 주었다.

오래전 P&G에서 근무할 때 들은 얘기가 생각난다. 마케팅으로 워낙 유명한 회사이다 보니 마케팅 부서에 근무하는 직원들은 정말 우수한 인재로 구성되어 있었다. 미국에서 MBA를 했거나 국내 유수한 대학 출신들이었고 모두 영어회화 실력도 뛰어나다. 그런 능력 있는 인재들이지만 그들이 프로젝트 발표를 하고자 할 때는 그전에 여러 번의 리허설을 해서 완벽한 발표를 하고자 했다. 실제로 준비를 한 만큼 결과도 좋은 것이 사실이다.

최근에 만난 소재사업부 사업개발 담당 한 상무가 푸념을 한다.

"전무님 요즘 3주씩 두 달간 출장 다녀오고, 2025년까지 자원 계획을 준비하느라 바빠서 얼굴도 못 뵈었습니다."

"아니 무슨 자원 계획을 2025년까지 세웁니까?"

"그러게 말입니다. 죽겠습니다. 아무도 안 해 봤다고 저보고 하라고 합니다."

아직 가보지 않은 길이지만 미래를 준비하고 있다. 이런 자료를 발표할 때면 최고 경영자나 사업부 사장의 예상하지 못한 질문이 기다리고 있다고 한다.

"저는 예상 질문에 대하여 답변을 준비하지만 회의할 때마다 최고 경영자나 사업부 사장님은 항상 제가 준비한 예상 질문을 뛰어넘는 질문을 하는데 스트레스 엄청 쌓입니다."

"그렇지 최고 경영자는 아무나 하나? 그런 예상 밖의 질문을 할 수 있는 사람들이 최고경영층이지, 최고경영층들로부터 예상치 못한 질문을 받다 보면 당신도 승진해서 그런 자리에 올라갔을 때, 자연스럽게 아랫사람들이 준비한 자료를 보면서 질문도 하고 멋진 코멘트도 달아줄 수 있게 되는 거지."

"그건 맞는 말씀인 것 같습니다. 예상치 못한 질문을 자꾸 받다 보니 저도 사고의 폭을 더 넓게 가져가게 되고 더 자료를 많이 찾게 됩니다. 높은 분들의 질문으로부터 많이 배웁니다."

참 좋은 기회다. 많이 배울 수 있는 기회다. 준비하는 것이 이런 기회를 준다.

준비를 잘하면 어떤 예기치 않은 상황이 생겨도 대처할 수 있고 그로부터 기회도 발견할 수 있게 된다. 작은 선물을 준비하는 것이 별것 아니지만 그러한 마음가짐으로 비즈니스를 준비하면 성공의 길로 들어설 수 있을 것이다.

'나는 지금 무엇을 준비하고 있나?'

퍼팅에는 왕도가 없다.

"나이스 버디!"

손맛이 느껴지는 순간, 그린을 가로지르며 골프 공이 생각한 대로 구른다. 느낌이 온다.

홀 컵으로 떨어지는 골프 볼의 '땡그랑' 소리가 짜릿하다. 이런 기분 때문에 골프를 치는가 보다.

요즈음은 워낙 인터넷 부킹 시스템이 잘 되어 있어서 원하는 때 라운딩을 할 수 있다. 인터넷 부킹에 조인 방이 있어 멤버가 구성되지 않으면 부족한 인원으로 조인하기도 쉽다. 얼마 전에 부부 조인을 하게 되어 전혀 모르는 부부 팀과 자유로 CC에서 라운딩을 하게 되었다. 조인을 하더라도 같은 취미를 가지고 함께 라운딩 하는 팀이라 쉽게 친해진다.

남자분은 이 사장님이라고 소개한다. 첫 티 샷을 하는데 이 사장님의 실력이 예사롭지 않다.

"굿 샷"

나도 생각한 대로 드라이버가 맞아 나간다. 이 사장님이 그린에 올렸는데 제주도 온이다.

'투 퍼트로 막을 수 있을까?' 하는 내 생각을 뒤집고 홀 컵에 딱 붙인다.

"오!"

감탄사가 흘러나온다. 전반을 마무리하고 보니 이 사장님은 버디 2개 보기 2개 이븐 파다.

"이분 참 실력자네!"

특히 퍼팅이 예술이다. 아무리 먼 곳에서도 쓰리 퍼트가 절대 없고 가까운 거리는 그냥 다 들어간다. 아무리 라이가 어려워도 절대 실수하는 법이 없다. 전반 끝나고 쉬는 시간에 이 사장님에게 물어보았다.

"사장님, 어떻게 그렇게 퍼팅을 잘하세요?"

"제가 전에 공 좀 쳤어요. 지금 양주 컨트리클럽의 클럽 챔피언인 정모 선수와 게임도 많이 하고, 돈도 많이 잃고 해서 이기려고 노력을 많이 했지요."

"아!"

"지금은 교통사고를 당해서 허리를 다쳐 제대로 스윙을 못해요. 그래서 힘 빼고 팔로만 치고 있어요."

"그래도 거리가 장난이 아닌데요?"

"그때는 우리 집이 단독 주택이었는데 집 마당에 퍼팅 그린을 만들어서 매일 연습했어요. 퍼팅 라인을 살펴볼 때 특히 홀 컵 주변을 보아야 해요. 홀 컵 끝에서 공이 흐르거든요. 그리고 잔디의 결도 공의 흐름에 아주 미세하게 영향을 주기 때문에 잘 살펴보아야 합니다."

나는 아직도 퍼팅 라인을 제대로 읽지도 못하고 캐디한테 물어 보는데, 이분은 홀 컵 근처까지 세밀하게 살펴보니 당연히 퍼팅에서 차이가 날 수밖에 없다.

많이 배운 하루다.

퍼팅 입스 때문에 어려움을 겪는 중에 여러 사람들의 퍼팅 자세와 그립들을 눈여겨 살펴보게 되었다. 프로 골퍼들의 그립도 각기 달라서 어느 것이 정석이라고 할 수가 없었다. 어느 것이 내게 맞는지 결정할 수가 없다. 다양한 시도를 해보다가 오른손의 힘을 줄여 주기 위해 두 손을 나란히 잡는 그립을 선택했다.

그런데 그립만이 문제가 아니다. 누구는 퍼터는 미는 거라도 하고, 진자 운동으로 치면 된다고 하고, 누구는 짧게 백스윙 해서 때려야 한다고 한다. 길게 빼서 부드럽게 굴려야 한다고도 한다. 퍼터의 모양과 무게도 스트로크에 영향을 주기 때문에 어느 한가지 방법이 모든 사람에게 맞다 고 할 수가 없다.

결국 이 사장님의 말처럼,

"퍼팅에는 왕도가 없다."

볼을 홀에 넣으면 되기 때문에 어떻게, 어떤 모양의 퍼터를 써서, 어떤 그립으로 그리고 어떤 자세로 치냐는 것은 의미가 없다.

가끔 라운딩을 하는 지인의 퍼팅 자세는 약간 독특하다. 약간 옆으로 몸을 돌려세운다. 공을 보기 편하게 서서 본인이 원하는 곳으로 공을 굴려 보내는데 항상 일정하게 흔들림이 없이 퍼팅을 한다. 지난 30년 이상을 이런 자세로 퍼팅을 했기 때문에 약간 옆으로 서서 하는 퍼팅이 편하다고 한다.

어느 그린에서나 홀 컵을 공략할 수 있도록 자신에게 맞는 방법을 택해서 익숙해질 때까지 연습하여야 한다. 이 사장님처럼 골프에 미치면 집안에 퍼팅 그린을 만들어 놓을 수 있을 것이다. 30년 동안 약간 옆으로 서서 하는 자세로 퍼팅을 할 수도 있을 것이다. 이 모든 것들이 익숙하게 퍼팅을 하게 만든다.

좋아하는 어느 하나를 위해 집중하고 오랜 시간 지속적으로 시행하는 것이 전문가의 길이다.

다른 사람보다 더 나은 퍼팅을 하기 위하여 노력하는 것처럼 회사생활에서도 자신만의 탁월함을 위한 노력이 필요하다. 외국인 회사에 근무하는 필자가 신입사원 교육 시 항상 강조하는 것 가운데 하나는 영어에 대한 중요성이다. 영어 때문에 본인의 능력이 제대로 발휘되지 못하거나, 능력이 있어도 다른 사람과 공유하지 못해 능력이 없는 사람처럼 비칠 수 있기 때문이다.

다른 나라 직원들과 협력하여 일을 하는 경우가 많기 때문에 필수적으로 영어 능력이 필요하다.

영어능력이 모자라기 때문에 채용하지 못한 우수한 인재들도 많이 있다. 기술적 능력이 우수하다는 것을 인정하더라도 영어가 안되면 그 기술적 능력을 공유할 수 없기 때문에 채용할 수가 없었다.

영어 능력이 부족하여 자신의 전체 능력보다 낮게 평가된 사례도 있다. 아시아 인적자원 관리 모임의 리더인 싱가포르 직원이 자기와 함께 일하는 각 나라 직원들과 워크샵을 한 결과를 공유하는데, 직원들의 기술적 능력과 잠재 능력에 대한 비교 분석을 발표한다.

"인도와 싱가포르 직원들은 현재 기술적 능력과 잠재 능력이 높다고 평가할 수 있습니다. 그리고 일본과 중국 직원은 기술적 능력과 잠재 능력이 상대적으로 낮다고 평가할 수 있습니다."

그 배경을 알아본 결과 영어로 자기표현을 적극적으로 한 인도와 싱가포르 직원들은 모두 높이 평가되고 영어가 부담스러운 일본과 중국 직원들은 모두 낮게 평가된 것이다. 실제 그 이후 인도 직원은 교육 관련 아시아리더로 승진하였다.

회사에서 개인의 영어 능력 향상을 위하여 여러 가지 제도를 운영해 보았지만, 개인의 열정과 노력이 먼저 우선되어야 한다는 점에는 이론이 없을 것이라고 생각한다.

직원의 영어 능력을 향상시키기 위한 목적은 아니었지만 외국인 직원들을 한국으로 파견하여 교환 근무를 시킨 것이 한국 직원들의 영어 능력 향상에 크게 도움이 되었다. 업무를 위하여 상시 영어로 대화하고 의견을 나누게 만들어, 외국인 직원 파견 근무가 영어교육의 좋은 방법이 된 것으로 평가되고 있다.

언젠가 노동조합 창립총회에서 연설하는 김 위원장을 보았는데 연설을 참 잘한다.

"위원장님, 어떻게 그렇게 연설을 잘 하세요?"

"이 전무님, 제가 위원장이 되기 전에 몇 개월 동안 연설 학원에 다녔습니다. 위원장 선거에 나가야 하는데 연설을 잘 해야 조합원들의 지지를 받을 수 있지 않겠습니까?"

그래서 열심히 연설 학원에 다녔다는 것이다. 전혀 생각지 못한 일이었다. 위원장이 대단하다고 느껴지는 순간이다. 역시 그냥 얻어지는 것은 없다. 그러한 노력이 뒷받침되니까 지금까지 4선의 위원장으로 역할을 계속할 수 있는 것이라고 생각한다.

"퍼팅에 왕도가 없다."

그래서 우리는 모두 나만의 퍼팅 능력을 가질 수 있다. 다른 사람이 갖지 못한 나만의 퍼팅 능력은 그립에서 오든, 자세에서 오든 아니면 그 모든 것들을 오랜 시간 경험한 손끝에서 오든 볼을 홀 컵에 넣으면 인정받는다.

회사 생활은 뭐 다른가?

영어 능력을 향상시키는 방법이 무엇이든, 나의 능력을 다른 사람과 소통시키고 그 능력을 인정받으면 되지 않겠는가? 연설하는 법을 배워 자신이 원하는 대로 위원장이 되고 그 능력을 소통하는 모습이 보기 좋지 않은가?

'영어로 연설하는 위원장을 볼 수 있으면 좋겠다!'

사장님 굿 샷!

골프는 혼자 즐기는 게임이 아니라 동반자들과 함께 즐기는 게임이다. 동반자가 좋은 샷을 하면 굿 샷을 외쳐 주고, 버디 값을 내더라도 동반자가 버디를 하면 함께 축하해 주는 것이 골프다. 가끔 자기만의 샷을 가다듬기 위하여 모르는 사람들과 조인해서 게임을 즐기기도 하지만 동반자들과 함께하는 즐거움을 대신할 수는 없다.

캐디의 목소리가 아침 공기를 가른다. 멋지게 날아가는 하얀 볼에 힘이 실린다.

"굿 샷이에요."

"굿 샷!"

"나이스 샷!"

"와우! 오늘 좋은데요"

오랜만에 P 사장님과 필드에 나왔는데, 새로 준비한 드라이버로 첫 티샷을 날린 P 사장님을 향해 오늘 동반자들이 한목소리로 굿 샷을 외친다.

사장님도 싫지 않은 듯,

"샷이 괜찮았지요?"

"이번에 새로 장만한 드라이버인데 잘 맞네요."하고 웃으며 응답한다.

굿 샷을 외쳐 주는 것이 동반자의 사기를 올려주고 전체 게임 분위기를 좋게 한다. 새로운 드라이버를 선보인 P 사장님의 비거리가 이전보다 조금 늘어난 것 같다. 새로운 장비에는 항상 관심이 간다.

'나도 저 채로 치면 좀 더 멀리 보낼 수 있을까?'

드라이버 샷을 더 멀리 보내고 싶은 것은 모든 아마추어 골퍼들의 바램이자 욕망이다.

좋은 티 샷이 계속 이어지고 드디어 버디 찬스가 왔다. P 사장님이 파 4, 다섯 번째 홀에서 드라이버를 페어웨이 한가운데로 잘 보내서 가장 좋아하는 100미터를 남긴다. 평상시에도 피칭으로 100미터를 치는데 두 번째 아이언 샷을 홀 컵 2미터 오르막을 남기고 떨어뜨린다. 완벽한 샷이다. 요즘의 타이거 우즈 보다 더 잘 친 샷이다.

동반자들이 숨을 죽인다.

오르막 퍼팅에 라이도 좋고, 버디가 기대된다. 버디 하면 첫 홀부터 계속 쌓인 스킨스 금액 오만 원에 버디 값 3만 원 더해서 이번 홀에서만 8만 원을 먹을 수 있다. 신중하게 라이를 보고 캐디에게도 라이를 다시 한 번 확인한다.

드디어 볼이 퍼터를 떠나 홀로 움직인다.

"땡그랑."

"나이스 버디!"

"사장님, 정말 잘 하셨어요."

캐디의 응원이 다시 한번 날아온다. 함께한 동반자들이 다시 한번 버디를 축하하며 하이파이브로 손바닥을 마주쳐 주는 가운데 P 사장님의 입 꼬리가 올라간다.

"캐디 언니, 이건 팁이다."

기분 좋은 팁이 캐디에게 전해지며 분위기는 고조된다. 오늘 게임은 정말 분위기 좋게 동반자들과 시간을 보낸 날이다.

캐디의 역할이 전체 분위기를 좌우하기도 한다. 10년도 지난 애기지만 아직도 그 당시의 사건이 기억나는 것은 매우 이례적이었기 때문일 것이다.

지인들과 함께 군산 CC에 예약을 하고 늦지 않도록 새벽에 출발하여 아침 식사까지 마치고 골프장에 여유 있게 도착하였다. 첫 홀로 옮겨 가기 위해 대기하고 있는 카트에서 기다리고 있는데, 티 업 시간이 다 되어 가는데도 캐디가 나오지 않는다. 김 프로가 기다리다가 담배 한대 피우고 오겠다고 잠시 옆으로 자리를 옮긴다. 티업 시간이 1분 정도 넘어서야 캐디가 헐레벌떡 오면서 우리를 재촉한다.

"사장님, 뭐하고 계세요? 빨리 가야 하는데 거기서 담배 피우고 계시면 어떡해요? 빨리 오세요. 늦었어요."

그런데 말투가 어째 맘에 들지 않는다. 무슨 이유인지는 모르지만 굉장히 화가 난 것 같은 표정에 고객들에게 명령하는 말투다.

'이게 무슨 상황이지?'

캐디가 고객들을 대하는 태도가 뭐 이래? 동반자 가운데 성격이 급한 김 프로가 기분이 나쁜지 한마디 한다.

"캐디 언니 우리가 늦게 왔어요?" "아니면 우리가 뭐 잘 못했어요?"

"아니요, 제가 뭐라고 했나요?"

"캐디 언니, 언니가 늦게 왔잖아. 늦게 왔으면 죄송하다고 사과부터 해야 하는 것 아니야?"

"새벽부터 먼 길 와서, 비싼 돈 내고 골프 치는데 왜 우리가 언니 눈치를 봐야 하지?"

그제야 사태가 이상하다고 느꼈는지 건성으로 미안하다고 하는데 벌써 분위기가 이상해져서 공을 칠 수가 없다. 첫 홀을 마칠 때까지 캐디가 한마디 말을 하지 않는다. 다시 우리 김 프로가 열이 받는지 한마디 한다.

"캐디 언니, 경기과 좀 바꿔 주세요"

"우리가 캐디 언니 눈치 보면서 공을 쳐야 되겠어요?"

결국 경기과에 요청해 캐디를 바꿨고 새로 온 캐디와 남은 홀들을 진행하였다.

"사장님들 기분 푸세요. 그 언니가 어제 실수한 일이 있어서 경기과장에게 안 좋은 소리를 듣고 오느라고 기분이 좋지 않았는가 봅니다. 대신 제가 사과드리겠습니다."

"언니가 왜 사과를 해요. 앞에 캐디 언니가 문제가 있지요. 우리 사장님은 회사 출근할 때 간과 쓸개는 신발장에 넣어두고 구두를 신는다고 해요. 서비스해 주는 사람이 자기의 기분을 다 드러내면서 어떻게 고객에게 최상의 서비스를 해 줄 수 있겠어요?"

시작은 좋지 않았지만 새로 온 캐디의 파이팅과 열정으로 남은 홀들은 기분 좋게 마칠 수 있었다.

"캐디 언니 수고했어요. 라이도 잘 봐 주고, 파이팅도 좋고, 특히 언니의 웃음소리가 오래 남을 것 같네요."

다른 사람이 잘한 일에는 칭찬을 아끼지 말아야 한다. 자신이 잘한 일에 긍정적 피드백을 받으면 그 효과는 배가된다. 또한 잘 못하는 일이 있다면 건설적인 피드백도 주어야 한다.

지난달에 그룹에서 전 세계 인사담당자 회의가 벨기에에서 3일 동안 열렸다. 약 200여 명의 인사담당자들이 전 세계에서 참석하였고 이 행사를 준비하는 데 약 6개월이 걸렸다는 설명을 한다. 다양한 소 그룹 미팅과 전체 그룹 행사, 회장님이 참석한 저녁 식사 및 월드컵을 함께 시청하면서 즐길 수 있게 준비한 와인 바 등 준비 팀의 노고가 드러났다. 행사를 마치며 인사 담당 VP 가 행사 준비에 애쓴 준비 팀을 모두 단상으로 불러 세운다.

"미쉘, 지난 6개월 동안 장소 준비하느라 수고했어요."

"프랭크, 6개월 동안 일정관리하느라 수고 많았습니다."

"조지, 팀을 이끌고 완벽한 준비하느라 수고했습니다."

한 명씩 이름을 불러주고 와인 한 병씩을 선물로 전해주는데 주는 사람이나 받는 사람이나 모두 행복한 얼굴이다. 이를 바라보는 200여 명의 참석자들은 우레와 같은 박수와 환호로 함께 축하하며 그들의 노고에 감사한다. 함께 손뼉 치고 서로를 격려해주는 작은 인정함으로부터 서로에 대한 믿음과 하고자 하는 열정이 살아난다.

팀워크는 누구 한 사람 만의 노력으로 이뤄지지 않는다.

펜들랜드의 연구에서는 팀이 성과를 내도록 하는 한가지 방법이 팀원들끼리 자주 시선을 맞추며 대화하고, 제스처에 활력이 넘칠 때라고 말한다. 골프에서 동반자가 좋은 샷을 할 때 서로 굿 샷을 외쳐 주고, 버디를 할 때에는 하이파이브로 축하해주는 제스처는 팀워크를 살리고 좋은 골프 경기를 할 수 있게 만드는 것과 같다고 할 수 있다.

"그 어떤 얼간이라도 외양간을 무너뜨릴 수 있지만, 외양간을 다시 세우려면 뛰어난 목수가 필요하다" 라는 말이 있다.

분위기를 한순간에 망치는 캐디가 있는 반면, 그 분위기를 다시 살리기 위해 많은 시간과 노력을 하는 캐디도 있다. 전체를 생각하지 않고 나만 생각하는 이기심과 나 하나쯤이야 하는 잘못된 생각은 팀워크를 망가뜨리는 시발점이 되고 전체의 분위기를 망치게 되는 원인이 되기도 한다.

'나는 우리 팀의 분위기를 이끌어 가는 사람인가?'

'아니면 그 자리에 없는 것이 더 도움이 되는 사람인가?'

기왕에 회사 생활을 할 것이라면 다른 사람에게 인정받고 단상에 올라가서 박수받으며 나의 존재감을 느끼는 사람이 되어야 하지 않겠는가? 동반자들을 위해 굿 샷을 외쳐 주고, 버디를 한 동반자에게는 하이파이브로 축하해 주는 멤버가 되어야 하지 않겠는가?

오늘도 굿 샷! 나이스 버디를 꿈꾼다. 하이파이브도 좋다.

안 되면 캐디 탓.

트루먼 대통령의 책상 위에 'THE BUCK STOPS HERE.' 라고 쓰여 있는 글이 올려져 있다. 원폭 투하 결정을 할 때 사용한 말이다. '모든 책임은 내가 진다.'라는 말이다.

대영 힐스 CC, 력 코스 파 5, 6번 홀이다.

"캐디 언니, 저기 해저드 앞까지는 얼마야?"

드라이버가 잘 맞지 않아 180미터 정도를 보낸 최 전무가 묻는다.

"100미터입니다. 끊어 가시면 170에서 180미터 정도 남습니다."

"그럼 넘기는 데는?"

"캐리로 170미터입니다. 해저드를 넘기면 80미터 안쪽으로 남습니다."

최 전무는 자신의 우드 샷을 생각해본다. 3번 우드가 보통 200미터를 보내는데 캐리는 180미터 정도이고 20미터 정도는 굴러가는 것 같다.

"3번 우드 주세요."

그냥 잘라 가지. 구태여 우드를 칠 필요가 있을까? 앞에 해저드가 있는데 무리하는 것 같다는 생각이 든다. 평소 3번 우드 샷을 잘 치는 최 전무이기에 자신이 있어 보인다. 목표를 확인하고 두 번 연습 스윙을 한다. 자신 있게 우드를 휘두르는 모습이 프로 골퍼 못지않다. 볼이 우드에 두껍게 맞았는지 충분한 거리가 나오지 못하고 해저드 턱에 맞고 밑으로 굴러 떨어 지더니 물속으로 들어가 버린다.

"해저드입니다."

"언니, 이거 거리 맞게 불러 준거야? 170이 넘는 것 같은데?"

캐디가 거리를 잘 못 불러 준 것이 아니고 자기가 우드를 제대로 치지 못했다는 것은 언급하지 않는다. 일단 책임을 캐디에게 돌려 본다.

"거리는 170이 맞습니다."

"조금 두껍게 맞은 것 같습니다."

캐디도 지지 않고 자기가 옳다는 것을 항변한다. 어차피 볼이 물에 빠졌는데 누굴 탓해야 무슨 소용이 있나. 골프의 최종 의사결정자는 골퍼 자신이다. 캐디는 도움을 줄 뿐이다. 해당 골프장을 잘 알고 있기 때문에 각 홀의 특성이나 그린의 기울기 또는 특별히 슬라이스가 나기 쉬운 홀 등에 대한 정보를 제공해 주어 골퍼의 의사결정을 돕는 역할을 한다.

최 전무가 퍼팅을 준비한다. 4번째 샷을 그린에 올렸는데 볼이 너무 길어서 15미터 정도 떨어진 그린의 윗부분까지 올라가 버렸다. 그린은 내리막에 오른쪽에서 왼쪽으로 흐르는 경사를 보이고 있다.

"내리막 많이 보세요"

최 전무가 셋업을 하는데 캐디가 조언을 한다. 최 전무의 뇌리에 내리막이라는 말이 확 박혀 버렸는가 보다. 볼이 약하다. 내리막을 너무 의식해서인지 10미터 정도 구르다가 중간에 서 버린다. 아직도 5미터는 남은 것 같다.

"언니 내리막 많다며!"

최 전무의 목소리에 약간의 신경질이 묻어 있다. 캐디가 아무 말도 못 하고 그냥 볼을 닦는다. 아마도 캐디는 말은 하지 않으면서 속으로,

'퍼팅을 그렇게 살살하면 어떻게 해요? 오늘 그린 스피드가 느린데요. 그린 스피드에 따라서 내리막에서의 퍼팅 스트로크를 하셔야지요. 퍼팅은 당

신 책임입니다.' 라고 생각하고 있을 것이다.

내 책임으로 결정하여야 하는 일들이 항상 내 앞에서 기다리고 있다. 우드를 칠지 아이언을 칠지, 해저드 앞까지 잘라가야 할지 아니면 해저드를 넘길 것 인지 결정해야 하고 결정한 것에 대하여는 책임을 져야 한다. 골프 스코어는 내가 경기한 결과이고 그것에 대한 책임은 나에게 있는 것이다.

회사는 인재들의 집합체라고 할 수 있고 얼마나 좋은 인재를 많이 보유하느냐에 따라 회사의 성장과 미래가 그려진다고 볼 수 있다. 이전에는 능력 있고 잠재력이 있는 인재를 채용하는 것이 인사담당자의 역할이며 또한 책임이라고 말하던 때가 있었다. 지금은 최고의 인재를 찾고 채용하는 것이 같은 회사에서 일하고 있는 모든 사람들의 책임이라고 할 수 있다.

먼저 사람들은 근무하기 좋은 회사를 찾는다. 근무하고 싶은 좋은 회사는 그 회사에서 근무하고 있는 사람들이 만드는 문화이고 그런 회사의 이미지와 브랜드는 좋은 인재를 불러 모으는 시발점이기에 현재 회사에 근무하고 있는 우리 모두의 책임이라고 말할 수 있다.

또한 좋은 인재를 채용하기 위해 다양한 채용 방법을 사용하는데 내부 직원 추천 채용이 아주 좋은 채용 방법으로 여겨지고 있다. 채용 후보자의 추천은 모든 사내 직원들의 내부 추천을 우선으로 한다.

"이 전무님, 제가 잘 아는 친구가 S 전자에 근무하는데 추천해도 될까요?

"그 친구가 우리 회사에서 오픈한 포지션에 관심이 있나요?"

"네, 관심이 있다고 했습니다."

"그럼 추천하세요."

본인이 잘 알고 있는 인재를 추천하는 것은 추천하는 인재에 대하여 책임을 지겠다는 것이다. 그래서 정말 능력이 있는 인재가 아니라면 추천하기 어렵다. 직원 추천을 통하여 입사가 성사되면 소정의 상금을 제공하여 사내 추천에 대한 계속적인 관심을 유도한다.

사내 추천을 통하여 입사한 여러 인재가 자신의 능력을 십분 발휘하고 있는 것을 보면 사내 추천 채용이 좋은 채용 방법임에 틀림이 없다. 사내 추천 채용은 모든 직원이 채용에 책임을 나누어 갖는 추천할 만한 채용 방법이다.

당연히 해당 부서에서 필요로 하는 인재를 뽑아야 하기 때문에 해당 부서는 채용의 기본적인 책임을 진다. 전문지식과 경험의 판단은 그 전문지식과 경험을 필요로 하는 부서가 가장 잘 알기 때문에 의사결정할 수 있도록 하고 그 선택에 대하여 책임을 지는 것이다. 해당 부서에서 선택하지 않으면 채용을 강요하지 말아야 한다.

인사담당자는 채용 결정된 인재가 원하는 이직 조건을 회사 규정의 틀 안에서 맞추는 작업을 하여 이직하는데 걸림돌이 없도록 하고, 결정된 후보자가 해당 부서에 꼭 입사할 수 있도록 채용을 마무리하는 책임을 진다.

자신이 하는 일에 책임을 지게 하기 위해서는 충분한 권한을 위임하여야 한다. 자신의 권한 안에 있는 업무는 자신의 판단하에 결정을 하고 책임을 지는 것이다. 권한은 없고 책임만을 강조하면 캐디에게 스코어의 책임을 묻는 것과 똑같다.

직원들의 업무 목표는 그룹의 목표에 연결되어 있다. 명확한 목표를 공유하는 것은 내가 하는 일에 책임을 갖게 만드는 초석이다. 그룹의 명확한 성과 목표는 각 사업부나 지원 부서의 성과목표로 나누어지고, 사업부의 목표를 달성하기 위하여 나의 목표를 달성하여야 하는 것이다. 결국 그룹의 성과목표 달성에 대한 책임이 나에게 있다는 것임을 알 수 있다. 그룹의 목표가 각 개인의 목표와 연계되어 있음을 자각할 수 있도록 지속적인 커뮤니케이션이 필요하다.

매년 실시하는 성과계획을 잘 수립하여야 그룹 목표 달성의 책임을 다할 수 있다.

잘되면 내 탓, 잘못되면 네 탓이라고 한다. 잘못된 일을 책임지지 않으려는 마음은 다른 사람으로부터 받을 수 있는 비난과 잘못된 일의 결과를 받아들일 수 있는 용기가 부족하기 때문일 것이다.

무안 CC에서는 매년 전국 중, 고등학생 골프 대회가 열린다. 부부 팀으로 1박 2일 라운딩을 하러 갔을 때가 중, 고등학생 골프 대회가 열리는 때였다. 전국 규모의 대회가 열리다 보니 무안 CC 소속 캐디들이 대부분 대회 경기 지원을 하기 위하여 참석하여, 일반인 팀을 지원할 수 있는 캐디가 부족한 상황이 발생하기도 한다.

이번에도 대부분 캐디들이 대회 지원을 하기 위하여 나갔고, 우리 팀에 배정된 캐디는 처음 캐디 생활을 시작한 신참 캐디로 오늘로 일주일 된 캐디였다. 제대로 캐디 역할을 할 수 있을지 의문이다.

"언니, 할 수 있겠어요?"

"한 번 해볼게요."

우리나라 캐디는 정말 능력이 대단하다. 한 명의 캐디가 4명의 골퍼를 보조한다. 일단 카트에 실린 백이 누구 것인지 기억하는 것부터 시작이다. 몇 홀 돌면 각 골퍼의 드라이버 비거리와 아이언 거리 등을 파악해 필요한 채를 준비한다. 깃대 위치에 따른 홀까지의 거리가 달라지므로 다양한 깃대 위치에 따라 남은 거리를 계산한다. 각 홀마다 특징과 정확한 거리 계산을 위한 지형지물을 습득하고 볼이 숲으로 가면 어디로 나갔는지도 보아 둔다. 시력도 좋다. 그린의 스피드와 각 홀 그린의 라이도 잘 알아 두어야 골퍼를 도와줄 수 있다. 다른 나라에서는 스코어를 선수 자신이 직접 기록하는데 우리나라 캐디는 스코어까지 기록한다. 골퍼의 모든 샷을 기억하는 능력이 대단하다.

참 대단한 캐디들이다. 한 명도 아니고 4명의 골퍼를 위해 이렇게 다양한 업무를 수행하는 캐디는 능력자임에 틀림이 없다. 역할과 책임을 다하기 위해 능력과 경험이 필요한 이유가 여기에 있음을 다시 깨닫게 된다.

열정만 있는 일주일 된 신입 캐디는 카트만 운전할 줄 알았다. 일주일의 경험으로는 4명을 동시에 보조할 수가 없다. 정확한 거리를 알려 주지 못하고 거기에 맞는 클럽을 준비해 주지도 못한다. 볼을 닦거나 그린에서 어느 쪽이 높은지 낮은지에 대한 정보를 주지 못한다. 무척 답답하다. 당연히 스코어 카드를 기록하지도 못하고 카트만 모는 상태로 3홀을 마치더니 신참 캐디는 경기과로 무전을 한다.

"매니저님' 저 못하겠습니다."

동반자들이 무슨 말을 하기 전에 본인이 먼저 손을 들고 도움을 요청하고 있는 모습이 안쓰럽기도 하고 그 용기가 가상하기도 하다. 조금 후에 대회지원을 하지 않고 있는 캐디 가운데 경험 많은 베테랑 캐디가 와서 무사히 라운딩을 마쳤다.

열정의 신입 캐디에게 수고했다는 박수를 보낸다. 책임을 지고 역할을 다하기 위하여는 능력과 용기가 필요하다. 능력이 없으면 아무리 하고자 하는 열정이 있더라도 자신의 역할을 제대로 수행할 수 없다. 역할을 다하지 못하는 경우 책임을 지고 손을 들어 도움을 구하여야 한다.

신입 캐디는 지금 어떻게 되어 있을까? 아마도 지금은 무안 CC의 베테랑 캐디로 성장하여 자신의 역할과 책임을 다하는 캐디가 되어있지 않을까? 신입이지만 자신의 역할을 다하기 위해 애쓰던 모습이 눈에 선하다.

오늘은 부족하지만 자신의 부족함을 채우며 내가 맡은 일을 완벽히 수행해내는 베테랑 캐디가 되자.

캐디의 꿈.

"안녕하세요. 김 Pro 캐디입니다."

아주 잘 생긴 청년이 캐디라고 소개한다. 이름표를 보니 건국대 Pro 라고 쓰여 있다. 프로 선발 전을 준비하고 있는 준 프로 선수다.

"오늘 잘 부탁합니다. 김 Pro 캐디."

기대가 된다. 좋은 캐디를 만나면 라운딩의 즐거움이 배가되고 스코어도 좋아지게 됨을 겪어 보았다. 김 Pro 캐디는 기대한 대로 정확하게 거리를 불러 주고 위험 지역을 피해서 치도록 자신의 경험을 바탕으로 가이드 한다.

"저도 처음에는 거리만 내려고 했는데 몇 번 프로테스트에서 떨어지면서 힘 조절과 코스 공략에 대해서 더 생각하게 됩니다."

"벙커 앞까지 200미터이고 넘기는 데는 캐리로 220미터면 넘어갑니다."

힘쓸 일이 없다. 200미터 안쪽으로 드라이버 처도 120미터 오르막 남는 짧은 홀인데 굳이 벙커의 위험을 감수하고 벙커를 넘기겠다는 시도를 할 필요가 없다. 오르막이라 거리도 덜 나갈 것을 감안하면 안전하게 200미터면 충분하다.

욕심을 안 부리니 원하는 대로 200미터 안쪽의 페어웨이로 떨어진다. 오랜만에 부부 라운딩을 하러 왔는데 아내의 드라이버 샷이 자꾸 오른쪽으로 밀린다. 같은 나이 또래에서는 장타라고 알려진 아내의 드라이버 거리는 170미터 정도인데 거리가 나다 보니 자꾸 오른쪽 위험지역으로 간다.

"여보, 몸이 너무 빨리 돌고 드라이버가 늦게 도니까 공이 오른쪽으로 가는 것 같아요. 에이밍을 조금만 왼쪽으로 하면 좋을 것 같은데?"

옆에서 듣고 있던 김 Pro캐디가 도움을 준다.

"맞습니다. 사모님 공을 약간 오른쪽으로 두고 몸을 먼저 돌리기보다는 팔로 친다는 느낌으로 치세요. 사장님께서 잘 보신 것 같습니다."

일단 에이밍부터 약간 왼쪽으로 하고 드라이버 샷을 하니 볼이 페어웨이 가운데에 안착한다. 만족한 얼굴로 김 Pro캐디에게 감사의 말을 잊지 않는다.

전반을 마치고 돌아오면서 왜 캐디를 하느냐고 물어보았다.

"부상당하기 전까지는 투어 프로가 제 꿈이었습니다. 친구가 현재 국가 대표로 있는데 국가 대표도 되고 싶었지요. 그런데 2년 전에 교통사고를 당하고 나서 투어프로와 국가 대표가 된다는 것이 현실적으로 어렵다는 것을 알게 되었습니다. 그렇지만 프로테스트를 포기할 수 없고, 부모님께 더 이상 경제적으로 부담을 드리고 싶지 않아서 캐디하고 남는 시간에 연습을 하고 있습니다."

연습만 해도 시간이 부족할 텐데 부모님 생각해서 캐디 생활을 하면서 자신의 꿈을 포기하지 않고 열심히 살아가는 대한민국의 젊은 청년을 보게 되어 기분이 좋았다.

프로선수가 된다는 것도 힘들지만 투어 프로가 된다는 것은 또 하나의 더 어려운 관문임을 잘 알고 있었다.

"골프를 하는 친구들 보면 부모님 손에 끌려와 억지로 골프에 입문하고 골프를 하면서도 재미를 느끼지 못하는 친구들을 많이 봅니다. 저는 제가 좋아서 어렸을 때 부모님을 졸라서 골프를 시작했기 때문에 만약 프로테스트를 통과하지 못한다고 해도 후회는 없습니다. 제 꿈을 위해 최선을 다했기 때문입니다."

꿈을 향해 달린다는 것은 희망이 있다는 것이다. 거기에는 열정이 있다. 그 꿈을 이루지 못해도 노력의 과정이 남아 있기 때문에 그 희망과 열정이 그를 새로운 길로 인도할 것이고 의미 있는 삶을 만들어 갈 수 있을 것이다.

지난주에 Y 회사의 김 이사님이 찾아와서 회사 M&A에 따른 인적자원의 이전 및 보상 등에 관하여 많은 이야기를 나누었다. 김 이사님이 딸 자랑을 한다.

"제 딸은 고등학교 다닐 때부터 삼성전자에 입사하겠다는 꿈을 꾸었고 그 꿈을 이루기 위하여 대학 전자과에 입학해서 졸업하고 올해 삼성전자에 입사하여 열심히 다니고 있습니다."

자랑하면 팔불출이라 했지만 자랑할 만하다는 생각이다.

'고등학교 때부터 삼성전자 입사를 꿈꾸었다고?'

참 분명한 목표다. 많은 청소년들은 막연하게 자신의 진로를 말한다. 무슨 회사를 특정하는 경우는 극히 드물다. 분명한 목표는 그 노력을 한 곳에 더 집중하게 한다. 그 노력이 결실을 맺어 삼성전자에 입사한 것을 축하한다.

한 달 전에 둘째 딸이 조심스레 말을 꺼낸다.

"아빠, 나 폴란드로 갈 것 같아요."

"무슨 말인지 잘 설명해봐, 무슨 말인지 모르겠다. 왜 폴란드에 가는데? 여름휴가 갈려고?"

"아니 아빠. 아빠는 내가 중학교 때부터 해외에서 생활해 보고 싶다는 생각을 해 왔다는 걸 모르지요? 제가 지난번 영국에서 어학연수 할 때 해외 생활에 대한 꿈을 확실히 갖게 됐고, 이번에 기회가 돼서 폴란드로 갈 수 있게 된 것 같아요. 나는 외국인들과 영어로 얘기할 때 더 편하게 내 의사를 전할 수 있고 그 사람들에게서 존중을 받는다는 느낌을 가져요."

나는 딸이 중학교 때부터 그런 생각을 해 왔다는 생각에 '그냥 하는 말이 아니구나'라고 생각하며

"무슨 일을 하는 회사인데?"

"한국 물류 회사인데, 폴란드에 있는 지사에서 사람을 뽑아요. 그래서 전에 했던 업무 경력을 써서 지원했는데 인터뷰 결과가 좋은 것 같아요."

어릴 적부터 크게 내색하지 않고 자신의 일을 정말 열심히 해온 딸의 의사결정을 존중해서 폴란드로 가도록 했고, 이제 집에는 둘째 딸의 빈자리만 남아 있다.

분명한 목표를 세우고 그 목표를 달성하기 위하여 대학에서 전공을 선택하던지, 어학연수를 하며 익힌 영어를 바탕으로 해외 취업의 길을 선택하던지 그 꿈을 이루어 가는 딸들에게 박수와 격려를 보낸다.

회사는 무슨 꿈을 꾸는가?

회사의 비전은 무엇인가?

회사의 비전은 회사가 되고 싶은 것과 가고자 하는 곳으로 정의할 수 있다. 그 비전은 경쟁적 우위를 얻고 유지하기 위한 회사의 전략을 포함한다.

그 비전을 이루기 위해서는 목표를 달성하기 위해 필요한 업무 프로세스와 회사의 전략에 대한 깊은 이해가 필요하다. 이러한 이해를 바탕으로 해

당 부서는 회사 비전을 달성하기 위한 부서별 목표와 이를 달성하기 위한 전략 그리고 세부 실행 계획을 세우게 된다.

세부적인 실행 계획을 세움으로 목표 달성을 위한 역할을 분명히 알 수 있고, 목표를 달성함에 있어 걸림돌을 확인하고 해결할 수 있다. 세부적인 실행 계획으로 목표 달성에 대한 성공 여부를 확인할 수 있는 측정 기준을 정할 수 있고, 각 개인의 실행 계획을 하나로 모아 그 실행 계획으로부터 얻을 수 있는 모든 정보를 명확하고, 누구나 볼 수 있고 쉽게 수정할 수 있도록 한 장으로 정리 가능하다. 이 실행 계획은 회사 방향에 영향을 주는 외부 요인 따라 유연성을 가질 필요가 있다.

회사의 조직이 바뀌면서 인사부서의 조직도 변하고 그에 따른 새로운 비전이 필요하다. 그룹 전체 인사담당자들이 모인 자리에서 인사총괄사장이 새로운 인사 부서의 비전을 소개한다. 인사부서가 새로운 꿈을 꾸기를 기대하고 있다.

꿈을 현실로 만들기 위해서는 그 꿈이 막연하거나 실행시킬 수 없는 불가능한 꿈이어서는 안 된다. 우리의 능력과 노력과 열정을 쏟으면 이루어져야 한다. 그 비전을 실현시키기 위하여 그룹 인사담당자 워크샵에 참석한 사람들은 업무 프로세스 별로 세부 실행 계획을 세웠다. 그 실행계획은 성취 가능한 실행 계획이며 그 실행 계획은 향후 3년을 목표로 시행된다.

그 실행계획이 성공적으로 이루어지면 직원들은 서로 연계하여 성장하도록 이끌어질 것이다. 이 세부계획들은 먼저 최고의 인재를 채용할 수 있도록 하고, 각자가 가지고 있는 잠재력을 최대한 발휘할 수 있도록 개발시키며, 능력을 발휘할 수 있는 업무 기회를 넘치게 제공하는 동시에 적재 적시에 최적의 인재를 배치할 수 있도록 지원한다.

또한 세부 계획에 다양성과 포용성을 포함하고 협력하는 조직 문화를 강화하여 탁월함이 표현되도록 하며, 리더들이 모든 역할에서 본보기가 되도록 강화시키고 시대의 변화에 따른 앞서가는 혁신적 업무 방법을 도입하는 것을 포함한다.

세부 실행 계획을 통해 직원들이 꿈을 꾸고 그 꿈을 이루기 위해 최선을 다할 수 있도록 그 틀을 만들어 갈 것이다.

김 Pro 캐디의 꿈이 이루어졌으면 좋겠다. 프로 테스트를 통과하고 투어 프로로서 멋진 드라이버 샷을 날리며 홀 컵에 들어가는 볼을 바라보고 있는 김 Pro를 TV에서 보고 싶다. 국가대표나 투어 프로 친구들의 캐디 백을 메고 있는 김 Pro 캐디가 아닌 꿈을 현실로 만든 김 Pro를 만나고 싶다.

꿈을 먹고 사는 사람은 행복하다. 이루어질 것이라고 믿고 자신의 능력을 최대한 발휘하여 그 결과를 만들어 내기 때문이다. 나는 인사담당자들이 직원들을 행복하게 만들어 주는 사람이 되었으면 한다. 직원들이 꿈을 꾸고 그 꿈을 이루도록 도와주고, 그 꿈을 이루면 함께 기뻐하고 축하해 주는 일을 하는 사람이 되었으면 한다.

"그래, 꿈을 믿으면 행복해지지. 꿈은 인생을 행복으로 안내하는 마음 안에 뜨는 별이야."(긍정이와 웃음이, 신광철)

꿈을 꾸자. 내일을 향한 꿈을 꾸자.

"김 Pro 캐디, 내일은 김 Pro다."

잘 듣는 사람은요.

　8월 말 일요일 오후가 되니 날씨가 좋다. 한 여름을 견뎌낸 골프장은 더 많은 사람들이 찾고 파란 잔디를 즐긴다. 서서울 CC는 거리도 가깝고 그린 관리도 참 잘해서 명문이라고 불러도 손색이 없다. 오늘 그린 스피드는 2.8로 근래에 가본 골프장 가운데 비교적 빠른 편이다.

　오랜만에 실력이 비슷한 동반자들끼리 팀을 이루어 나오니 재미가 배가 될 것 같다는 생각이다.

　"오늘은 문재인 게임을 하도록 하겠습니다."

　"문재인 게임은 또 뭡니까?"

　"문재인 게임은 각자 10만 원씩 내서 기금을 만들고, 버디를 하면 3만 원을, 파하면 2만 원을 그리고 보기하면 만 원을 기금에서 가져가는 것입니다. 대신 더블보기부터는 상금이 없고요. 기금이 6만 원 아래로 내려가면 각자 가져간 돈에서 절반을 기금에 내놓는 게임입니다. 이러한 과정을 18홀까지 반복하는 것입니다. 이것이 문재인 게임 버전 1이고 버전 2는 기금이 떨어지면 1등만이 자신이 먹은 상금 전부를 기금에 내놓고 그다음에 또 기금이 떨어지면 그 시점의 또 다른 1등이 자신의 상금 전액을 내놓는 게임입니다."

　역시 게임의 대가답게 신 프로가 새로운 게임을 소개한다.

　"첫 홀부터 게임이 진행되니까, 각자 10만 원씩 내세요."

　"신 프로님, 우린 게임 잘 몰라, 신 프로가 알아서 하세요."

　김 원장님은 신 프로의 게임 설명을 듣는 둥 마는 둥 드라이버를 챙긴다.

김 원장님은 드라이버 장타로 소문난 분이다.

"김 원장님 장타의 비결이 뭐예요? 혹시 매일 보약을 드셔서 그런가요?"

"아이, 이 전무님, 보약은 무슨 보약이에요. 장타의 비결은 손목에 있습니다. 손목이 굵어야 장타를 칠 수 있지요."

김 원장님 손목을 잡아보니 역시 손목이 굵다. 그 옆에 서 있는 장 사장님의 손목을 잡아 보니 역시 매우 굵은 손목이다. 장 사장님도 알아주는 장타인데 김 원장님의 말을 들어보니 그럴듯 하다.

"거리 늘리려면 저도 손목을 더 굵게 만들어야겠습니다."

드라이버 비거리 때문에 항상 거리 나는 사람을 부러워하는 신 프로가 옆에서 한마디 거들면서 스윙을 준비한다.

오늘 캐디는 아주 베테랑이다. 베테랑 캐디가 신입 캐디를 데리고 와서 함께 동반 라운딩 할 것이라고 소개한다.

"오늘 잘 부탁드립니다."

"오른쪽과 왼쪽 모두 OB입니다. 약간 왼쪽 보고 치세요"

신입 캐디가 가볍게 인사하고 첫 티 샷을 준비하게 한다. 김 원장님이 먼저 티 샷을 하는데 역시 멀리 간다. 약간 우측으로 밀리긴 했지만 안전하다.

"얼마나 갔을까요?"

"240미터 정도는 간 것 같습니다."

김 원장님은 아주 만족한 얼굴이다.

"역시 캐디 언니 말대로 왼쪽 보고 쳐서 살았네. 가운데 보고 쳤으면 나갈 뻔했어"

장 사장님은 거리는 좋은데 방향이 일정하지 못하다. 캐디 말대로 왼쪽을 보고 서서 치는데 너무 왼쪽을 보는 것 같다. 거기에다 왼쪽으로 치면서 공을 당겨 쳐서 왼쪽으로 올라가 버린다. 첫 홀부터 OB다.

"약간만 왼쪽 보라고 했잖아요! 너무 왼쪽을 보셨어요"

캐디가 미안한지 한마디 한다.

"그래 캐디 언니 말대로 왼쪽 보고 쳤는데 너무 당겨 쳤는가 봐. 서 있는 대로 쳐서 똑바로 가면 프로지."

마음대로 안 되는 것이 골프인가 보다. 캐디가 말하는 것을 잘 들었다고 하는데도 실제로 쳐 보면 잘 안된다.

신 프로는 거리가 짧은 대신 방향이 일정하다. 페어웨이를 벗어나는 경우가 별로 없다.

"캐디 언니, 나는 언니가 시키는 대로 칠게"

역시 방향만큼은 확실하다. 가운데로 정확하게 날아가서 세컨 샷 하기 좋은 곳에 떨어진다. 180미터 지점이다.

나도 약간 왼쪽 보고 쳤는데 공이 페어웨이 가운데로 정확하게 날아가서 신 프로 공보다 30미터 앞에 떨어진다.

"이런 장타자들하고 같이 골프 치려니까 힘들어 죽겠어!"

"신 프로는 우드 샷이 좋은데 무슨 걱정입니까?"

캐디가 신 프로에게 5번 유틸리티를 갖다 준다. 첫 홀부터 멀리서 쳐야 되는 부담감 때문인지 약간 두껍게 맞는다. 투 온을 못 시키고 쓰리 온을 시킨다. 역시 숏 게임을 잘하는 신 프로다. 3미터 지점에 공을 떨어뜨린다.

김 원장님과 나는 투 온에 투 퍼트로 파를 기록하여 2만 원씩을 상금으로 받고 장 사장님은 더블 보기로 상금을 받지 못한다. 신 프로는 아깝게 퍼팅이 홀 컵을 비켜가서 보기를 기록하고 만 원을 상금으로 챙긴다.

이 게임 마음에 든다. 보기를 해도 만 원을 가져가니 항상 상금을 획득할 수 있다는 것이 사람을 기분 좋게 한다. 신 프로는 가장 공평한 게임이라고 자화자찬이다.

"오늘 모두 장타에 다들 잘 치시네요."

캐디도 오늘 두 번째 라운딩을 돌기 때문에 힘이 드는데 좋은 팀을 만나서 힘이 난다고 한다.

"캐디 언니 고객들 중에서 어떤 사람들이 동반하기에 가장 힘들어요?"

"저희 말을 잘 안 듣는 고객들이 제일 힘들어요. 공을 잘 치시는 80타 대 아래의 고수분들은 저희가 편해요. 거리만 불러 드리면 볼이 밖으로 나가지도 않고 그린에서 라이도 직접 보시기 때문에 별로 도와 드릴 일이 없습니다. 그리고 100타 이상 치는 초보 분들도 저희 말씀을 잘 들어 주세요. 코스도 잘 모르시고 아직 스윙도 잘 안되기 때문에 저희가 하라는 대로 잘 따라 주세요. 공이 산으로 가도 어차피 로스트 볼 사서 쓰시기 때문에 찾지 말라고 하세요. 그런데 90타 중·후반 되시면 말씀을 잘 안 들으세요. 골프에 조금 눈 뜨고 나면 자신의 고집이 생기는가 봐요. 생각보다 시간도 많이 잡아먹고 볼 찾으러도 많이 산에 가시고 그리고 주의할 방향을 알려 드려도 제대로 못 치시고는 캐디 탓을 하시지요."

옆에 있던 신입 캐디도 한마디 거든다.

"스코어에 변화가 심해서 전반에 잘 치시다가 후반에 핸디가 나와서 잘 안되면 갑자기 언성을 높이는 경우도 있는데 정말 당황스럽죠. 그래도 요즘은 특별히 이상한 행동을 하는 고객들이 별로 없습니다."

캐디가 말하는 것을 잘 듣고 실행에 옮길 수 있는 사람들은 스코어도 좋다. 잘 들어 주는 것만으로도 캐디를 편하게 만들어 줄 수 있다.

전반을 마치면서 캐디가 스타트하우스에다 음식을 시킬 것인가를 묻는다. 신 프로는 순대가 먹고 싶은가 보다.

"나는 순대가 좋은데?"

"신 프로, 탄수화물 적은 족발 냉채 먹읍시다."

"캐디 언니, 족발 냉채 하나 주문요."

"순대가 좋은데."

스타트하우스에 가보니 미리 주문한 음식이 기다리고 있다. 순대다.

"아니 족발 냉채 시켰는데?"

서빙하는 직원들이 갑자기 당황한다. 자기들은 '순대'로 주문을 받았다는 것이다.

"그냥 먹지 뭐"

신 프로는 좋다는 얼굴이다.

"그럽시다. 어차피 나왔는데. 순대도 괜찮아요."

연습 그린에 돌아와서 확인해 보니 신입 캐디가 우리끼리 얘기하는 것을 착각해서 마지막에 '순대가 좋은데'라고 하는 것을 순대를 주문하는 줄 알고 그대로 주문했다고 한다.

"괜찮아요. 순대도 맛있었어요'"

잘 못 들으면 족발 냉채가 순대로 바뀔 수 있다.

점심을 먹기 전에 사무실로 김 부장이 찾아왔다. 골프 이야기를 하다가 자신이 상처받았던 이야기를 들려준다. 나는 생각나지 않는데 본인은 상처받았다고 말하는 것을 보니 상처를 준 것이 틀림없다.

"이 전무님, 오래전에 제가 제 보스하고 갈등이 있어서 전무님을 찾아 뵙고 조언을 들으려고 왔는데 전무님께서 제 이야기를 제대로 듣지 않으시고 '김 부장님 그렇게 어려우면 형님 병원에 가서 사무장을 하시지 그러세요. 형님이 오라고 한다면서요.'라고 말씀하시는데 더 이상 인사팀에다 무슨 얘길 해도 소용이 없겠구나 하고 생각이 들었고 그때부터 인사 팀을 좋지 않은 눈으로 보게 되었습니다. 그래서 사무노조가 생겼을 때 사무노조에도 가입하고 노조 모임에 가서는 인사 팀에 대한 성토를 많이 했습니다."

이건 또 무슨 말인가? 그 당시에 그렇게 말했다면 나는 인사담당자로서 자질이 참 부족했다는 생각이 먼저 든다.

"제가 그렇게 말했습니까? 그런 말을 했는지 전혀 기억이 나지 않네요. 그런데 만일 제가 그런 말을 해서 지난 8년 동안의 긴 세월을 가슴 아프게 했다면 사과드리겠습니다. 저도 많이 부족한 사람입니다."

참 많이 부족하다. 인사담당자로서 듣기를 제대로 하지 못해서 한 사람에게 상처를 주고 조직 내 갈등을 일으킬 수 있는 불만 요소를 만들었다는 것이 너무 안타깝다. 아마도 김 부장이 말하는 것에 대하여 충분히 동조하지 못하고 관심을 보여 주지 못했는지 모르겠다. 그리고 인내심을 가지고 끝까지 들어 주지 못하고 적절한 질문도 하지 못한 채 빨리 대화를 마치고 싶어했는지도 모르겠다.

듣기 능력은 관계를 만들어 가고, 의사 결정을 하고 그리고 문제 해결을 위한 핵심 역량이다. 다른 모든 커뮤니케이션 스킬처럼 듣기는 실습과 기술을 습득함으로써 신속하게 개선할 수 있다.

듣기를 잘하는지를 알아보기 위하여 함께 일하는 사내, 외 사람들에게서 피드백을 받기를 권한다. 내가 잘하는 것과 잘 못하는 것을 얘기해 달라고 해서 잘 안되는 부분을 개선하는데 집중하면 된다.

듣기를 할 때는 정말로 말하는 사람의 관심사에 동조하고 흥미가 있다는 것을 적극적으로 보여주어야 한다. 잘 듣는다는 것은 말하는 사람의 관심사를 좋아하는 것도 아니고 동의하는 것도 아니다. 단지 이해하려고 노력하는 것을 의미한다.

그리고 기꺼이 들어야 하며 듣기에 방해 요인이 없도록 미리 시간과 장소들을 준비하고 업무도 한쪽으로 미루어 두어 듣기에 집중할 수 있어야 한다. 언제든지 대화를 하러 오도록 분위기를 만들어야 한다.

듣기를 잘 하는 사람은 들은 내용에 대하여 가치 있는 조언을 더해 줄 수 있어야 한다. 조언은 그만큼 관심을 가지고 듣고 이해하고 생각해 보았음을 나타낸다고 할 수 있다.

잘 듣고 있음을 보여 주는 비 언어적 행동도 듣기 능력의 중요한 요소이다. 대화를 보다 적극적으로 이끌어가기 위해서는 적절한 순간에 이해하고 있음을 보여주는 '고개의 끄덕임'이나 '책상 앞으로 다가 앉기' 그리고 '몸을 말하는 사람 앞으로 기울여 주는 것'이 바람직하다. 눈을 맞춰 주고 가벼운 미소로 충분히 이해하고 있음을 보여줄 필요가 있다.

들기를 잘한다는 것이 쉽지 않다. 그렇지만 충분히 실행 가능한 기술들이고 충분히 향상시킬 수 있다는 것은 골프와 유사하다.

"나는 잘 듣는 사람인가?"

"나를 찾아오는 사람들에게 귀를 기울여 들어 주었는가?"

"나를 찾아온 사람들이 다시 찾아오고, 문제를 해결했다고 나에게 감사하며 나와의 대화에 가치를 더하는가?"

다시 한 번 잘 들어 주지 못해서 가슴 아프게 만든 사람은 없었는지 기억을 더듬어 본다.

오늘부터 듣기의 부족함을 채웠으면 좋겠다.

"내일은 더 나아지겠지!"

04

코스에서 배우는 인생 코칭

코스에서
배우는
인생 코칭

그린선교회는 혁신의 아이콘이다.

"골프 동호회에 들어오세요."

2005년에 새로 옮긴 교회에는 축구, 족구, 골프, 등산 동호회 등 여러 가지 동호회가 있는데 그 가운데 골프 동호회가 가장 눈에 띈다.

그 시절에는 교회 내에서 공개적으로 골프를 언급하는 것이 거의 금기 시되고 있었다. 아니 일반적으로 교회라는 틀 안에서 골프는 비싼 운동으로 간주되어, 골프 친다는 것이 좋은 이미지를 주지 못하고 있던 것이 사실이다. 그런데 이 교회에는 골프 동호회가 있다. 새롭다.

골프 동호회는 연습장 한곳을 지정하여 매주 토요일에 연습을 하고 저녁 식사를 같이 하는 형태로 운영되었다. 골프를 배운지 얼마 되지 않은 시절이기에, 고수한테 배우고 싶은 마음이 한구석에 자리 잡고 있어 기꺼이 골프 동호회에 가입했다. 열심히 연습했다. 물론 고수의 레슨도 있어 좋았다.

'골프 동호회가 없었다면 계속 이 교회에 다닐 수 있었을까?'

처음 보는 성도들이지만 같은 골프 동호회 회원으로서 모두 친절하게 다가와 새로운 교회로의 안착을 쉽게 만들었다.

골프 동호회에 들어와 총무를 맡으며 처음으로 목사님을 모시고 강촌 CC 퍼블릭 코스로 라운딩을 가기로 했다. 처음 해보는 골프 동호회 총무라 예약부터 낯설다. 다행히 인터넷으로 강촌 CC사이트에서 부킹이 가능하다. 모두 4팀인데 예약이 잘 된 것 같다.

목사님과 함께 하는 행사라 그런지 모두 목사님의 골프 실력을 궁금해 한다.

"목사님, 파이팅입니다."

"모두들 오늘 굿 샷 하세요."

목사님이 손을 흔들며 인사하고 동호회 회장님과 같은 조로 제일 먼저 출발한다. 두 번째 팀으로 전반 9홀을 마치고 돌아오니 난리가 났다.

"아니 총무님, 우리 9홀만 부킹 되었다는데?"

"예? 오 마이 갓!"

갑자기 불길한 생각이 밀려온다. 겨울철 스키장을 골프장으로 운영하는 강촌 CC 퍼블릭 코스를 급하게 예약하다 보니, 9홀만 예약하는 것과 18홀을 예약하는 것이 나누어져 있다는 것을 잘 몰랐다. 9홀을 예약하면 자동으로 18홀로 예약되는 것으로 착각하고 예약을 마쳤는데 9홀만 예약 되었던 것이다.

"목사님까지 처음 모시고 왔는데, 이게 뭐지?"

목사님도 어렵게 시간 내 주셔서 함께 했는데 속으로 미안한 마음이 밀려와 어찌할 바를 모르겠다. 4팀 가운데 한 팀 만이라도 18홀을 돌게 해달라고 경기과에 사정을 해서 목사님이 속한 팀만 라운딩을 마칠 수 있게 하고, 다른 팀들은 아쉬운 마음과 함께 보따리를 싸서 집 근처 스크린 골프장으로 향했다. 스크린 골프로 대신하여 조금 서운함을 덜 수 있었고 동호회 회원들의 양해로 잘 마무리되었다.

"총무님 수고했어요"

"다음에 다시 날 잡아서 가면 되지 뭐."

위로의 말로 다음을 기약한다. 모두의 기억에 남는 사건이었고 지금도 그날을 얘기하며 웃는다.

시간이 지나며 모든 회원들이 어느 정도 실력이 늘게 되면서 골프연습에 중점을 두던 골프 동호회가 성격을 달리하여 그린 선교회로 바뀌었다. 일단 취지가 좋다. 하나님이 창조하신 자연 속에서 회원들과 친목을 다지고, 매월 필드 모임을 통하여 선교회비를 걷어 기부하는 형식을 취하니 일석이조다.

매월 라운딩 시 버디 하면 버디를 한 사람은 버디 값 만 원을 선교회비로 기부하고, 선교회비를 더 많이 모으자는 취지에서 동반자 가운데 버디를 하나도 하지 못하는 경우에는, 그 팀은 벌금으로 라운딩 멤버 전원이 만 원씩을 기부한다.

매년 50만 원정도를 모아 선교회비로 기부한다.

함께 신앙생활하면서 운동도 하고 선교에도 동참할 수 있는 그린 선교회는 혁신을 지양하되 본질을 훼손하지는 않는다. 더 믿음을 공고히 한다. 골프를 매개로 관계를 형성하고 기도로 돕는다.

"저도 선교회비 낼게요"

버디를 한 김 집사님이 캐디에게 팁을 주자, 캐디가 우리가 그린 선교회라고 얘기 하는 것을 듣고 있다가 자기도 선교에 동참하고자 팁을 내놓는다. 선한 영향력을 끼친 것이다. 이전에는 사치스러운 운동으로 교회에서 언급하기 부담스럽던 골프가 이제는 대중적인 스포츠로 인식되고 있는 것이 반갑기도 하다. 그린 선교회와 같은 골프 동호회가 교회 동호회의 모본으로 세상에 선한 영향력을 끼치는 동호회로 거듭나기를 기대해 본다.

"이 집사님, 이번에 제가 CTS에 그린 선교회를 만들었어요."

실제 그린 선교회를 본떠서 우리 동호회원 한 분이 CTS에 그린 선교회를 만들었다고 얘기한다. 선교의 길을 함께 가는 동호회의 활동을 기대해 본다.

목사님이 가지고 있는 열린 사고와 시대를 앞서가는 통찰력 그리고 새로운 도전을 두려워하지 않는 믿음은 혁신하고자 하는 사람이 본받아야 할 부분이기도 하다. 그린 선교회에 대한 교회에서의 공식적 인정은 혁신이라고 할 수 있다. 종교의 본질을 유지하되 시대의 흐름을 거스르지 않고 열린 사고로 대처하는 사례는, 기업 활동에서도 충분히 생각해 볼 만한 이야기다.

혁신은 다른 사람이 가보지 않은 길을 가 보는 것이다. 또는 다른 사람이 가 본 그 길이 우리에게는 새로운 길이라면 우리에게는 혁신으로 다가온다.

초기 경력 시기에 피앤지에서 근무한 적이 있다. 새로운 공장을 세우고 고성과 업무 시스템을 전사적으로 도입하는 이 프로젝트를 시행하면서 눈에 보이는 변화를 만든 적이 있다. 보통 한국 회사의 주차장에 가보면 '공장장', '이사' 또는 특정한 임원들을 위한 자리를 정문에 가까운 자리로 지정해 표기해 놓는다. 이것은 권위의식의 한 단면이라고 볼 수 있어 변화를 줄 필요가 있었다.

지정 주차구역이 있는 경우에는 아무리 일찍 출근하는 직원이라도 정문 가까운 자리에 주차하지 못하고 먼 곳에 주차하고 걸어와야 한다. 지정 주차 구역이 비어 있는 경우에도 차를 주차하지 못한다.

"공장 내 모든 지정 주차구역을 없애고 먼저 출근하는 순서대로 주차할 수 있도록 하겠습니다. 여러분의 이해와 협조를 부탁합니다."

물론 이러한 변화를 위하여 기득권을 가지고 있는 임원이나 지정 주차구역을 사용하던 직원들과 변화에 대한 충분한 토론을 거치고, 변화를 이해시키려 노력하였다. 회사의 미래 지향적 모습으로 권위의식을 없앤다는 점에서, 눈에 보이는 혁신을 시행한 것이다.

내가 경험하고 있는 가장 혁신적인 노사관계는 그룹 차원으로 노사글로벌 포럼을 만들어, 매년 각 나라 노조위원장들 가운데 10개 나라의 대표들을 뽑아 참석하도록 하고, 그룹 CEO를 비롯한 그룹 경영자들을 초청하여 지난 1년간의 실적과 새로운 그룹의 방향과 목표를 공유하는 시간을 갖고 있는 것이다. 이 글로벌 포럼에 참여하는 노조 그리고 직원 대표들은 해당 나라에 돌아가 그 나라의 조합원들과 그리고 필요한 경우에는 비 조합원들에게도 모든 정보를 공유하고 있다.

CEO로부터 내려오는 메시지가 각 나라의 관리체계를 통해 전달되는 것이 일반적인 방법이지만, 아래로부터 위로의 소통을 강화하기 위하여 글로벌 포럼을 새로운 소통의 혁신적 도구로 사용하고 있다. 또한 이와 동시에 CEO는 아래로부터 직접 소리를 듣고 소통하고자 하는 것이다.

금년에 그룹을 이끌어 갈 새 CEO의 소통 방법이 참신하다. 직원들의 의견을 직접 듣고자 그룹 인트라넷을 통하여 인사말을 전하고 아이디어를 직접 듣는다. 직원들의 인사말에도 바로바로 답변을 준다. 좋은 변화이고 바람직한 시도이다. 연초에 한국을 방문하여 직원들과의 대화를 하면서, "나는 자리에 그냥 앉아 있는 것보다 이렇게 각 나라와 사업장을 방문하면서 직원 여러분들과 대화를 나누며 아이디어를 얻는 것을 더 선호합니다."라고 말한다. 저녁식사를 하는 자리에서는 셀카를 찍으며 직원들과 가깝게 지내며 더 많이 이해하려고 애쓴다. 저녁식사 자리에 참석하고 있는 매니저가 한마디 한다.

"한국 회사에서 CEO와 셀카 찍으며 저렇게 대화를 나눌 수 있을까요?"

가능할수도 있겠지만 요즈음에 나오는 뉴스를 듣다 보면, 쉽지는 않겠다는 생각도 해본다.

혁신을 받아들이지 못하면 도태 될 수 있음을 명심하여야 한다. 회사에서 영업사원들의 활동을 기록으로 남기고 자산으로 만들기 위하여 세일즈포스 닷컴이라는 시스템을 사용한다. 방문하는 거래처에서 누구를 만나고 어떤 정보를 얻었는지, 예상 매출 및 영업 전망은 어떤지 등 가능한 모든 정보를 기록하도록 요구하고 있다.

혁신은 어디에서부터 시작되어야 할까? 생각해 볼 화두이다.

영업사원들에게는 자신이 습득한 기업 정보를 고스란히 뱉어 내야 되기 때문에 부담스러울 수 있다. 그러나 이러한 시스템을 충분히 활용하지 못하거나 자신이 습득한 정보를 시스템을 통해 제공하지 못하면 영업사원의 영업활동은 투명하지 못하다고 판단되고 결국에는 신뢰를 잃게 된다. 내 정보를 공유하고 다른 사람들의 정보를 습득하여야 성장할 수 있는 시점이다.

'혁신이 이루어지려면 목표가 충분히 공유 되어야 한다.'

그린 선교회는 골프를 통한 하나님의 나라 확장 지원이라는 선교 목표를 공유하고 있고, 회원 모두가 교회를 다니며 특히 모두 하나님을 찬양하는 찬양대라는 공통점을 가지고 있다. 회사의 혁신을 이루기 위해서, 또는 부서의 혁신 프로젝트를 성공적으로 이끌기 위해서는 목표에 대한 분명한 의사소통이 필요하다.

직원들에게 단지 메시지를 보내는 것만으로 충분히 의사소통을 하였다고 생각 하는 착각은 금물이다. 아무리 많은 메시지를 보내도 전자 메일의 홍수 속에서 제대로 읽지 못하면 목표가 명확히 전달되지 못할 수 있다.

변화를 이끄는 주체는 지속적인 의사소통 방법을 찾아내어 시행하여야 한다. 전 직원을 한데 모아 목표를 공유하고, 각 팀 별 혁신 리더들을 따로 교육해 현장에서 솔선 수범하도록 하며, CEO가 현장을 방문하는 경우에는 CEO와의 면담을 통한 확신을 심어 주기도 한다. 노동조합에게도 협조를 구하여 아래로부터의 혁신을 유도한다. 많은 사람들이 혁신 목표에 익숙해질 수 있도록 눈에 보이는 사례들을 공유하는 것도 좋은 방법이다.

새롭게 변하지 못하면 도태된다. 연습장 골프 동호회에서부터 그린 선교회로 거듭나도록 인정해 주는 교회는 성장하지 않을 수 없다. 혁신을 받아들이는 조직은 계속 성장하고 어려운 이 시대에도 다른 조직이 부러워하는 조직으로 거듭날 것이다.

'그 혁신의 길을 이끌어 가는 사람이 되어야 하지 않겠는가?'

'새로움에 목마른 사슴처럼 혁신의 샘물을 찾아야 하지 않겠는가? 이제 당신이 혁신의 아이콘이다.'

프로라고 항상 언더파 치나?

날씨가 좋은 봄날이면 그린이 그립다. 자주 가지는 못하지만 그래도 파란 잔디가 생각나고 드라이버로 하얀 공을 하늘을 향해 치는 상상을 하면 기분이 좋아진다.

몇 년 전에 정 사장님 그리고 속칭 이 프로님, 최 프로님과 군산으로 1박 2일 골프 여행을 떠났다. 골프를 배우던 초기에는 지인들과 몇 번 찾아 왔던 골프장이라 그때의 열정이 생각나기도 한다. 조금 멀기는 하지만 가격과 숙박시설 그리고 먹거리도 좋고 실력이 좋은 분들과 함께하니 기대되는 골프 여행이다. 옆에 있던 이 프로님이 정 사장님을 소개하는데

"이 전무, 정 사장님은 핸디가 없어."

"핸디가 없다뇨?"

"같이 쳐보면 알 거야!"

이 프로님은 정 사장님이 진짜 공을 잘 친다고 소개해 준다. '얼마나 잘 치시기에 저리 설명하나?' 조금 기대되기도 하고 '그냥 말로만 하는 서비스인가?' 하고 의구심도 가져보며 티 샷을 시작한다. 그런데 샷이 예사롭지 않다. 우리는 정말 있는 힘을 다해 드라이버를 쳐 봐야 정 사장님 보다 거리가 짧다. 그리 세게 휘두르는 것 같지 않은데 정 사장님 비거리는 항상 우리보다 더 멀리 간다. 그렇다고 장타자는 아니다. 항상 일정하게 220미터에서 230미터를 보내는데 방향성이 정말 악성 스트레이트다. 옆으로 가는 공이 없다.

"아니 어떻게 저렇게 똑바로 멀리 칠 수 있지?"

정말 힘 빼고 치는 골프의 정석을 보여 준다. 혹시 드라이버가 특별한지

궁금하다. 그래서 장비 탐색에 들어간다.

"정 사장님, 드라이버는 무슨 브랜드 쓰세요?"

혹시 고 반발 채를 쓰시는 것 아닌가 해서 슬쩍 물어본다. 정 사장님이 빙 긋이 웃으며 자신의 채를 보여 주며,

"이 전무, 이거 오래된 클리블랜드야, 이놈이 쳐 보니깐 나한테 제일 잘 맞더라고, 가격도 저렴하고."

"그래서 단종되기 전에 집에 한 자루 더 사다 놓았어"

'아 고수는 이렇게 자신의 몸에 맞는 장비를 미리 준비하는 구나' 라고 생각 하며 클리블랜드에 눈길을 준다.

정 사장님은 로우 싱글이라 나머지 3명과 일 대 삼으로 게임을 했다. 우리 3명 중에 제일 잘 친 타수와 정 사장님의 타 수를 비교해서 홀 매치로 지는 팀이 저녁을 사도록 한 것이다. 삼대 일로 공략을 하니 해 볼만하다고 생각 했는데 그게 그리 만만하지 않다. 결국 버디를 하지 못하면 거의 못 이기는 게임 형태로 흘러가면서 파 4, 17번 홀로 왔다.

16번 홀까지 동 타로 나머지 두 홀이 오늘 저녁 식사를 결정짓는다. 역시 정 사장님의 공이 제일 앞에 있는데 지금까지 스트레이트로 페어웨이를 지 키던 공이 언덕 경사지의 러프로 올라가고, 그 뒤로 나머지 3명의 티 샷이 페어웨이 한가운데 여기저기 놓여 있다. 그린 공략을 하는데 나와 최 프로 님의 공은 온 그린 되었지만 홀에서 조금 멀다. 버디를 하기 어려울 것 같 다. 그렇지만 이 프로님의 공이 온 그린 되면서 홀 컵에서 2미터 앞쪽 오르 막으로 떨어진다.

찬스! 정 사장님은 드라이버를 약간 실수해서 그런지 약간 표정이 어두워지며 더 신중하게 아이언 샷을 한다.

'아! 그런데 정말!'

그 어려운 러프에서 쳤는데도 공이 홀 컵 1.5미터 안쪽에 떨어진다. 그런데 내리막이다. 땀나는 순간이다. 우리 두 명은 투 퍼트, 파로 마무리하고 우리 팀의 이 프로님은 어느 순간 보다 더 신중하게 퍼팅을 한다.

"나이스 버디!"

오르막 퍼팅을 버디로 마무리한다. 그래도 안심할 수 없다. 워낙 퍼팅도 잘하시는 분이라 정 사장님이 이런 거리를 놓칠 거란 생각이 들지는 않았지만, 그래도 내리막이라는 것이 조금 기대되는 순간이다.

그런데 긴장되어서인지 정 사장님이 평상시 보다 서두른다. 공을 제대로 밀지 못해서 공이 짧게 왼쪽으로 흐른다. 역시 내리막은 짧아도 홀 컵에 넣기 쉽지 않다는 골프의 진리가 그대로 맞아떨어진 순간이다. 남의 불행이 나의 행복이라던가, 최 프로님이 옆에서 기쁨의 멘트를 날린다.

"프로라고 맨날 언더파 치는 거 아냐, 저런 가까운 퍼트도 못 넣을 수 있는 것이 골프야."

저녁은 정 사장님이 사게 되었는데 한 말씀하신다.

"내가 지금까지 이븐 파 치면서 밥 사기는 이번이 처음입니다. 오늘 정말 재미있게 잘 쳤고 즐거웠어요, 세 분도 오늘 애썼고……"

"내일은 봐 주지 않을 테니깐, 두고 봅시다"

정 사장님은 내일을 약속한다.

가장 어렵다는 PGA 메이저 경기인 2018년 디 오픈에서 예선 컷이 3오 버 파이었는데, 세계 1위였던 더스틴 존슨과 세계 2위인 저스틴 토마스가 예선 탈락했고 우리나라의 최민철과 박상현도 11오버 파와 7오버 파로 역 시 예선 탈락했다.

타이거 우즈는 마지막 날 리더보드에 이름을 올리며 우승 경쟁을 하였으 나 11번 홀에서의 티 샷이 러프로 들어가고, 두 번째 샷이 갤러리를 맞고 떨 어지고 세 번째 샷을 그린에 올리지 못하면서 쓰리 퍼트로 더블 보기를 하 는 바람에 우승에서 멀어지는 결정타가 되어 버렸다.

프로 선수라고 매번 언더파를 치지 못한다. 1998년에 존 댈리는 파 5, 한 홀에서 18타를 쳤고, 세르히오 가르시아는 2018년 마스터스 1라운드 15번 홀 파 5에서 13타를 쳐, 8타를 잃는 옥튜플 보기를 기록했다.

한 번의 실수가 프로선수의 예선 탈락이나 우승을 어렵게 만드는 시발 점이 되기도 하며 이를 잘 못 극복하면 역사에 남는 최악의 기록이 나오기 도 한다.

우리도 회사 생활을 하면서 실수를 할 수 있고 원하지 않는 결과를 만들 어 내기도 한다. 프로선수라고 항상 언더파를 치지 못하고 예선 탈락할 수 있는 것처럼, 회사가 원하는 변화에 적응하지 못하고 직장을 떠나게 되는 경우를 보기도 한다.

하지만, 우리에게는 항상 새로운 기회가 주어진다는 것도 잊어서는 안 된 다. 한 번의 샷을 실수했다고 게임이 중단되는 것이 아니고 게임은 계속 된 다는 것을 항상 염두에 두어야 한다.

정 사장님이 첫날 버디 퍼트를 제대로 못 쳐서 밥을 사기는 했지만 두 번째 날에는 첫날 보다 더 신중하게 게임을 해서 결국 우리 3명이 밥을 사도록 만들었다.

프로는 항상 다음 게임을 준비한다. 이전 게임에 매달리면 다음으로 나아갈 수 없다.

아시아 인사 담당자 회의가 매분기 상해에서 진행되는데 중국 직원들과 애기를 나눌 기회가 있었다. 한 직원이 자신의 지난 경험을 애기해 준다.

"Mr. Lee, 작년에 Mr. A가 인사평가에서 나를 어떻게 평가했는지 알아? 최하로 평가했어. 그리고 급여도 동결 시키고 말이야."

중국 직원은 서운함을 표현한다.

상사는 항상 자신의 존재감을 나타내려는 경향이 있다. 그것을 어떻게 상호관계 속에 녹여 넣을 수 있을 것인가가 문제이기에 중국 직원에게 물어보았다.

"그래서 어떻게 대처했는데?" 하고 묻자.

"내 생각에 문제는 커뮤니케이션에 있었던 것 같아, 그래서 더 많이 소통하려고 했지. 그래서 Mr. A와 소통을 하기 위한 3단계를 생각해 보았어"

"먼저 프로젝트가 있으면 계획 단계에 정보를 주고, 의견이 있으면 달라고 했지. 물론 특별한 의견을 줄 것이라고 생각하지는 않지만 의견을 주면 충분히 생각해서 반영시켰지"

"그리고 실행 단계에서 실행하고 있음을 알려 주고, 그리고 마지막으로 실행하고 나서 결과에 대한 피드백을 전달해 주었지"

"그래?"

"그렇게 하고 나니, 지난번 반기 평가에서 아주 잘하고 있다고 평가해 주었어."

"잘했네."

"상사는 어떤 프로젝트가 진행되고 있다는 것을 자신보다 다른 사람이 먼저 알고 자신에게 물어보았을 때 부서장인 자신이 모르고 있다는 것은 용납할 수 없기 때문에, 결과만이 아니고 과정에 참여하도록 하는 것이 매우 중요하다는 것을 알게 되었지. 그리고 상사 자신도 프로젝트에 기여했다고 말하려면 발을 들여놓아야 하는데 그런 기회는 우리가 미리 제공하여야 했던 거지. 그렇지 않아?"

간단하지만 사전에 상대방에게 정보를 주고 의견을 구하는 것만으로 상황을 충분히 개선하였고 평가도 잘 받게 된 것이다. 이전과 같이 관계를 개선시키려는 노력도 하지 않고 상사에게 충분한 정보도 제공하지 않으면 어떻게 좋은 관계를 만들고 좋은 평가를 받을 수 있겠는가?

우리는 회사 생활에서도 진정한 프로여야 한다. 한 번의 실수에 주저앉지 말고 다음 게임을 준비하며, 자신의 잘못된 샷을 점검하여 다음 게임에서는 똑같은 실수를 반복하지 않음으로써 리더보드 상단에 이름을 올리는 진정한 프로가 되어야 한다.

오늘은 샷이나 점검하러 가야겠다.

볼! 맞으면 아프다.

골퍼들도 수다를 많이 떤다. 자신의 무용담을 얘기할 때는 눈이 반짝 반짝 빛나고 입술에 힘이 들어간다. 아직 어제의 그 희열과 기쁨이 가시지 않았는지 만나는 사람에게 그 당시의 드라마틱한 상황과 기억에 남는 샷을 설명하려고 애쓴다.

"이 전무님, 요즘 볼 잘 맞나요? 저는 어제 우드 때문에 사고 날 뻔 했습니다."

"왜요? 우드가 부러졌나요?"

"아니요, 너무 잘 맞아서 앞 팀이 퍼팅하는데 볼이 그냥 올라가 버렸어요."

얘기인즉 새로 산 우드와 드라이버가 잘 안 맞아서 클럽을 피팅했는데 너무 잘 맞는다는 것이다.

"이전에 쓰던 채와 같은 샤프트로 다시 다 바꾸었어요. 그런데 우드 거리가 엄청 늘어난 겁니다."

"얼마나 나가는데요?" 궁금하다.

"우드로 보통 200미터 정도 쳤는데 이게 한 220미터 정도 나가고 가운데 잘 맞으면 더 가는 것 같아요. 볼 구름이 좋은 것 같아요."

갑자기 욕심이 올라온다. 다른 사람의 잘 맞는 채를 내가 치면 나도 그 사람만큼 보낼 수 있지 않을까 하는 착각을 항상 하며 산다.

"그런데 파 4 홀인데 조금 긴 파 4 홀이었어요. 캐디가 오르막 감안해서 200미터 보고 치라고 했는데 새로 샤프트를 바꾸고 처음 쳐 보는 거라 올라갈 거라 생각은 못 했어요."

그린에 아직 사람이 있는데 캐디도 보통 세컨 샷으로 올리는 경우를 많이 보지 못했는지 치라는 신호를 해서 쳤는데 그린 턱에 맞고 올라갔고, 다행히 퍼팅하는 곳으로 공이 굴러 가지는 않아서 무전으로 급히 미안하다고 전해 주었다는 것이다.

문제는 다음 홀이다.

"김 사장님, 조금 기다렸다 홀 아웃 하면 치세요."

파 5, 롱 홀에서 드라이버가 잘 맞았고 내리막 감안하여 250미터 정도 남았는데, 캐디는 기다리라고 말했다.

여전히 그린에서 사람들이 퍼팅을 하고 있었고 세컨 샷이 절대로 250미터를 가본 적이 없기 때문에, 캐디의 말을 무시하고 그냥 3번 우드로 부드럽게 샷을 했다는 것이다.

"볼~~~"

"아, 이 볼이 너무 잘 맞은 거예요. 캐리로 220미터 정도 날아가서 굴러 가는데 그냥 그린 위로 가는 겁니다. 괜히 겁나네요. 캐디하고 카트 타고 바로 그린으로 가서 퍼팅하고 있는 분들에게 머리 숙여서 또 사과했습니다."

"엄청 장타시네요. 살살 치세요."

"앞 팀에서 플레이하던 한 분이 가시 돋친 말로 경고를 합디다."

김 사장님의 무용담을 듣는데 갑자기 이전에 라운딩을 하다 옆 홀에서 넘어오는 볼에 동반자가 맞아 고생하던 생각이 난다.

고양 CC는 9홀 퍼블릭 골프장이고 집에서 가까워 가끔 지인들과 함께 라운딩 하는 곳이다. 홀이 서로 붙어 있어 공을 잘 못 치면 옆 홀로 넘어가는 경우가 종종 생긴다. 그래서 그물망을 쳐 놓았지만 다 막아주지는 못한다.

즐겁게 라운딩을 하며 파 4 홀 세컨 샷을 준비하는 중에

"볼~~"

옆 홀에서 소리가 들린다. 그런데 설마 우리 쪽으로 공이 올 거란 생각은 하지 못했다. 동반자 한 사람이 팔뚝을 잡고 고통을 호소한다.

"괜찮으세요?"

캐디가 걱정스럽게 묻는다. 무전으로 상황을 설명하고 가지고 있던 에어파스를 뿌려 준다. 다행히 큰 부상은 아니지만 당사자는 연신 팔을 문지르며 샷을 하지만 샷이 제대로 되지 않는다. 원상태로 돌아오는 데까지 며칠 고생했다는 후문이다.

골프를 하다 보면 알게 모르게 부상을 당하거나 위험한 상황에 빠지기도 한다. 골프를 배우는 초기에는 연습을 너무 많이 해서 갈비뼈에 금이 갔다는 얘기도 많이 한다. 실제 갈비뼈에 금이 가는지는 모르겠지만 나도 숨을 쉬기 어려울 정도로 힘들었던 기억이 있다. 손가락에 물집이 생기고 힘만 쓰다 보니 온몸이 아프지 않은 곳이 없기도 하다.

근육 통증은 쉽게 사라질 수 있지만 팔꿈치 엘보가 오면 참 고통스럽다. 골프를 치고 싶은데 채를 들 수가 없다. 아니, 들어도 공을 치는 순간에 통증이 밀려 오기 때문에 칠 수가 없다. 그리고 참 오래간다. 몇 번 엘보를 겪다 보니 이제는 진통제를 먹고 가볍게 연습을 하거나 염증 치료제인 관절팔팔을 다 나을 때까지 보조제로 먹기도 하는데 골퍼에게는 특히 조심하여야 할 부상이다. 특히 겨울철 연습할 때 바닥을 너무 세게 치는 경우 팔꿈

치에 엘보가 왔던 것 같다.

골프장에서의 안전과 개인 연습이나 라운딩을 할 때 생기는 부상은 조금만 주의하면 사전에 방지할 수 있다.

필드에서 라운딩 시작 전이나 연습장에서 연습하기 전에 충분히 몸을 푸는 것이 중요하다. 준비 안된 몸을 갑자기 쓰기 때문에 무리가 오는 것이다.

공장에서는 예전부터 업무 시작 전에 간단한 스트레칭으로 몸을 풀고 업무를 시작하고 있다. 안전이 제일이기 때문이다.

캐디가 시작 전에 간단한 안전 수칙을 얘기해 주기도 하는데 귀 기울여 듣지 않는다. 비행기에 탑승해서도 승무원이 비상시 안전 행동을 설명하여도 별로 귀 기울여 듣지 않는 것과 같다. 많이 접하다 보면 그냥 흘려듣는 것이 보통이다. 그렇지만 꼭 지켜야 할 것은 지켜야 사고를 예방할 수 있다는 것을 유념하여야 한다.

화학회사는 안전을 그 무엇보다 우선으로 생각한다. 오죽하면 안전사고가 발생하면 그룹 CEO에게 보고하도록 하고 있지 않은가? 한 번의 실수가 나의 생명을 잃게 만들거나 다른 사람을 위험하게 만들 수 있음을 잘 알고 있기 때문이다. 잘못된 안전 행동이 화재나 폭발 사고를 일으킬 수 있고 회사의 존립에 영향을 줄 수 있다는 점에서 안전이 얼마나 중요한가를 염두에 두어야 한다.

사람의 생명보다 귀한 것은 없기 때문에 작은 실천부터 안전을 실행한다. 회사 내에서 계단을 오르내릴 때에는 반드시 난간을 잡고 다니도록 하고 있고 이를 직원들이 꼭 지켜야 할 안전행동으로 규정하고 있다. 휴대폰을 보면서 계단을 오르거나 내려가다가 계단에서 굴러떨어져 크게 부상을 당하는 사례가 사무실에서도 일어나고 있다는 점에 유의하여야 한다.

2001년 9월 11일 미국에서 테러가 발생했을 때 뉴욕의 110층짜리 월드 트레이딩 센터 쌍둥이 빌딩이 무너지며 약 3000명의 희생자가 발생하였다. 역대 최악의 참사로 기록되는 911 테러 사건에서 대다수의 직원이 목숨을 구한 회사가 있는데 글로벌 투자회사인 '모건 스탠리'다. 모건 스탠리는 두 번째로 무너진 월드 트레이딩 센터 건물의 73층에 위치해 있었는데 그 당시 사무실에 2700여 명의 직원과 내방 고객 250명 등 총 3000여 명이 근무하고 있었다. 모건 스탠리의 '릭 레스콜라'는 회사의 안전관리자로 많은 반대에도 불구하고 매년 4차례씩 대피훈련을 꾸준히 하고, 실제 상황이 발생하자 그동안 훈련해 온 대로 직원들을 일사불란하게 대피하게 만들어 2687명을 구하는 기적을 만들었다.

비상시 대피 훈련은 화학 회사의 기본이다. 특히 화재로 인한 폭발이나 가스 누출 등을 고려하여 대피훈련을 꾸준히 진행한다.

"왱~~~"

온도 차이로 인한 화재경보기의 오작동으로, 추운 한겨울과 더운 여름에 사이렌이 잘못 울리기도 한다. 모든 직원들이 사이렌이 울리면 뛰지 않고 빠른 걸음으로 집결 장소로 대피하고 인원을 점검한다. 안전 대피 훈련을 반복적으로 하다 보니, 이것이 실제 상황일지 모르기 때문에 습관적으로 모든 직원은 하던 일을 멈추고 바로 대피한다.

나중에 오작동으로 밝혀져 허탈하게 사무실로 돌아가기도 하지만 비상

상황이 발생하여 사이렌이 울리면 모든 사람이 대피하는 것을 보고 반복 훈련의 중요성을 새삼 깨닫게 된다. 옆 건물에서 근무하는 다른 회사 직원들이 따라 나오는 경우도 있었는데 몇 번 나오다가 요즘은 나오지 않는다. 그럼 실제 상황이 발생하면 그들은 어떻게 되지? 또 오작동이라 생각하고 그냥 사무실에 있으려나?

"샷 하는 분 보다 앞으로 나가지 마세요."

"카트 길이 내리막이라 손잡이 꽉 잡아 주세요."

"왼쪽에서 볼이 날아올 수 있으니 조심하세요."

"해저드 주위가 미끄럽고 깊으니까 볼 주우려고 너무 가까이 가지 마세요."

캐디가 안전을 위하여 얘기하는 내용을 지켜주면 아무 문제없이 즐겁게 라운딩을 할 수 있다. 그런데 위험한 상황으로 몰고 가는 사람들이 꼭 있다. 앞으로 나가지 마시라는데 성격이 급해서 자꾸 앞으로 나간다. 그럴 때면 꼭 쌩크가 나서 앞으로 나간 동반자를 위협한다.

골프장에 가서 공 맞으면 아프지 않겠는가? 일하러 가서 계단에서 삐끗하면 누구에게 하소연하겠는가?

원칙을 지키고 규정을 지키면 안전을 확보할 수 있다. 골프를 좋아한다면 골프로부터 오는 부상을 예방하여야 오래 즐겁게 운동할 수 있다. 부상당하면 좋아하는 골프를 치지 못하고 남의 무용담만 전해 들어야 한다. 직장 생활에서 부상당하면 일을 할 수가 없고 자신의 능력을 최대한 발휘할 수 없다. 사랑하는 가족들에게 어려움을 줄 수도 있다. 나 자신의 몸이 나 하나만의 것이 아니라는 생각은 나이를 먹어 갈수록 더 많이 느낀다.

"볼~"

"볼 치는데 앞으로 나가지 마세요."

"계단을 오르내릴 때는 계단 손잡이를 꼭 잡고 다니세요."

지형지물을 잘 이용해야지.

"김 부장님, 차 한잔합시다."

P 사장님이 지난주에 경력으로 입사한 김 부장이 출근하는 것을 보면서 차 한잔하자고 부르신다.

"김 부장님은 집이 어디세요? 일찍 출근하셨네."

"성남입니다. 차가 밀릴 것 같아서 조금 일찍 나왔습니다."

커피를 들고 방으로 들어온 김 부장을 P 사장님은 반갑게 맞는다.

"김 부장님, 혹시 우리 회사로 옮겨 오기 전에 근무했던 회사의 신 본부장님을 잘 아시나요?"

"아 네, 여기로 오기 전 제가 모셨던 분입니다. 신 본부장님이 전에 P 사장님과 함께 근무했었다고 말씀해 주셨습니다. 사장님께 많이 배우라고 했습니다."

"배우긴 뭘 배워요. 신입사원도 아니고……"

P 사장님은 신 본부장과 함께 일했던 시절의 경험담을 추억하며, 새로 입사한 김 부장에게 이 회사의 문화와 계속 성장해 나갈 수 있는 방법을 설명하신다.

"한 가지 팁을 줄까요?"

김 부장의 눈이 기대로 반짝인다.

"지형지물을 잘 이용해야 돼요."

"지형지물이요?"

"그래요. 골프장에 가 보면 지형지물을 이용할 때가 있어요. 이 전무님,

전에 대영 힐스 CC 갔을 때 기억나시나요?"

갑자기 지형지물을 말씀하시니 생각이 난다.

지난번 P 사장님과 대영 힐스 CC에 갔을 때 파 4홀에서 P 사장님이 티 샷을 준비 중인데 캐디가 홀을 설명한다.

"왼쪽에 있는 석벽을 보고 치시면 됩니다. 왼쪽으로 감겨도 바위 맞고 나오면 얼마 남지 않습니다. 오른쪽은 OB입니다."

캐디의 말대로 P 사장님은 왼쪽을 보고 드라이버로 티 샷을 한다. 공이 왼쪽으로 감기는 것 같았는데 석벽을 맞고 앞으로 튄다.

"굿 샷입니다. 지형지물을 제대로 이용하셨네요."

자기가 말 한대로 이루어져서 그런지 캐디가 아주 좋아한다.

100미터 안쪽으로 남아 있는 위치에서 피칭으로 가볍게 온 그린 시키는데 홀 컵에 붙는다. 1미터 정도 되는 거리다. 워낙 퍼팅이 좋으셔서 가볍게 버디를 잡는다.

"나이스 버디!"

"오늘은 지형지물을 제대로 이용해서 버디 했네요."

P 사장님 얼굴에 기분 좋은 웃음이 가득하다.

그런데 오늘은 되는 날인가 보다. 파 3홀 150미터 거리다. 왼쪽에 언덕이 있어서 왼쪽으로 치면 언덕 맞고 온 그린 될 수 있는 확률이 높다. 캐디가 클럽을 건네주며 말한다.

"왼쪽은 여유가 있습니다. 왼쪽 많이 보세요. 오른쪽은 OB입니다."

내 공은 직접 핀을 공략하다 보니 오른쪽으로 밀려서 오른쪽 엣지에 떨어지고 굴러서 도로까지 간다. OB 라인을 벗어나지는 않아서 다행이다.

"더 왼쪽 볼걸!"

P 사장님은 5번 하이브리드로 가볍게 친다. 공이 왼쪽으로 날아가는데 조금 많이 감기나 했는데 언덕에서 공이 내려온다. 탄력받은 공이 그린으로 향한다. 왼쪽에서 오른쪽으로 흐르는 라이를 타고 공이 홀 가까이 붙는다.

"나이스 온"

"역시 캐디 언니 말을 잘 들어야 돼. 왼쪽 언덕을 이용하라잖아."

P 사장님 얼굴에 또 한 번 만족스러운 웃음이 넘친다. 되는 날은 어떻게 쳐도 공이 다 들어간다. 어려운 라이인 것 같은데 가볍게 버디로 연결한다.

P 사장님은 그때의 짜릿함이 아직도 생각나는지 목소리 톤이 올라간다.

"그때 지형지물을 제대로 이용해서 버디를 두 개나 했지요. 회사 생활에서도 지형지물을 잘 이용해야 해요."

P 사장님의 지형지물을 이용한 버디 사냥이 지금 회사 업무와 무슨 연관이 있다는 것인지 궁금하다.

"김 부장님은 경력사원으로 입사했기 때문에 신입사원 같은 자세는 바람직하지 않아요. 신입사원들은 처음 직장 생활하기 때문에 1부터 100까지 다 가르쳐 주어야 합니다. 그렇지만 경력으로 입사한 김 부장님과 같은 유능한 인재는 일주일이면 업무 인수인계받고 회사 업무를 파악하는데 충분하다고 생각합니다."

"단지 사람을 모르기 때문에 가능한 한 빨리 사람들과의 네트워킹을 가져가야 합니다."

"그럼 김 부장님이 이용할 수 있는 회사 내 지형지물은 무엇이 있을까요?"

김 부장은 호기심 어린 눈으로 P 사장님 말에 귀를 기울인다.

"저와 같은 사람입니다. 그리고 이 전무님 같은 분들이 김 부장님이 이용할 수 있는 지형지물입니다. 어떤 사람들은 얼굴 한번 보자고 해도 바쁘다고 만나러 오지 않습니다. 저한테 찾아오면 제가 잡아먹기라도 하나요? 사람들은 높은 사람 만나는 것을 굉장히 부담스러워해요."

"인사담당 전무와 좋은 관계를 가져가면 본인의 커리어에 도움이 되는 피드백도 해주고 자기에게 적합한 자리가 나오면 추천도 해 줄 수 있지 않을까요? 어떻게 생각해요?"

맞는 말이다. 나에게 찾아와서 조언을 구하는 사람을 나쁘게 생각하는 사람은 없을 것이다.

"김 부장님, 혹시 저쪽 사무실에 있는 그룹사업부 사장님은 만나 보셨나요?"

"아직 인사를 못 드렸습니다."

"그런 분이 진짜 지형지물입니다. 이곳에는 그룹 화학사업부의 본사가 위치해 있고 외국인들이 10명 이상 근무하고 있습니다. 사업부 사장님과 좋은 관계를 가져가는 것은 김 부장님이 이 회사에서 계속 성장하는 데 도움이 될 것입니다."

P 사장님은 잠시 생각하시더니 말을 잇는다.

"이건 이 전무님에게도 얘기한 적이 없는 비밀인데요, 김 부장님께 처음으로 말씀드리는 겁니다."

"그게 뭔데요?"

"골프에서 지형지물을 이용하려면 그 지형지물 쪽으로 공을 보내야 합니다. 제가 석벽을 향해서 티 샷을 한 것이나, 왼쪽 언덕을 향해서 하이브리드를 친 것은 공을 그 지형지물 쪽으로 보내기 위해서입니다. 제대로 맞아서 모두 버디를 했지만 버디를 하지 못했어도 안전한 플레이는 되었을 것입니다."

"아, 네."

"그럼 사업부 사장님이라는 지형지물을 이용하기 위해서 좋은 관계를 만들어야 한다면 어떻게 해야 할까요?"

김 부장은 생각에 잠기지만 선뜻 아이디어를 내지 못한다.

"방문을 노크하고 들어가서 나를 소개할 수도 있지만 자주 그렇게 할 수는 없을 것입니다. 저는 사업부 사장님의 동선을 파악하라고 말합니다."

"동선을 파악하라고요?"

김 부장은 아직 와닿지 않는 듯 다시 묻는다.

"아침에 사업부 사장님이 몇 시에 출근하는지, 출근해서 커피를 드시러 오는 시간은 언제인지 그리고 점심 식사는 언제 가는지 등, 움직이는 시간을 파악하는 것입니다. 아침마다 커피를 가지러 오는 시간에 나도 커피를 마시러 갑니다. 자연스럽게 만나는 것입니다. 처음에는 간단하게 내 소개도 하고 몇 번 만나게 되면 조금씩 회사 얘기나 개인적인 질문도 할 수 있습니다. 시간이 허락된다면 점심을 대접하겠다고 초대할 수도 있습니다."

"아!"

"글로벌 회사에서 나를 드러내는 것은 매우 중요합니다. 그 사업부에 자리가 생겼을 때, 사업부 사장님과 좋은 관계를 가져가고 있고 나를 충분히 알렸다면 지원해 보아도 좋을 것입니다."

김 부장이 고개를 끄덕이는데 P 사장님의 내공이 대단하다는 것을 느끼는 것 같다. 나도 P 사장님의 네트워킹 능력에 다시 한번 감탄한다.

"그런데 이런 동선 파악 전략은 사내에서만 하는 것이 아닙니다. 영업하는 데에도 이용해야 합니다. 중요한 고객과 관계를 가져가고 싶으면 그 고객의 동선을 파악하는 것이 중요합니다. 우연을 가장한 계획된 만남을 만들 수 있어야 진짜 고수가 되는 것입니다."

"고객을 방문해도 쉽게 담당자를 만나 볼 수 없을 때에는 담당자의 동선을 파악합니다. 언제 식사를 하러 가는지, 혹은 몇 시 정도에 흡연 장소에 내려오는지 알아보고 식당에서 우연히 만나거나 필요하다면 흡연 장소에서 만나볼 수도 있습니다."

드라마에서나 보았던 장면을 P 사장님은 본인의 영업 활동에 활용하였었다는 이야기에 감탄사가 절로 나온다.

"아, 대단하시네요!"

지형지물을 이용하기 위해서 한 가지가 전제되어야 한다. 원하는 석벽 방향으로 드라이버로 티 샷을 하거나 하이브리드로 왼쪽 언덕을 향해 티 샷을 했을 때, 공을 제대로 날려 보낼 수 있는 능력이 있어야 한다. 왼쪽을 보고 쳐도 공이 오른쪽으로 가거나 석벽에 맞지 않고 벽 아래 러프에 떨어질 수도 있다. 원하는 방향으로 볼을 보낼 수 있는 능력을 바탕으로 자신감을 가지고 볼을 친다면 좋은 결과로 이어질 수 있을 것이다.

기본적인 영업능력과 좋은 인성을 갖춰야 만나는 사람을 진심으로 대할 수 있다. 배운다는 자세로 사람을 만나고 자신의 역량을 끌어올리는 노력을 게을리 하지 않는다면 좋은 만남을 통해 원하는 경력을 만들어 갈 수 있을 것이다.

"지형지물을 이용하라."

내가 이용할 수 있는 지형지물에는 무엇이 있을까를 고민해 보는 하루를 보내야겠다.

투 온이냐 쓰리 온이냐 그것이 문제다.

공치기 참 좋은 날씨다. 5월의 두 번째 토요일은 참 기억에 남는 라운딩이다. 날씨 좋고 동반자들도 좋고 골프장은 더 좋다. 처음 와 보는 블루 원골프장이다. 경관이 너무 좋아서 아내와 다시 와 보고 싶은 골프장이다.

"김 프로님, 연습 많이 하셨습니까?"

"연습은 무슨 연습을 합니까? 그냥 필드에서 연습하지요."

"지난주에 태국 전지훈련 다녀오셨다면서요?"

일주일 전에 태국에 3박 4일 다녀왔다는데 스코어가 어땠는지 궁금하다.

"이번에 태국 전지훈련 가서 100타 깼습니까?"

"아! 네, 어렵게 100타 깼습니다. 100타 깨기 참 어렵데요."

김 프로는 노동조합 활동하면서 골프 치면 무슨 부정한 돈으로 골프나 치러 다니는가 하는 의구심을 받기 싫어서 골프라는 운동을 멀리한 사람이다. 조합원들에게 깨끗하고 투명한 위원장으로서 조합원들의 권익을 대변해 주고 있다는 인식은 매우 중요하기 때문에, 가능하면 다른 사람의 입에 오르내릴 수 있는 행동을 자제하는 것에 주의를 기울여 왔다.

요즘은 퍼블릭 골프장도 많이 생기고 스크린 골프가 등장하면서, 골프라는 운동이 보편화되어 생산현장에 근무하는 직원들도 다수 골프를 즐긴다. 조합원들이 김 프로에게 자연스럽게 골프를 권하게 되면서 이제는 라운딩을 소통의 장으로 이용하고 있다.

김 프로는 늦게 배운 도둑질에 밤새는 줄 모른다고, 늦게 배운 골프에 정말 열정을 보인다. 골프의 재미에 푹 빠진 것이다. 오죽하면 골프 시작한 지 얼마 안 돼서 벌써 태국 전지훈련까지 다녀왔겠는가.

첫눈에 봐도 힘이 넘친다. 잘 맞으면 300미터 쉽게 보낼 것 같은 신체조건이다.

"김 프로님 살살 쳐요. 거리 너무 나면 옆 홀로 넘어갑니다."

"놀리지 마세요 이 전무님, 저 거리 얼마 안 납니다."

골프 시작한 지 6개월 밖에 안 되었는데 드라이버 거리가 장난이 아니다. 제대로 맞으면 250미터 정도는 나가는 것 같다. 아직 폼은 미숙하지만 장작 패듯이 때리는 스윙 스피드가 충분한 거리를 만든다. 방향성만 보완하면 금방 스코어를 줄일 수 있을 것 같다.

레이크 코스 5번 홀, 파 5홀로 오른쪽 도그 레그 홀이다. 전장이 460미터 정도로 아주 긴 홀은 아니지만 그린에서 260미터 지점부터 오른쪽으로 홀 컵 옆까지 길게 해저드로 연결되어 있다. 그린 주변에는 오른쪽으로 길게 벙커가 자리하고 있어 오른쪽 해저드로 흐르는 공을 막아 준다.

"이 프로님, 굿 샷입니다. 210미터 정도 페어웨이에 잘 떨어졌습니다."

캐디가 내 샷을 보고 말한다.

"김 프로님 왼쪽 OB이고 오른쪽 해저드입니다."

김 프로는 드라이버를 받아 들고 힘차게 장작 패듯이 스윙을 한다.

"와, 오잘공이네요. 거의 해저드 라인까지 간 것 같아요."

"굿 샷"

모두 김 프로의 샷에 놀라서 굿 샷을 외친다.

"투 온도 가능하겠는데요?"

캐디가 투 온을 노려 보라고 부추긴다.

"캐디 언니 4번 아이언 주세요."

나는 4번 아이언으로 160미터 정도 날려서 홀까지 110미터 정도로 세 번째 샷을 남긴다.

김 프로는 투 온이 가능할 것 같다는 캐디의 말에 무척 고무된 듯하다. 5번 우드가 잘 맞으면 200미터 갔었던 기억에, 벌써 투 온 시킨 것 마냥 조금 들떠 있는 모습니다.

"캐디 언니 5번 우드 주세요. 투 온 시도해 봐야지. 인생 뭐 있어?"

뭔가 보여주고 싶은지 우드 스윙에 더 힘이 들어간다. 제대로 맞으면 200미터는 충분히 갈 것 같다. 방향이 문제다.

"짝"

제대로 맞았는지 소리가 좋다. 그런데 역시 방향이 문제다. 힘이 들어가며 약간 빗겨 맞았는지 공이 오른쪽으로 돈다. 해저드 방향이다. 벙커 옆 오른쪽 물속으로 공이 사라진다.

"에이 참, 잘 맞았는데!"

김 프로는 아쉬움이 남는지 공이 들어간 해저드 방향을 계속 쳐다보며 뭐라 한다.

나는 쓰리 온에 가볍게 파를 기록한다.

김 프로는 벙커 뒤에서 4번째 샷으로 그린을 노리는데 아직 힘이 남아 있는지, 뒤땅을 쳐서 공이 벙커로 들어간다. 초보는 벙커 탈출이 쉽지 않다. 벙커에 들어가지 않는 것이 최선이다.

"이런 젠장!"

벙커를 한 번에 탈출하지 못하고 볼이 다시 벙커에 남는다. 이번에는 있는 힘껏 친 볼이 머리를 맞고 그린을 넘어 왼쪽 OB 라인을 넘어가 버린다. 다시 OB 말뚝 앞에서 어프로치 하고 투 퍼트로 마무리하니 가볍게 양파가 기록된다.

드라이버를 잘 치고 비록 세컨 샷이 해저드에 빠졌지만 해저드에서 온 그린 시켰으면 적어도 보기로 막을 수 있었던 것을 벙커에 빠뜨리고, OB까지 내서 양파를 기록하고 보니 열이 받는지 얼굴이 벌게진다.

"아, 괜히 투 온 하라고 해서……"

후회해도 소용없다. 파 5에서의 양파는 만회하기 참 어려운 스코어이기 때문에 더욱 안타깝지만 100타를 치는 초보들이 저지를 수 있는 실수이기에, 좋은 배움이 되었을 것이라고 생각하며 김 프로를 위로한다.

"김 프로님, 힘내세요. 인생 뭐 있습니까? 이렇게 배우는 거지. 열심히 하시면 다음번에는 투 온 시킬 수 있습니다."

골프 코스의 파 5는 다섯 번째 샷으로 볼을 홀에 넣어서 파를 기록 하도록 설계되어 있고, 골퍼의 능력과 공격 성향에 따라 다양한 전략이 필요하고 서로 다른 스코어가 기록된다.

요즘 투어 프로들을 보면 장비의 발달과 훈련의 결과로 드라이버 비거리가 무시무시하다. 보통 300야드를 넘고 파 5홀에서 투 온을 시키는 경우가 많이 있다. 많은 연습을 통한 기술 향상이 좋은 우드 샷이나 아이언 샷을 만들어 내고 버디나 이글을 기록한다.

비거리가 짧은 프로 선수들은 세컨 샷을 세 번째 샷 하기 좋은 위치에 보내 놓고 자기가 좋아하는 숏 아이언으로 홀 컵을 공략한다. 홀 컵에 붙여서 버디 또는 파를 기록한다. 현명한 위험 관리 전략이다.

투 온을 시도하든지 쓰리 온을 시도하든지 거기에는 위험이 있을 수 있다. 10번 쳐서 한, 두 번 잘 맞았을 때 투 온 시킬 수 있는 능력을 갖고 있는 우리 아마추어들은 잘 맞았을 때가 나의 샷 능력이라 착각하고 항상 투 온을 노린다. 해저드에 빠질 확률이 80% 이상인데도 투 온을 시도한다. 투 온을 시도하려면 거기에 따르는 커다란 위험도 감수하여야 한다. 그 위험은 스코어에 큰 영향을 주게 되고 초보 골퍼들의 경우에는 100타를 깨지 못하는 원인 중 하나가 되기도 한다.

LPGA 인디 위민 인 테크 경기에서 선두를 달리던 박성현 프로가 3라운드, 왼쪽으로 해저드가 있는 파 4, 15번 홀에서 드라이버로 티 샷을 한다. 공은 페어웨이 한가운데에 잘 떨어진다. 그런데 120미터를 남긴 약간 발끝 오르막 라이에서 별다른 위험이 없다고 생각하고 친 공이 어이없이 왼쪽 워터 해저드로 들어가 버린다.

누구도 예상하지 못한 샷이다. 드라이버 샷도 아니고 세컨 아이언 샷이 해저드로 들어가 버린 것이다. 이 홀에서 더블 보기를 한 박성현 프로는 쉽게 선두를 탈환하지 못하고 마지막 날, 마지막 홀까지 가서야 선두를 달리던 살라스 선수의 17번 홀 퍼팅 실수로 공동 선두로 마칠 수 있었고, 연장전에서 어렵게 우승을 할 수 있었다.

별다른 위험이 없다고 생각한 파 4홀의 정상적인 상황에서도 생각지 못한 아이언 샷 때문에 우승을 놓칠 수도 있었는데 해저드에 빠질 위험이 90%

이상인 파 5홀에서 투 온을 시도하여 더블 파를 만들고 100타를 깨지 못하는 결과를 만들 필요가 있겠는가?

이제는 현명하게 위험을 감수하여야 한다. 변화에는 항상 위험이 따른다. 위험 감수를 두려워하면 나 자신과 함께 일하는 사람들의 변화를 이끌어 갈 수 없다. 그렇지만 불필요하거나 너무 큰 위험을 감수하는 것은 현명하지 못하다는 것을 잊지 말아야 하며 현명한 위험 감수와 무모한 행동 사이에서 절충점을 찾아야 한다.

변화를 시도하려고 하는 경우에는 충분히 분석하고 계획을 세워야 한다. 투 온 시도는 보통 쓰리 온 시도로부터의 변화이기 때문에 자신이 가지고 있는 클럽의 비거리와 정확도, 바람의 방향이나 세기 그리고 볼이 놓여 있는 경사도 등을 모두 고려하여야 한다. 필요하면 캐디로부터 조언을 듣는 것도 좋다. 이 모든 것을 고려하여 위험을 감수하고 투 온을 하여야 할지 아니면 안전하게 쓰리 온을 할 것인지를 결정하여야 한다.

위험을 감수하여야 하는 경우 부정적인 결과는 어떻게 나타날 것인가에 대하여 생각해 본다. 투 온이 안되면 해저드나 OB가 날 수 있는지, 벙커 샷은 연습이 되어 있는지, 벙커 턱은 높은지, 리커버리 샷은 자신 있는지를 확인해서 잠재적 위험을 줄이고 부정적인 결과를 최소화하도록 그림을 그린다.

현명한 위험 감수는 경험이 많은 다른 사람이나 팀이 위험에서 벗어나기 위하여 어떻게 실행하는 가를 보는 것을 통하여 도움을 받을 수 있다. 고수가 어떻게 파 5홀을 공략하는 것을 보고 내 실력과 비교해 보면 투 온이냐 아니면 쓰리 온이냐를 쉽게 결정할 수 있다.

실수를 해서 위험에 빠지게 되면 그 상황에서 배워야 한다. 어떤 샷이 잘 되었고 어떤 부분에서 실수가 있었는지를 알고 다음에는 그 부분을 더 잘 할 수 있도록 준비하여야 한다. 80% 이상의 안정적인 샷을 할 수 있도록 준비해서 투 온에 도전할 수 있어야 한다. 투 온 시도가 더 이상 무모한 도전으로 기록되지 않도록 하여야 한다.

골프장에서의 현명한 위험 감수는 노동조합과의 협상에 같은 개념으로 나타난다.

노동조합은 단체 행동권을 내세워 회사에 많은 요구를 하고, 회사는 경영 환경 변화와 지속적 성장을 위하여 조합의 협조를 요구하는 회사의 입장을 고수하면서 회사와 노조는 충돌하게 된다. 협상을 통하여 해결하여야 하지만 결국 조합은 원하는 모든 것을 취하기 위하여 파업을 감행할 수 있다. 그렇지만 파업을 감행하더라고 원하는 모든 것을 얻을 수 있다고 확신할 수는 없는 것이 노사관계이다.

회사의 입장이 확고하면 할수록 조합이 파업을 통하여 얻을 수 있는 협상 내용은 크지 않고, 회사와 조합원 모두에게 커다란 손해가 될 수 있기 때문에 철저한 위험 분석이 필요한 이유이다.

현명하게 위험을 관리하여야 하는 이유는, 파업이란 극단적 선택에는 일단 무노동 무임금이 적용되기 때문에 조합원들에게는 파업 기간에 따른 금전적 손실이 발생하게 되고, 혹여 잘못된 행동으로 인하여 법적인 책임까지 발생하게 되기 때문이다.

회사에는 생산 차질로 인한 매출 감소가 일어난다. 고객들은 공급선의 다변화를 시도하고 장기적으로는 신규 투자가 제한되어 고용 안정을 걱정하게 된다. 아울러 직원들 간에 불신이 팽배해져 생산성이 떨어지게 되고 남을 생각하지 않는 이기적인 조직이 될 수 있음에 주의하여야 한다.

오래전에 43일간의 직장 폐쇄란 극단적 상황을 겪어 본 경험은 다시는 그런 상황을 만들어서는 안 된다고 마음속에서 소리친다.

"다시는 파업을 경험하고 싶지 않아요."

"김 프로님, 꼭 투 온 시도를 해야 합니까? 볼이 물에 빠질 확률이 90% 이상인데 우드 샷을 하여야 합니까?"

최대한 참아야 한다. 현명한 위험 감수가 필요할 때다. 투 온의 유혹이 오면 그 유혹을 현실화 시킬 수 있는지 충분히 분석해 보고 80% 이상의 자신이 있을 때에는 그 위험을 감수하자.

"투 온이냐, 쓰리 온이냐, 그것이 문제인가?"

그렇다면, 이제부터는 쓰리 온도 충분히 생각해 보자. 위험을 피한 상태에서 안전한 파를 목표로 하고 기회가 되면 버디도 하자.

"당신은 아직도 투 온 시도가 미련에 남는가?"

바람을 이기려고 하면 안 돼요.

　오늘도 역시 바람이 분다. 제주도에 올 때마다 바람이 세다. 매년 4월에 전 직원 워크샵으로 제주도에 올 때마다 올해는 좋은 날씨였으면 좋겠다는 기대를 품는다. 하지만 오늘도 여전히 골프 치기에는 바람이 많다.

　골퍼가 가장 싫어하는 날씨는 비 오는 날씨나 무더운 날씨가 아니라 바람이 많이 부는 날씨다. 골퍼는 내가 친 공이 내가 원하는 방향과 거리로 가야 하는데 그렇지 못하기 때문에 이러한 통제 불능의 환경을 좋아하지 않는다.

　아침 일찍 버스로 해비치 CC로 가서 조식을 하고 가볍게 몸을 푼다. 여전히 바람은 불고 모자가 바람에 날아가지 않게 모자를 깊게 눌러써 준다.

　"이 전무님, 오늘 바람이 조금 세네요."

　"네, 올해도 역시 바람이 센데요. 내년에는 바람이 적은 골프장을 찾아봐야 할 것 같습니다."

　김 사장님과 대화를 나누며 티 박스로 향한다. 레이크 코스 1번 홀, 파 4홀이다.

　"오늘 바람이 좀 세요. 거리 불러 드리면 바람 세기 따로 보시고 클럽 요청하세요. 너무 왼쪽으로 치시면 앞바람 때문에 해저드에 빠질 수 있습니다."

　캐디도 오늘 바람을 걱정한다.

　순서대로 김 사장님이 1번 홀 티 샷을 한다. 엄청난 장타는 아니지만 그래도 순위에 드는 드라이버 거리를 내는 김 사장님이 연습 스윙으로 바람을 가른다.

　"굿 샷입니다. 그런데 앞바람이라 거리는 생각보다 덜 나간 것 같습니다."

"와 바람이 장난 아니네요. 이건 뭐 아무리 쳐도 180미터 정도 밖에 안 간 것 같은데요."

김 사장님도 바람 때문에 손해 본 거리가 아쉬운가 보다. 내 샷도 김 사장님과 비슷한 거리에 떨어진다. P 사장님 공은 조금 더 짧아서 해저드를 가까스로 넘겨서 페어웨이에 떨어진다.

"드라이버 거리도 짧은데 바람 때문에 거리를 또 손해 보네요."

오늘 바람이 여러 사람을 힘들게 한다. 뒤바람일 때는 비거리가 더 늘어날 것이라는 점에 위안을 갖고 다음 샷을 하러 이동한다.

김 사장님과 내 볼은 홀까지 160미터 정도 남았고 P 사장님 볼은 180미터 정도 남아있다.

P 사장님은 우드를 친다. 잘 맞은 것 같은데 그린 앞 엣지에 떨어진다.

"캐디 언니 5번 하이브리드 주세요. 바람 감안하면 180은 쳐야 할 것 같은데……"

김 사장님은 이번에 새로 장만한 5번 하이브리드를 뽑아 들고 홀을 공략한다. 바람은 여전히 앞에서 강하게 불다 조금 약하게 불다를 반복한다.

"잘 맞은 것 같아요. 어 그런데 공이 조금 탄도가 높은데요?"

캐디의 말이 끝나자마자 볼이 힘 있게 날아가지 못하고 바람 때문에 스피드가 떨어지면서 가다가 뚝 떨어진다. 충분히 투 온이 될 수 있는 샷이 그린 앞에 떨어진다. 김 사장님이 바람에게 뭐라 한다.

나는 4번 아이언으로 치겠다고 클럽을 뽑아 들고 낮은 탄도로 공략해 본다. 프로 선수들 흉내 낸다고 친 공이 제대로 맞지 않아서 땅볼로 굴러 간다. 그래도 많이 가서 그린 근처에서 멈춘다.

"바람 불 때는 땅볼이 정답이네요."

괜히 머쓱해져서 한마디 한다. 제대로 친 공도 그린에 올라가지 않고 바람 의식해서 제대로 공도 못 때리고 하니, 재미가 없어 지려고 한다. 김 사장님과 나는 어렵게 온 그린하고 보기로 마무리한다.

제일 처음 바람 때문에 골프가 참 재미없고 어렵다고 생각했었던 때가 떠오른다. 친구 부부와 남해 힐튼 CC를 갔을 때다. 여름 휴가철에 부부끼리 라운딩 겸 여행을 계획하고 힐튼 CC에 갔는데 역시 바닷가라 그런지 바람이 장난이 아니다. 빗방울도 조금씩 보이고 바람은 서있기도 힘들 정도로 부는데 괜히 이 먼 곳까지 왔나 싶었다.

드라이버로 티 샷 하려고 자세를 잡으면 몸이 흔들리고 아이언 샷을 하면 공이 뒤로 날아온다. 퍼팅하려고 그린에서 볼을 놓으면 볼이 다시 움직인다. 자세를 제대로 잡지 못하니 퍼팅이 되지를 않는다.

경기과에 연락해서 7홀 지난 다음 철수하고 사우나에 들어가 앉아서 유리창 너머를 바라보니 태풍이 부는 것처럼 바람이 나무들은 쓸어버리고 있다. 그만 치길 참 잘 했었다.

"바람을 이길 수는 없다."

바람 때문에 생각은 많아지는데, 김 사장님은 두 번째 티 샷을 똑바로 보낸다. 바람 때문에 정확한 거리를 보내지는 못하지만 원하는 방향으로 볼을 보낸다.

'이 전무님, 바람을 이길 생각하지 마세요. 바람과 싸워서는 이길 수 없습니다. 오늘 같은 날은 보기 플레이한다 생각하고 플레이하면 그런대로 재미있게 즐길 수 있습니다."

"그래! 프로 선수들도 바람 부는 날은 오버 파가 속출하는데 아마추어들이 이런 날씨에 낮은 스코어를 치겠다고 하는 것 자체가 잘못된 거지."

아마추어는 경험이 부족하다 보니 환경의 변화에 쉽게 적응하지 못한다. 특히 바람이 강하면 속수무책이다. 낮은 탄도로 공을 치는 것을 연습한 적도 없고 바람을 감안하여 왼쪽이나 오른쪽을 더 보고 샷을 해 본 적도 드물다. 바람을 이기려고 하는 것이 아마추어다. 바람을 이기려고 하면 할수록 힘만 들고 스코어는 좋아지지 않는다.

요즈음 기업 환경에 부는 바람은 예측하기 어렵다. 제품의 라이프 사이클은 짧아지고, 기업 간의 합병이 빈번해지며, 즉각적인 커뮤니케이션이 강조되고 그리고 고객의 요구는 더욱 거세지고 있는 것이 일반적이다.

회사 내에도 바람이 분다. 변화의 강한 바람이 매일매일 불어온다. 조직은 기회를 극대화하기 위하여 종종 신속하게 움직일 필요가 있고 빠르게 변화한다.

지금 회사에 부는 변화의 바람은 1년 전과 다르고 3년 전과 다르다. 아니 5년 전과 10년 전에 비하여 너무 다르다. 회사는 합병과 매각을 통하여 새로운 사업에 발을 들여놓는 동시에 어느 순간 기왕에 하던 사업 가운데 일부를 정리하기도 한다. 이럴 때 가장 큰 변화의 바람이 조직에 영향을 준다.

인사부서에도 요즈음 많은 변화의 바람이 분다. 10년 전에는 그룹 공통의 인사 정책을 바탕으로 각 나라 중심으로 운영하던 인사조직이, 최근에는 철저한 사업부 인사조직으로 바뀌고 있다. 이들 변화에 따라 공통 지원 업무를 줄이고 모든 의사결정을 현장과 가장 가까운 인사 조직에서 할 수 있도록 하고 있다. 이러한 변화의 바람은 나라별 인사조직을 축소시키고 함께 일하던 동료나 부하직원 또는 상사의 자리를 없애 버리고 있다.

일부 기업에서는 회사 내 인사 부서 업무를 상당 부분 외부에 위탁업무로 주기도 한다. 그러다가 서비스가 직원들을 충분히 만족시키지 않아서 다시 회사 내부로 인사 부서 업무를 복귀시키는 프로젝트를 시행하는 것을 본다. 무엇인가 변화를 주려고 노력하는 것은 이해가 되면서도 별다른 성과 없이 변화를 계속하는 것을 보면 마음이 불편하다.

'이러한 바람이 나에게 불어오면 어떻게 해야하나?'

'나는 이러한 바람을 극복할 수 있을까?'

여러 가지 생각이 든다.

아무리 바람이 불어도 잘 견뎌내는 사람들이 있는 반면, 변화에 적응하지 못해서 조직을 떠나는 경우도 가끔 본다. 새로운 상사와 갈등을 겪는 경우가 제일 안타깝다. 가끔 상사는 변화의 바람이 된다. 회사는 조직에 변화를 주기 위하여 사람을 바꾼다. 상사가 바뀌면 관리 방법이나 리더십 스타일이 내가 지금껏 겪었던 경험과 다를 수 있다.

새로운 상사는 자신에게 주어진 사명을 달성하기 위하여 일시적으로 단기간의 목표에 중점을 둘 수 있다. 매월 결과만을 보고 하던 방법을 매일 또는 매주 보고하는 방법으로 바꿀 수도 있다. 상사가 원하는 방법이 이전 방법과 다르다고 그 변화의 바람을 이기려고 하면 나만 힘들고 바람 속에서 치는 골프처럼 스코어카드만 나빠진다. 결국 견딜 수 없으면 조직을 떠나게 될 것이다.

능력 있는 인재를 유지하는 것은 변화의 바람이 부는 요즘에 매우 중요한 화두이다. 우수한 인재는 회사로부터 더 이상 얻어낼 것이 없다고 생각되면 다른 회사로 움직인다. 인적 자원이 중요함은 아무리 강조해도 지나치지 않다. 변화의 바람을 일으키고 바람을 몰고 갈 사람들이 이들이기 때문에 이런 인재를 어떻게 키우고 관리해 나가야 할지 충분히 고민해 보아야 한다.

최근의 뉴스에서 S사에서 중요한 직책을 맡아서 일했던 중역이 몇 배 많은 연봉을 받으며 중국 회사로 이적하였다는 기사는 인재 관리의 어려움을 알게 해주는 좋은 사례이다.

그런 인재로 평가된다면 변화의 바람이 불어도 크게 걱정할 필요가 없을 것이다.

바람을 이기려고 하지 말고 바람이 불어도 좋은 스코어를 유지할 수 있는 방법을 터득하여야 한다.

바람 때문에 파 4홀에서 투 온으로 온 그린 시킬 수 없다면 그린 주변까지 안전하게 보내고 세 번째 어프로치 샷을 홀 컵에 붙이든지 아니면 어디에 공을 올려놓더라도 기가 막힌 퍼팅으로 파를 기록할 수 있는 능력을 갖추면 된다.

가장 부러운 사람이 회사에 구조조정 바람이 불 때 명예퇴직금을 수령하고 다른 회사에 바로 취직하는 사람이다.

"아, 이번에 또 구조조정 마무리했어요."

외국계 회사 인사 임원 모임의 박 전무님은 구조조정과 합병을 겪으면서 매번 상당한 명예퇴직금을 받고 세 번이나 성공적으로 회사를 옮겨 변화의 바람 속에서 능력자임을 보여주는 좋은 사례로 기억되고 있다.

"전무님, 오늘이 마지막 근무입니다."

최근에 명예퇴직금을 받고 타 회사로 이직하는 김 이사가 인사차 오면서 작은 수건 한 장을 선물로 가져왔다. 오랜 시간 동안 함께 일해온 인재를 어쩔 수 없이 다른 회사로 보내게 되어 아쉽지만 다시 만날 수 있을 것이라는 말로 인사를 대신했다.

'이러한 바람이 나에게 불어오면 정말 어떻게 해야 하나?'

다시 한번 생각해 본다.

변화를 기대하고 변화를 환영하는 사람은 한발 앞서가는 사람이다.

바람 속에서도 언더 파를 기록하는 투어 프로 선수들이 있다. 변화의 바람 속에서도 자기의 자리를 꿋꿋하게 지키거나 아니면 더 도전적인 위치로 올라가는 사람들이 있다.

아니면 다른 곳으로 옮겨 가서 변화의 바람을 즐기는 사람도 있다.

'나는 어떤 위치에 있는 사람인가?'

'나는 변화의 바람을 즐길 준비가 되어 있는가?'

14개 클럽이 다 필요해요.

'양평 TPC (Tournament Player Course)는 공식적인 토너먼트 골프 대회를 치를 수 있는 시설을 갖춘 코스란 의미이다. 양평 TPC는 27홀 골프장으로 각 홀마다 특색이 있고, 14개 골프 클럽을 모두 사용하게끔 코스가 조성되어 있다.'

주말에 번개 라운딩 계획을 하면서 P 사장님 의견을 물어보는 과정에 양평 TPC에 대한 소개 글이 관심을 끈다. 어떻게 코스를 조성해 놓았길래 14개 골프 클럽을 모두 사용할 수 있게 만들어 놓은 것일까?

"이 전무님, 다양한 클럽을 사용할 수 있게 만든 코스라 재미있을 것 같습니다."

토요일이 기다려진다. 연습장에 가서 14개 클럽을 다 사용해 연습해 보면서 샷 점검도 한다. 우드 샷 만 조금 불안하고 다른 샷은 크게 문제가 없다. 기대가 된다.

골프장에 도착해서 등록을 하니 솔라 코스와 스텔라 코스가 배정된다.

"그래, 루나 코스는 다음 기회에 경험하자."

솔라 코스는 144야드의 파 3홀부터 552야드의 파 5까지 다양한 거리와 홀 배치를 가지고 있고 스텔라 코스는 110야드의 짧은 파 3홀부터 493야드의 파 5홀을 가지고 있어, 정말 다양한 골프 클럽을 사용하여야 할 것 같다.

솔라 1번 홀부터 드라이버를 치고 7번 아이언으로 세컨 샷을 했지만 투 온을 못 시켜서 어프로치로 온 그린 시켜 보기로 맘는다.

"사장님 드라이버 잘 맞았습니다. 200미터 정도 간 것 같습니다."

"캐디 언니, 3번 우드 주세요."

"우드 굿 샷입니다. 90미터 남았습니다."

"어프로치 주세요."

"조금 짧았네요. 너무 두껍게 맞아서 20미터 정도 그린 앞에 있네요."

"굴려서 올리게 피칭 주세요."

P 사장님은 2번 홀에서 드라이버, 3번 우드, 피칭, 어프로치, 그리고 퍼터까지 5개의 클럽을 사용한다. 보기다.

3번 홀은 파 3로 130미터 다. 나는 8번, P 사장님은 7번 아이언을 쓴다. 여기서는 모두 온 그린 시키고 파를 기록한다.

8번 홀까지 거의 모든 채를 한 번씩 쓴 것 같은데 9번 홀에서 샌드와 4번 아이언을 쓰게 된다.

드라이버가 왼쪽으로 당겨지면서 왼쪽 벙커에 들어간다.

"다행입니다. 벙커가 잡아 주어서 OB가 나지 않았습니다."

다행인데 거리가 많이 남았다. 300미터를 남기고 페어웨이 벙커에 들어갔는데 우드 치기에는 무리가 있고 턱이 높지 않아 아이언으로 결정한다.

"캐디 언니, 4번 아이언 주세요."

"굿 샷입니다. 잘 나왔어요."

160미터 정도는 간 것 같다. 그린 앞으로는 해저드가 있고 그린 양 옆으로 벙커가 도사리고 있어서 매우 위협적이다. 140미터 남겨 놓았으니 가장 많이 치는 7번 아이언으로 공략하면 되겠다.

"7번 아이언 주세요."

그런데 생각처럼 공이 가지 않는다. 앞에 해저드를 너무 의식했는지 힘만 쓰고 공은 왼쪽으로 간다. 벙커로 들어간다.

파하기도 어렵다.

"샌드 웨지 주세요."

일단 벙커 탈출하면서 온 그린 시키고 투 퍼트로 마무리한다.

이번 홀에서 4번 아이언, 7번 아이언 그리고 샌드 웨지까지 써 보았다.

P 사장님은 드라이버가 조금 짧게 나왔지만 드라이버 치고 잘 맞는 5번 우드로 공략해서 150미터 정도를 남겨 놓는다. 7번 우드로 공략했는데 온 그린 된다. 투 퍼트로 파를 기록하며 마친다. 다양한 클럽을 사용해서 그런지 스코어는 나쁘지 않다. 내가 40타 P 사장님이 41타를 기록한다.

"이 전무님, 여기 코스 좋네요. 코스 소개에서 말하는 것처럼 진짜 14개 클럽을 모두 사용하게 홀이 구성되어 있네요."

"적재적소에 맞는 채를 쓰는 것이 좋은 스코어를 낼 수 있는 방법인 것 같습니다."

"골프에서도 필요에 따라 클럽을 잘 선택해야 하는 것처럼, 회사에서도 필요한 자리에 적합한 사람을 쓰게 되면 좋은 결과를 만들어 낼 수 있는 것과 같은 맥락입니다."

"그렇지 않고 또 사람을 잘 못 쓰게 되면 회사가 아주 어려운 상태에 빠질 수도 있지요."

P 사장님은 같은 영업 팀에서 근무하는 신 이사에 대한 추억을 얘기한다.

"이 전무님도 아시다시피, 10년 전에 신 이사가 기술 지원 담당으로 차장이었을 때 글로벌 영업 팀의 외국인 매니저가 신 이사가 너무 일을 못 한다고 해고하자고 했던 것을 기억할 겁니다."

"기억납니다."

"다행히 제가 신 이사를 제 밑으로 데려와서 책임지고 키우겠다고 말해서 지금까지 오게 되었는데, 지금은 혼자서도 모든 일을 잘 해나가는 글로벌 주요 고객 관리 담당자로 성장하지 않았습니까? 어떤 상사를 만나느냐에 따라, 그리고 어떤 일을 맡기느냐에 따라 자기의 능력을 충분히 발휘할 수도 있고 그렇지 않을 수도 있다고 생각합니다."

"그래서 골프채도 14개가 필요한가 봅니다. 적재적소에 필요한 채를 뽑아 쓰도록 만든 것이지요."

P 사장님 같은 매니저를 만난 신 이사는 행운이다. 사람에게는 무한한 잠재력이 있다고 믿는 P 사장님은 부하 직원들이 자신의 숨은 능력을 충분히 발휘할 수 있도록 시간과 자원을 지원한다. 그리고 특별히 영업 사원들에게는 골프를 배우라고 하며 골프에 대한 예산도 충분히 세우도록 조언한다.

함께 일하는 직원이 성장하고 필요한 자리에서 자기의 역량을 충분히 발휘하는 것을 보는 것보다 뿌듯한 일은 없다.

외국계 인사담당자 모임에서 Y 사의 김 이사가 인재 개발에 대한 사례를 소개해 준다.

"우리 회사 한 팀장은 총무 부서로 입사하여 영업팀장이 된 사람입니다. 한 팀장은 총무 팀 직원으로서 맡은 일을 정말 성실하게 처리하고, 모든 사람들과 친하게 지내서 사내에서 모르는 사람이 없습니다. 경조사마다 찾아다니며 위로와 축하를 해주니 좋아하지 않을 수 없지요. 누구와도 어울릴 수 있고 유머 감각도 뛰어나고, 그리고 술도 잘 마시는 이런 사람이 영업도 잘 하지 않을까요? 그래서 영업팀에 자리가 생겨 추천했습니다."

김 이사는 한 팀장이 충분히 영업을 잘 할 수 있다고 믿었고, 한 팀장은 이번 기회에 새로운 경력을 가져 보겠다고 생각했다. 영업이 사람과의 관계를 바탕으로 결과를 만들어 낸다고 믿고 있는 영업팀 본부장은 한 팀장을 영업팀으로 흔쾌히 받아들이게 되었다.

영업에 대한 경험도 없고 의약품에 대한 경험도 없었지만 추천에 대한 믿음을 실적으로 보답해 주었다. 5년이 지난 지금 사업부 내 특수약품 영업팀장으로 승진하여 계속 좋은 실적을 올리고 있다는 것이다.

"한 팀장은 정말 영업을 위해 타고난 것 같습니다."

김 이사는 자신의 판단에 틀림이 없음을 확인할 수 있는 좋은 기회를 가졌고, 모든 사람이 완벽하지는 않지만 그 사람의 잠재력을 믿고 일을 맡기면 그 사람은 그 일을 성공적으로 수행해 낸다는 것을 배울 수 있는 좋은 시도였다.

"한 팀장은 영업팀에 꼭 필요한 사람이야!"

P 사장님은 사람을 잘 못 써서 생기는 일도 여러 차례 경험해 왔다고 말씀하신다. 최근에 구매담당자의 뇌물 수수 사건은 회사의 이미지를 추락시키는 최악의 사건으로 기억하고 있다. 필요한 자리에 사람을 잘못 써서 생기는 피해를 실감한 사례이다.

"채를 잘못 선택하면 벙커 탈출을 못할 수도 있고, 거리가 짧아서 해저드에 빠질 수도 있습니다. 파 5에서 우드만 고집하다 보면 아이언 보다 거리를 못 내서 파 5에서 포 온 할 수도 있습니다. 적재적소에서 필요한 채를 사용해야 합니다."

어떤 업무는 고 학력이나 좋은 학벌의 신입사원들을 뽑아도 오래 머물게 하기 어렵다는 것을 경험하였다. 국내 영업지원과 수출입을 담당시키기 위하여 해당 부서장이 서울대, 연대, 고대, 이대, 서강대를 타깃으로 신입사원을 뽑기로 하고 채용 진행을 하였다. 신입사원들이 들어오면 국내영업과, 수입 그리고 수출 업무 등으로 로테이션 프로그램을 잘 운영하여, 신입사원들이 계속 배우고 성장할 수 있도록 만들어 오래 다닐 수 있도록 만들겠다는 생각이었다.

"이 전무님, 채용 진행 잘 되고 있습니까?"

다행히 목표로 하는 학교들에서 채용을 성공적으로 하여 3명의 신입사원을 뽑을 수 있었다.

그런데 오래가지 못했다. 3개월 만에 새로 뽑은 신입사원들 모두가 퇴사하고 말았다. 여기보다 더 낫다고 생각하는 직장을 찾아간 것이다.

"적재적소에 맞는 사람을 뽑아야지!"

좋은 인재를 원하는 것은 누구나 마찬가지다. 인재는 상사와 회사가 어떤 눈으로 보아 주는가에 따라 성장이 달라진다. 계속 성장할 것이라 믿으며 자원과 시간을 허용해 주면 그 인재는 계속 성장하여 든든한 대들보가 될 나무로 성장할 것이지만, 의심의 눈초리와 불신의 눈으로 보면 재목으로 쓰기에는 부족한 나무로 성장을 멈추고 베어져 버리고 말 것이다.

내가 바라보는 사람이 완벽하지는 않지만 필요한 경우에는 위험도 감수하여야 한다. 그 위험에 대한 감수는 신뢰로 돌아올 것이다. 내가 믿음을 준 만큼 상대방도 믿음을 충족시키기 위하여 노력하고 그 성취를 함께 나누게 될 것이다.

'나는 14개의 채를 골고루 쓸 마음가짐을 가지고 있는가?'

'나는 14개의 채를 골고루 쓸 능력이 있는가?'

마음가짐도 필요하고 능력도 필요하다.

코스 정말 어렵네!

투어 골프 선수들의 능력은 정말로 대단하다는 것을 느낀다. 10월에 있을 KB 스타 챔피언십을 준비 중인 이천 블랙스톤 CC에서는 세미 러프를 15센티미터 정도로 기르고 있고, 15센티미터 세미 러프를 벗어난 러프는 그보다 더 길게 자연 상태의 러프로 만들어 놓고 있다.

"지난해에 우승자가 김해림 선수이었는데 마지막 날 7오버파 쳤어요. 결국 종합 성적 4언더파로 승리했지만 이런 러프에서 바람까지 부니까 프로 선수들도 힘들어하더라고요."

캐디가 첫 홀을 마치면서 동반자들에게 왜 이렇게 골프장이 러프를 길게 만들어 놓았는지 설명해 준다. 첫 홀부터 어려움을 겪은 두 여성 동반자들은 모두 한마디씩 한다.

"아니 지난달에 블랙스톤 왔을 때는 이렇게 러프가 길지 않았는데 오늘은 러프가 너무 길어요."

"채가 빠지지를 않아요! 팔 다칠 것 같아요."

이스트 코스 1번 홀이 파 5인데 나도 드라이버 샷을 페어웨이로 보내지 못하고 오른쪽 벙커 앞 러프로 보내 버렸다. 경사도 있고 러프는 길고 샷 하기 참 어렵다. 잘 맞는 4번 아이언을 달라고 해서 쳐 보지만 자신이 없다. 제대로 맞히지도 못하고 공의 머리만 때려서 간신히 30미터 정도 굴러 간다. 다행이 러프를 벗어났다는 것으로 위안을 삼는다.

"아! 뭐 이렇게 러프가 길고 풀이 질긴 거야!"

블랙스톤 만 오면 타수가 좋지 않은데 오늘은 첫 홀부터 헤맨다. 보상 심리가 작용했는지 세 번째 친 샷에 힘이 들어가고 공은 왼쪽 벙커로 들어간다.

"오늘 골프 참 어렵게 하네. 공을 어떻게 쳐야 하는 거야?"

갑자기 공치는 것이 무서워진다. 공을 맞히는데 급급하다. 그렇게 잘 안 맞던 공이 이번에는 너무 잘 맞았다. 벙커에서 7번 아이언으로 친 네 번째 샷이 그린을 넘어가 다시 그린 뒤 쪽 벙커로 들어간다.

"아 미치겠네."

벙커 샷을 잘 붙여서 보기로 막자는 마음에 가볍게 퍼 올린 벙커 샷이 벙커 탈출을 못하고 다시 원위치로 돌아온다.

"첫 홀부터 망했다."

여섯 번째 샷으로 올리고 투 퍼트로 막으니 트리플 보기를 기록한다. 오늘 따라 페어웨이를 지키면서도 장타를 휘두르고 있는 김 프로는 파를 기록하면서 캐디에게 말한다.

"캐디 언니, 첫 홀이니까 일파 만파로 써 줘요."

스코어카드에는 파를 기록하지만 실제 트리플 보기를 기록한 나는 마음이 편치 않다.

"아니 김 프로, 러프에서 어떻게 쳐야 하는 거야?"

"대회 준비 중이라 러프가 길게 관리되고 있는 것 같습니다. 일단은 페어웨이를 벗어나지 않도록 조심하시고요, 러프에 들어가면 왼손을 단단하게 잡고 채를 약간 열고 치는 것이 도움이 될 겁니다."

"어려운 라이에서는 일단 페어웨이로 레이 업하는 것이 좋습니다."

"말처럼 쉬우면 모두 프로 선수하지."

클럽을 꽉 잡고 친다고 치는데도 공을 제대로 띄우지 못하고 굴러 가거나 클럽이 잔디를 이겨내지 못하고 공이 오른쪽으로 밀리기도 한다.

"이번 홀은 파 3지만 170미터는 보고 치셔야 합니다. 앞바람도 조금 있네요."

도전할 만한 7번 홀, 파 3홀이다. 4번 아이언으로 잘 맞으면 170미터 갈 것이라 생각하고 힘껏 쳐 보지만 공은 생각한 대로 가지 않고 오른쪽으로 밀리고 깊은 러프로 들어간다. 설상가상으로 앞에 나무가 있어서 그린을 공략하기도 힘들다.

"캐디 언니, 어프로치 주세요."

"이 사장님, 일단 레이업을 하셔야 합니다."

풀이 길긴 하지만 다행히 그린 앞 러프까지 볼을 보낼 수 있다. 김 프로가 친 공은 너무 길어서 그린 뒤 벙커로 들어가지만 벙커 샷을 홀 옆에 붙인다. 오늘 벙커 샷이 예술이다.

"또 러프야? 아니 프로들은 이런 곳에서 어떻게 시합을 하지?"

"이 전무님, 이렇게 러프가 길고 거리도 길고 바람도 부는 환경이 되어야 실력이 구분될 수 있는 것 아닙니까? 진짜 실력은 어려울 때 그리고 장애물이 많을 때 나타나지요."

골프장의 환경이 변하게 되니 골퍼들의 실력이 금방 파악된다. 이렇게 러프가 길어지면 드라이버를 일관성 있게 페어웨이로 보내지 못하는 골퍼는 타수가 평균 10타까지 올라갈 수 있다고 캐디가 말한다.

반대로 일정하게 드라이버를 치고 아이언을 잘 치는 고수들은 환경 변화에 크게 좌우 되지 않는다. 어려운 라이나 러프에 빠져도 홀 근처까지 보내고 자신 있는 숏 게임으로 홀에 붙이거나 퍼팅으로 해결한다. 고수는 쉬운 골프장 보다 자신의 능력을 검증할 수 있고 도전해서 그 어려움을 극복할 수 있는 골프 코스를 더 좋아한다.

"이 전무님, 역시 블랙스톤이 저한테는 잘 맞는 것 같습니다."

오늘 김 프로의 샷이 나쁘지 않다. 가끔 러프에 들어가기는 하지만 워낙 힘이 좋다 보니까 아이언 샷이 전부 그린 주변에 떨어지거나 온 그린 된다.

"김 프로도 어려운 코스를 즐기는 걸 보니 고수 맞네."

자연환경처럼 비즈니스 환경도 계속 변한다. 물건만 만들어 놓으면 팔리던 시대가 있었다. 고객들이 현금 다발을 싸 가지고 와서 원료를 사 가고 사무실에서 전화만으로 영업해도 물건이 없어서 못 팔던 때가 있었다. 아직 다른 업체에서 이와 같은 원료를 개발하지 못해서 아주 쉽게 영업하던 시대였다.

바람 한 점 없는 아주 평이한 골프장에서 어디로 공을 쳐도 나가지 않고 러프도 아주 짧아서 세컨 샷을 하는데 아무런 어려움이 없는 그런 상태와 같다. 물론 좋은 스코어를 기록했다.

그런데 갑자기 시합을 하기 위하여 블랙스톤 같은 골프장에 와 보니 상황이 완전히 다르다. 이전에는 경험해 보지 못한 긴 러프가 발목을 잡는다. 공이 러프에 들어가기만 하면 타수를 잃기 쉽다. 러프에 들어가는데 바람까지 불면 거리를 맞출 수가 없어서 좋은 타수를 기록할 수가 없다.

긴 러프가 비즈니스 환경에 나타난다. 이전에는 경험하지 못한 경쟁업체가 등장하여 유사한 제품으로 우리 시장을 공략한다. 아니 더 싼 가격으로 고객들을 유혹한다.

"이봐요 김 부장, 고객 방문 언제 했어요?"

김 부장은 고객 방문에 익숙하지 않다. 지금까지 영업을 전화로만 해도 잘 되었는데 갑자기 고객을 방문하고 갑의 입장에서 을의 입장으로 돌아서려니 몸과 마음이 따라 주지 않는다. 접대도 제대로 하지 않다 보니 고객 접점도 없다. 막상 고객을 만나도 가치 있는 정보를 가져오지 못한다. 영업 실적은 자꾸만 떨어지니 자리 지키기도 어렵다.

러프와 바람에 익숙하지 않은 선수가 좋은 스코어를 기록하지 못하는 것은 당연하다. 좋은 스코어와 우승을 위해서는 러프에서도 좋은 샷을 할 수 있는 기술과 바람을 감안한 거리감과 실력이 필요하다. 아니면 애초에 러프에 들어가지 않도록 드라이버 샷을 하거나 보다 똑바로 보낼 수 있는 우드 샷이 필요하다.

"이 전무님, 우리 팀에 헌터가 필요합니다. 농사짓는 실력으로는 새로운 영업환경을 극복할 수가 없습니다."

P 사장님이 계속 얘기를 잇는다.

"러프도 경험해보고, 바람 속에서도 샷을 해본 사람이 필요합니다. 가만히 있어도 영업이 되던 때는 지나갔습니다. 새로운 고객을 찾아내야 되고 경쟁사의 공격도 막으려면 몸싸움이 가능한 헌터가 필요합니다."

"사장님, 그러면 새로 영입하는 헌터는 무엇을 잘 해야 합니까?"

"고객 접점이 있어야 합니다. 언제나 고객을 방문해서 우리 제품이나 서비스를 소개할 수 있는 고객 접점이 필요합니다. 그리고 제품이나 서비스에 대한 지식이 충분하고 고객이 무엇을 필요로 하는지를 잘 파악할 수 있어야 합니다. 그렇게 하려면 결국 잘 들어야 합니다. 고객이 더 많은 말을 하도록 만들 수 있어야 필요한 정보를 얻을 수 있습니다. 지난번에 일본 고객 사를 방문했는데 거기에 '고객은 신이다'라고 쓴 슬로건을 볼 수 있었습니다. 고객을 신으로 생각할 정도로 고객의 의견이나 제안을 중요시하는 일본 기업의 듣는 자세를 볼 수 있었습니다. 이러한 고객으로부터 듣기가 일본 기업들이 세계 속의 일류 기업으로 성장하는 배경이 되었다고 생각합니다."

P 사장님은 어려운 경쟁 환경을 극복한 사례를 들어준다.

"고객이 우리 제품을 쓸 수밖에 없는 가치를 제공할 수 있어야 합니다. 가격만 가지고는 경쟁자를 이길 수 없습니다. 가격 경쟁은 하수들의 게임입니다. 한 고객사에게 원료 저장고를 만들어 줌으로써 포장비용을 절감하고 업무 프로세스를 간소화할 수 있도록 하여, 우리 제품의 장기 공급 계약이 가능하도록 만든 사례가 특별히 생각납니다."

"헌터는 길목을 잘 지킵니다. 결과가 나올 때까지 인내심을 가지고 고객이 필요한 것을 꼭 찾아냅니다. 고객을 만나고 계속적인 관계를 유지해서 원하는 영업결과를 만들어 내는 사람이 우리가 찾는 헌터입니다. 헌터는 사냥물로 평가를 받습니다."

신규 인력을 채용하고자 하는 경우에 우리는 이처럼 어려운 일을 해결한 경험이 있는 사람을 선호한다. 누구나 할 수 있는 일을 한 사람보다는 나만이 그 일을 할 수 있는 사람이 필요한 때다.

"나는 어려운 상황을 극복하는 데에서 희열을 느끼는 사람인가?"

함께 일하는 최 부장이 요즘 노조와의 임금 및 단체협상 때문에 아주 힘들어 한다. 처음 겪어 보는 협상 테이블이니 쉽지 않을 것이다. 제대로 말도 건네지 못하고 공격 대상이 되기도 하니 자리가 아주 불편함에 틀림이 없다. 충분히 이해가 된다. 인사담당 고수가 그냥 탄생되는 것이 아니다. 고수는 어려움을 겪어 본 사람이다. 겪어 보았으니 어렵다고 말할 수 있는 것이다.

"최 부장, 이번 협상은 돈 주고도 살 수 없는 중요한 경험이다. 이제 진짜 인사담당자의 길에 들어선 것을 축하해!"

전설의 골프 선수 벤 호건은 '하루를 연습하지 않으면 나 스스로 안다. 이틀을 연습하지 않으면 갤러리가 안다. 사흘을 하지 않으면 세상이 안다.' 라고 말한다.

그냥 이루어지는 일은 없다. 러프에서 공을 제대로 쳐 내려면 얼마나 열심히 연습해야 하겠는가? 제대로 칠 수 있을지 아닌지는 내가 제일 잘 안다.

'나는 러프를 즐기는 진정한 고수인가?'

나는 아직 러프가 두렵다. 그렇지만 포기하지는 않는다.

절대로 포기하지 않는다.

"러프 조금만 기다려라, 너는 내가 정복한다."

05

동반자에게 배우는 인생 코칭

동반자에게
배우는
인생 코칭

나만 보기네!

대영 힐스 클럽하우스에 걸려 있는 날씨 안내판에 오늘의 최고 온도는 37도라고 표시되어 있다. 올여름은 예전보다 더운 폭염이 계속되고 있지만 지난달에 예정된 모임이기에 변함없이 모임을 진행한다.

임원들이 휴가를 내고 오랜만에 함께하는 자리라 그런지, 기대를 가지고 아침 일찍 시간에 맞춰 모이고 있다. 입사한지 얼마안된 유 전무는 우리 회사 유일한 여성 임원으로 오늘 같은 조로 편성되어 함께 라운딩을 하게 되었다. 선글라스를 모자에 꽂고 식당으로 들어오는데 포스가 예사롭지 않다.

청코스 1번 홀부터 시작했는데 시간이 금방 간다. 벌써 8번째 홀이다.

"이 홀은 왼쪽 암벽을 보고 그냥 치시면 됩니다. 그렇게 길지 않은 홀이기 때문에 쉽게 온 그린 시킬 수 있는 홀입니다."

너무 힘껏 칠 필요 없다는 캐디의 설명이 생각을 잡고 있는지 제대로 스윙이 되지 않아 볼이 조금 왼쪽으로 향한다. 왼쪽 바위까지 가지 못하고 안전하게 페어웨이에 안착한다. 두 번째 P 사장님이 페어웨이 한가운데로, 세 번째 정 전무는 오른쪽 해저드로 보낸다.

"유 전무님 파이팅"

레이디 티로 이동하여 친 공이 내가 친 공 오른쪽에 떨어진다. 홀까지 약 120미터 정도 남는다.

해저드에 공을 빠뜨린 정 전무는 해저드 티에서 샷을 한다.

"나이스 샷!"

거의 핀 방향으로 날아간다. 그린에 떨어진 볼이 오른쪽으로 약 3 미터 정도 흘러내린다.

내 공은 온 그린이 되었지만 제주도 온이다. 공을 당겨 쳐서 왼쪽 그린 끝으로 올라가 있는데 투 퍼트로 막기가 만만치 않아 보인다. P 사장님은 홀 컵 약 10미터 위쪽으로 보내 버려서 내리막과 왼쪽으로 흘러가는 것을 감안한 퍼팅을 해야 한다. 마지막으로 친 유 전무의 공은 짧아서 그린 앞에서 어프로치를 기다린다.

"나만 온 그린 못 시켰네."

유 전무가 어프로치를 하는데 거의 홀에 들어갈 뻔하다가 홀 컵을 지나 오른쪽으로 흐른다. 홀에서 2미터 정도에 멈춘다.

내가 한 롱 퍼팅은 홀 컵을 지나 정 전무 옆으로 흘러간다.

"아, 왜 이렇게 퍼팅이 안 되는 거야? 퍼팅 입스 때문에 미치겠네"

P 사장님도 버디 찬스를 살리지 못하고 2.5미터 정도 흘러가 멈춘다. 공 네 개가 거의 같은 방향에 가깝게 모여 있다. 그 와중에 내가 제일 멀다. 3.5 미터 정도 오르막 퍼팅이다. 공이 모두 흘러 내려왔으니 이제는 오르막 퍼팅이다. 생각보다 오르막이 강하다 "

"제발 하나 넣자."

마음을 비우고 오르막을 감안하고 조금 세게 친 내 공이 홀 컵으로 빨려 들어간다. 오랜만에 원 퍼트로 마무리했다. 퍼팅을 참 잘하는 정 전무도 오르막 퍼팅을 성공시키다.

" 나이스 파!"

해저드에 들어갔는데도 파로 막는다. 참 퍼팅 잘한다. 부럽다.

P 사장님도 파, 드디어 유 전무의 파 퍼팅이다. 긴장하는지 쉽게 퍼팅을 하지 못한다. 조금 짧다. 오르막에서 공이 서버려서 보기다.

"아, 나만 보기네!"

여러 의미가 담겨 있는 말이다. 승부에서 나만 밀렸다는 의미가 물씬 풍겨난다. 유 전무는 우리나라에서 몇 안 되는 여성 연구소장이다. 현재 이 자리에 오기까지 수많은 남성들과 그리고 같은 여성들과도 경쟁을 통해 이기고 올라왔음을 익히 알고 있기에, 골프에서도 충분히 승부욕을 보이는 것이 당연하다고 보인다.

골프라는 스포츠는 스코어를 줄이기 위해 경쟁한다. 1타 차이로 1등과 2

등이 가려지는 것이 골프이고, 투어 프로의 세계에서는 1타 차이로 상금 액수가 크게 달라질 수 있기 때문에 승부에 집중할 수밖에 없다. 승부욕이 강한 사람들이 골프도 잘 치는 것을 종종 보고 듣는다. 승부욕이 강한 사람들은 내기에 정말 강하다. 그냥 친선 플레이하다가도 돈이 걸린 게임이 되면 샷에 대한 집중력이 달라진다. 승부욕이 강한 사람들은 열정이 있다. 자신의 열정을 자신이 좋아하는 것에 쏟아붓고, 거기에서 성취를 이루고 성취의 기쁨을 누린다.

승부욕이 있는 사람은 쉽게 포기하지 않는다. 유 전무도 박사학위를 취득하고, 전공을 살려 회사에서 최선을 다하고 인정받기까지 포기하지 않고 노력하여 왔기에 여기까지 왔을 것이다.

이제 골프를 시작한 지 얼마 안 된 사위와 라운딩을 갔다. 장인인 나에게 보여 주기 위하여 매일 연습장에 간다고 한다. 손가락에 흰 테이프를 감고 왔기에 옛날 생각이 나서 물어보았다.

"아니 날도 더운데 무슨 연습을 그렇게 해? 손가락에 물집 잡힐 정도로……"

"너무 못 치면 미안하잖아요, 아버님하고 오랜만에 나가는 라운딩인데요."그리고 제가 100개 못 깨면 밥 사야 되잖아요."

"야, 밥이 얼마나 한다고?"

그래 아마 이런 것들이 열정이라고 또 승부욕일 것이라는 생각이 밀려온다. 100개가 넘지 않으려고 애쓰는 사위를 보면서 밥을 사 주었다.

손가락에 물집이 잡혀도 포기하지 않고 승부욕을 보여준 사위가 의료용품 영업하면서 느낀 점을 얘기한다.

"수술포는 대부분 대기업에서 시장을 장악하고 있어서 소규모 의료용품 회사는 병원에 물품 대기가 쉽지 않습니다. 특히 병원이라는 곳이 상당히 보수적이라 수술 방에서 근무하는 간호사들은 손에 익숙한 수술포만 고집합니다. 각 브랜드별로 다른 형태로 접혀 있어 다른 브랜드의 수술 포를 사용하려 하지 않습니다. 수술 없는 시간에 맞춰 여러 번 찾아가서 간호사들도 만나고 그러다 간식도 사다 주면서 우리 제품의 사용 방법이 크게 다르지 않다고 이해를 도왔습니다. 당연히 비용적인 부분도 경쟁력 있게 만들었고요. 지난달에 새로운 병원 한곳을 뚫었습니다."

"잘 했다."

사위의 열정이 결과로 나타남 것을 보니 반갑다. 기왕의 거래선을 가지고 있는 기업들은 특별한 문제가 없는 한 기존 거래선과의 관계를 계속 가져 간다.

요즈음은 화학 원료를 사용하는 기업들도 비상시에 대처하기 위하여 원료 공급 선을 다변화하고 있다. 이 다변화 전략에 제품의 우수성과 가격의 경쟁력으로 승부를 걸어 새로운 고객에게 제품을 납품한 경우 경우를 볼 수 있다.

승부욕이 있어야 이러한 변화를 만들어 낼 수 있다.

영화 '명량'을 보면 이순신 장군의 승부수가 돋보인다. 이순신 장군은 진정한 승부사다. 명량 해전에서 13척의 배로 133척의 왜군을 물리친 이순신 장군은 울돌목에서 승부를 걸었다. 승부에 목숨을 걸었다. 그렇기에 명량 해전이 빛나는 것이 아니겠는가?

승부에 목숨을 걸어본 적이 있는가?

골프가 정말 좋다면 승부를 걸어 보아야 한다.

"나만 보기네!" 가

"나만 버디네!" 로

바뀌어야 한다. '나만 보기네!' 는 다른 동반자들 보다 무엇인가가 부족하다는 뜻이다. 드라이버 거리가 짧던지, 아이언의 정확도가 떨어지던가 아니면 어프로치가 잘 안되던지 그리고 퍼팅의 거리감과 방향성이 부족하던지 그 어느 하나가 또는 여러 능력이 부족하다는 뜻이다.

결국 스코어가 다른 사람보다 높다는 것이고 이 스코어는 승부욕 만으로는 이길 수 없다. 승부욕을 현실화 시켜 이기기 위해서는 자신의 부족한 능력을 강화시켜야 한다.

시간이 없어서 골프 연습을 못한다는 말을 하는 사람들을 향하여 가까이 지내는 지인이 자기가 겪은 일을 전해 준다.

"영업하면서 알고 지내는 L 회사의 김 부사장님이 골프를 배우던 초기에 100타를 깨기 위하여, 3개월 동안 매일 새벽에 남서울 CC 파 3골프장 가서 라운딩을 하고 출근했다고 합니다."

"그래서 스코어는 좋아졌대요?"

"3개월 후에는 90타를 깼고 그 이후에는 더 타수를 줄이기 위해 매일 연습장에서 어프로치 연습을 하고, 라운딩 다녀오면 다시 프로 코치에게 그날 잘 안된 샷에 대해 원 포인트 레슨을 받았다고 합니다."

"지금은 확실한 싱글 플레이어가 되었지요."

승부욕을 불러일으키기 위한 방법은 어렸을 때부터 경험하였다. 초등학교 때는 '참 잘했어요' 도장을 보았고, 고등학교 때는 교실 복도에 1등부터 등수대로 전 학생들 이름과 등수를 적어서 걸어놓았다. 회사에 들어오니 실적에 대한 그래프가 벽에 걸리거나 팀 별 생산량이나 불량률이 매월 벽에 게시되거나 그룹 차원에서 영업실적이 회사별로 비교된다. 연말에는 개인별로 실적에 따른 인센티브나 급여가 차등 지급되고 승진자들이 발표되기도 한다.

모든 직원들을 서로 경쟁하게 만드는 것도 회사 전체의 실적을 올리는데 도움이 되겠지만 서로 협력하고 개인의 성취 보다 회사의 목표가 우선되는 조직을 만들어 나가는 데에도 소홀하지 말아야 한다.

함께 갈 때 멀리 갈 수 있다고 한다. 서로를 보면서 힘을 얻고 다른 사람에게 배우며 서로가 경쟁하되 각자 목표하는 것을 다 이루며 서로 축하해주는 인생이면 좋겠다.

"나도 파네!"가 좋겠다.

계속 파 행진을 계속해서 지루해지면 버디를 노려볼 수 있다. 오랫동안 같은 일을 하다가 혹시라도 일이 재미 없어지는 경우가 있으면, 일에 있어서 열정을 유지하기가 어려울 수 있고 승부욕이 떨어질 수 있다.

이럴 경우에는 지난 6개월에서 12개월 사이에 행한 일들 가운데 자부심을 가질 만한 일이 무엇인가를 검토해 본다. 그 일들이 만족스러웠는지 그리고 어떤 느낌을 가졌는지를 생각해 본다. 필요하다면 상사와 그 일들을 더 흥미 있고 가치 있게 만들 수 있도록 업무 역할을 변경할 수 있는지 협의한다. 나에게는 지루하지만 다른 사람에게는 새로운 일일 수 있는 업무를 이관하는 것도 고려해 본다.

열정을 가지고 있으면 업무도 새롭게 시작할 수 있다. 오늘은 원하는 스코어를 기록하지 못하지만 내일은 더 좋은 스코어를 만들어 낼 수 있다.

"나만 보기네!"

"나만 버디네!"

"나도 파네!"

나는 어디에 속하는가? 당신은 어디에 속하는가?

보기도 좋고, 버디도 좋고, 파도 좋다.

그냥 동반자들과 함께하는 골프가 좋다. 승부욕으로 하루를 보내는 사람들이 있어서 항상 긴장되어 좋다.

자기는 처음부터 잘했나?

다른 사람을 가르친다는 것은 참 어려운 일이다. 특히 골프와 자동차 운전을 가르치는 것은 아주 어렵다. 거기에다가 남편이 아내를 가르치는 것은 더 어렵다.

골프채 잡고 3일 만 지나면 다른 사람을 가르치려고 한다고 말들을 한다. 자기가 배운 것을 남에게 자랑하고픈 것이 사람의 심리인가 보다.

부부로 조인하여 라운딩을 하다 보면 여러 부부 팀을 만난다.

김 사장 부부와는 캐슬 파인 골프장에서 조인으로 만났다. 50대 후반의 인상 좋고 풍채가 좋은 사업가인데 건설업을 하고, 아내 되시는 분은 조금 젊어 보이는데 차분한 모습니다. 김 사장 부인은 본래 운동을 좋아하지 않아서 골프를 배우지 않았는데 요즘 들어 친구들이 모두 골프를 배워서 늦게 골프를 시작하게 되었다고 한다.

"안녕하세요, 반갑습니다. 잘 부탁드립니다."

"저희가 잘 부탁합니다. 제 아내가 초보라 이해 부탁드리겠습니다. 오늘이 세 번째 라운딩이라 많이 부족합니다."

레이크 코스 세 번째 홀이다. 두 홀을 마치기까지 김 사장은 부인에게 계속 코칭을 하며 따라온다.

오늘따라 아내의 스윙이 부드럽게 잘 돌아간다. 드라이버 스윙이 좋아 보인다. 아내가 샷 하는 것을 바라보던 김 사장이 자기 부인에게 작은 소리로 얘기한다.

"저분 스윙 좀 봐봐, 저렇게 스윙하는 거야."

"힘 빼고 그대로 스윙 해 봐."

골프라는 것이 누가 옆에서 얘기한다고 그렇게 칠 수 있는 것이 아니다. 옆에서 얘기하면 더 안 되는 것이 골프인지도 모르겠다. 김 사장 부인이 드라이버로 티 샷을 하는데, 영 어설프다. 공이 뜨지 않고 굴러서 한 70미터 간다. 아직도 190미터 이상 남았다.

"힘 빼고 한 번에 스윙 해야지 그렇게 머뭇거리면 어떻게 해."

김 사장 부인은 아무 소리 없이 드라이버를 캐디에게 전해주고 앞 쪽에 떨어진 볼로 걸어간다.

"사모님 몇 번 드릴까요?"

"저 사람 아직 우드 못 치니까, 그냥 7번 아이언 주세요."

"네!"

캐디가 김 사장이 시키는 대로 7번 아이언을 김 사장 부인에게 전해주고 김 사장 부인은 다시 세컨 샷을 한다. 7번 아이언을 많이 연습해서인지 그런대로 볼이 나간다.

"아직 100미터 정도 남았습니다. 7번 아이언 한 번 더 치셔도 되겠습니다."

김 사장 부인은 다시 7번 아이언을 치는데 오른쪽으로 쌩크를 낸다. 오른쪽으로 OB는 아니지만 약간 긴 러프로 들어가 버린다. 그나마 다행이다.

아내는 드라이버로 170미터 정도를 보내 놓으니 90미터 정도 남았다. 9번으로 공략한다.

"굿 샷, 나이스 온!"

좋은 샷을 계속 보여 주는 아내에게 격려의 말을 전한다.

김 사장은 자기 부인에게 그립을 꽉 잡고 러프에서 볼을 치라고 한다. 김 사장 부인은 샌드 웨지를 달라고 하더니 스윙을 하는데 볼이 10미터도 채 나가지 않는다.

"채를 꽉 잡고 치라니까!"

"꽉 잡고 쳤어요."

김 사장 아내가 한마디 하는데 말이 조금 서 있다.

아내는 파, 김 사장 부인은 트리플 보기로 홀을 마친다. 김 사장이 우리 집 사람을 보면서

"공 참 잘 치시네요. 자세도 좋으시고 꼭 프로 같습니다."

"아이 뭘요. 잘 못 쳐요. 아직 배우는 중이에요."

겸손한 말이라는 것을 알지만 김 사장 부인의 눈빛이 좋지 않다. 전반을 마치고 후반 마지막 홀까지 김 사장은 자기 부인에 대한 코칭을 계속하고 우리 집 사람에 대한 칭찬을 계속한다.

마지막 홀은 230미터로 그렇게 길지 않지만 오르막이 계속되고 오른쪽으로 경사가 이어지고 있는 홀이다.

아내는 마지막 홀까지 드라이버 샷의 일관성을 유지하고 있다. 오르막이라 거리는 많이 나지 않아서 140미터 정도 페어웨이로 간다.

"굿 샷!"

김 사장 부인이 숨을 가다듬고 샷을 한다. 마지막 홀이라 생각하는지 힘껏 휘두른다. 그런데 힘을 써서 그런지 거리가 덜 나고 공은 오른쪽 언덕으로 슬라이스 난다. 언덕에서 150미터 정도 남는데 라이가 좋지 않다. 초보가 치기에 굉장히 어려운 위치다.

"오른쪽 많이 보고 쳐야 돼. 공이 왼쪽으로 감기니까."

김 사장이 말을 해도 김 사장 부인은 듣는 둥 마는 둥 7번 아이언으로 연습 스윙을 하는데 방향을 왼쪽으로 보고 있다.

"여보세요 부인! 오른쪽을 많이 봐야 한다니까."

김 사장 부인이 볼을 치려다 말고 다시 몸을 오른쪽으로 돌려 스윙을 한다.

"퍽"

공을 제대로 맞추지 못해서 뒤땅을 찍고, 공은 바로 앞으로 굴러서 경사에 멈춘다.

"채를 짧게 잡고 쳐야지. 그리고 공을 제대로 맞춰야지."

김 사장 부인이 흘깃 쳐다보더니 다시 방향을 잡고 세 번째 스윙을 하는데 공이 오른쪽 산으로 휘어져 날아간다.

"아니 공을 어디로 치는 거야?"

"오른쪽 보고 치라면서요?"

김 사장 부인의 말속에 색깔이 들어 있다.

"사모님 OB네요. 내려놓고 하나 더 치세요."

마지막 홀에서도 양파를 기록한 김 사장 부인의 얼굴에는 좌절과 억울함이 묻어있고, 김 사장에 대한 불만이 넘쳐 나오고 있었다.

"자기는 처음부터 잘했나? 내가 그렇게 잘하면 왜 자기하고 같이 공을 치러 오겠어, 내 친구들이랑 오지."

괜히 미안하기도 하면서 라운딩을 마치는데 갑자기 회사에서 배운 피드백 원칙이 생각난다.

피드백은 선물이다. 피드백은 진정으로 상대방을 생각하는 마음을 담아야 한다. 피드백은 간단하고 명료하게 설명하고 당신이 관찰한 행동을 강조하여야 한다. 설명을 하되 평가하지 말고 주목할 만한 최근의 사례를 제시한다.

피드백은 긍정적인 메시지를 포함하여야 한다. 잘못을 시정하는 개발을 위한 피드백뿐 아니라 긍정적인 피드백을 포함한다. 부정적인 메시지 하나를 전달하려면 긍정적인 메시지 세 개를 전달하라고 주문한다.

그리고 피드백은 하나나 두 개의 항목으로 제한하여 유지한다. 질문을 활용하고 주의 깊게 경청한다. 피드백은 선물이기 때문에 피드백을 전할 때는 상대방을 존중하되 미안해하는 태도는 보이지 않는다.

김 사장이 부인에게 라운딩 시 피드백을 주는 것을 되돌이켜 보면 상대방을 존중하는 마음이 결여되어 있지 않았나 하는 생각이 든다. 어렵게 골프를 시작하는 부인의 결정을 존중하고 도와주어야 하는 마음을 가졌어야 할 것이다.

초보가 라운딩을 하는 것을 보면 모든 면에서 부족하다. 한 번에 너무 많은 주문을 하면 모든 것을 수용하지 못하고 좌절할 수 있다. 김 사장이 한두 가지에 집중했으면 더 좋지 않았을까? 아직 미숙한 샷보다는 에이밍이나 헤드 업이나 초보가 따라 할 수 있는 것들에 집중하는 것이 좋은 피드백이라 본다.

초보 부인의 샷을 오랜 경력의 제법 공을 잘 치는 다른 사람과 비교하지 말아야 했다. 김 사장은 부인의 샷에만 집중하고 샷의 개선을 바라는 경우에는 잘하고 있는 것들 3가지 정도를 먼저 언급하고, 개선하고픈 내용 하나를 전달하였으면 더 효과적이었을 것이다.

"오늘은 스윙 템포가 좋고 퍼팅 스트로크가 좋아요, 그리고 이번 샷은 페어웨이 정 중앙으로 잘 갔어요. 헤드 업을 하지 않게 조금만 더 공에 집중하면 좋겠어요."

잘하고 있다는 칭찬은 잘하고 있는 일을 계속 더 잘하게 만든다. 그리고 잘하고 있는 일들이 계속 유지되면 자신감이 생겨서 개선하라고 하는 피드백도 쉽게 수용을 하게 만든다.

피드백은 선물이기 때문에 피드백을 받는 사람의 태도도 중요하다. 선물은 기쁜 마음으로 받아들여야 한다. 마음을 열고, 상대방이 주는 피드백을 나의 발전에 꼭 필요한 요소로 받아들여야 한다.

옆에서 관찰하고 있는 김 사장은 부인이 헤드 업하는 것을 알기 때문에 헤드 업하지 말라고 하는 것이다. 상대방이 피드백을 주는 방법이 서툴러 나의 기분을 상하게 할 수 있지만, 피드백이라는 본질은 나를 위한 선물임을 잊지 말아야 발전을 이룰 수 있다. 김 사장 부인이 김 사장의 피드백을 받아들여야 초보 골퍼에서 싱글골퍼로 성장할 수 있는 것이다.

목사님께서 설교 가운데 하신 말씀이 생각난다.

"아침에 회사에 출근했는데 동료가, 이 전무! 왜 그렇게 인상을 쓰고 있어? 라고 말하면 내 얼굴이 좋지 않은 표정을 보이고 있다는 것입니다. 나는 내 얼굴을 볼 수 없지만 상대방이 내 얼굴을 보고 말하는 것이기 때문에, 내가 아무리 인상을 쓰지 않았다고 말해도 그 순간에 얼굴을 찌푸렸든지 다른 언짢은 생각을 하면서 인상을 쓰고 있었던 것이 맞을 것입니다."

"아 그래요, 하면서 얼굴 표정을 밝게 만드세요. 우리는 받아들이는 자세가 필요합니다."

내가 모르는 나에 대하여 다른 사람이 전해주는 피드백은 선물임을 잊지 말아야 한다.

내가 더 성장하기 위하여는 피드백을 해 달라고 부탁하여야 한다. 아내는 드라이버 샷이 잘 안되면 나보고 샷 좀 봐달라고 한다.

"스윙 스피드도 좋고, 다 좋은데, 에이밍이 잘못된 것 같네요."

"왼쪽 조금 더 보고 치세요."

나도 좋은 피드백이 기대된다. 누군가 내 인생에 도움이 주는 피드백을 주었으면 좋겠다.

이제부터는 피드백을 기다리지 말고 내 샷에 도움이 되는 피드백을 구해야겠다.

여기가 아니네!

티 오프 시간이 가까워 오는데 한 사장님 부부가 보이지 않는다. 전화를 걸어본다.

"사장님 안녕하세요, 도착하셨어요?"

"아, 이 전무님, 지금 골프장 입구로 들어가고 있습니다."

다른 때는 일찍 도착하셔서 식사도 같이 하는 부부 팀인데 무슨 일이 있었는지 급한 목소리가 전화기로 흘러나온다. 조금 있으니까 카트로 오시는데 선크림도 바르지 못하고 맨 얼굴로 오시며 이런 경우 처음이라고 말씀 하신다.

"아무 생각 없이 내비를 켜고 '파주 골프'라고 치니까, '파주 리조트 골프 클럽'이라고 제일 위에 뜨는 거예요."

"파주에 있는 것이니 당연히 '파주 컨트리클럽'이라 지레 짐작하고 2시간 전에 출발했지요. 그런데 열심히 오다 보니 길이 이상하게 생소해요."

"여보, 이 길은 평소 파주 CC 가던 길이 아닌데요?"

"집사람이 얘기하는데 제가 무시했지요. 제가 잘못했을 것이라는 생각을 하기 싫은 마음에 내비를 믿으라고 했습니다. 그런데 내비가 자꾸 자유로 쪽으로 가라고 하는 겁니다. 보통은 의정부 쪽 방향으로 길을 유도하는데 말이죠."

"골프장에 거의 다 와서 입구로 들어가는데 이상해요. 클럽하우스도 안 보이고 주차장에 차도 그리고 사람들도 보이지 않기에, 뭔가 잘 못 됐다고 생각해서 휴대폰으로 주소를 확인해 보니까 여기가 파주 컨트리클럽이 아니랍니다."

"바로 차를 돌려서 온 건데 다행히 시간에 늦지는 않았네요. 과속 좀 했어요. 집사람 말을 들었으면 중간에 돌려서 여유 있게 올 수 있었는데 제가 말을 안 들었어요."

"그러게 왜 내 말을 안 들어요. 내가 여기를 많이 와 봐서 잘 안다니까!"

아직 불만이 남아 있는지 한 사장님 부인이 툴툴거린다.

듣고 싶은 것만 들으려는 전형적인 듣기의 실수를 보여준다. 듣기는 관계의 개선과 유지 그리고 의사결정과 문제 해결을 위한 중요한 요소인 것이다. 한 사장님이 부인의 말을 잘 들었다면 중간에 파주 CC로 목적지로 변경했을 것이고, 과속하지 않고 여유 있게 골프장에 도착해서 식사도 하고 부인의 불만도 없었을 것이다.

프런트에서 일하는 직원들에게 물어보니 처음 오시는 분들이 가끔 잘못 갔다가 다시 오는 경우가 있다고 한다. 나도 비슷한 경험이 있어서 그 마음을 이해한다.

얼마 전에 프리스틴 밸리 골프장을 내비에 치고, 당연히 제일 처음에 나오는 장소가 파주 프리스틴 밸리일 것이라 생각하고, 한참을 가다 보니 외곽 순환 고속도로를 달리고 있었다.

"파주 프리스틴 밸리 가는 길이 아닌 것 같아요."

아내가 옆에서 얘기하길래 고속도로 갓길에 차를 세우고 다시 내비를 확인해 보니 가평 프리스틴 밸리를 목적지로 정해 놓고 가고 있었던 것이다. 다시 목적지를 파주 프리스틴 밸리로 설정하고 의정부 IC로 나와서 골프장에 제시간에 도착할 수 있었고 시간에 늦지 않게 라운딩을 준비할 수 있었다. 아내의 말을 듣지 않았으면 낭패를 당할 뻔한 사건이었다.

"당신 말 듣고 의정부 IC로 잘 나온 것 같아요."

상대방과 대화를 할 때는 잘 들어야 한다. 우리는 학교에서 많은 시간을 어떻게 말하고 자신의 의사를 효과적으로 표현하는 가를 배우는데 사용하지만 어떻게 들을 것인가를 배우지는 않는다. 듣기의 중요성을 간과한 것이다. 듣는다는 것은 상대방을 이해하는 것이며 상대방을 이해하면 문제가 해결된다.

"이 전무님, 그냥 하면 재미없으니까 천 원짜리 게임이라도 하는 것이 어때요?"

한 사장님은 승부욕이 있고, 그 부부도 80대 초반 치는 분들이기 때문에 게임을 재미있게 한다.

"오늘은 부부 합산으로 지는 팀이 2천 원씩을 상대팀에게 주는 것으로 하고 비기면 다음 홀을 배판으로 합시다."

"게임은 뭔 게임, 그냥 하지!"

한 사장님 부인은 아침의 내비 사건도 있어서 아직 마음이 불편한지, 하지 말자고 하지만 한 사장님은 자신의 제안을 굽히지 않는다.

"게임을 해야 긴장감도 있고 실력이 제대로 나와요."

"좋습니다."

천 원짜리 게임이지만 지기 싫어하는 마음이 슬며시 일어난다. 파주 CC를 몇 번 와 봐서 그런지 코스가 생소하게 느껴지지도 않고 재미있는 게임이 될 것 같다.

역시 한 사장님 부부의 실력은 만만치 않다. 막상막하다. 한 홀 이기면 다음 홀에 지고 17번 홀까지 우리 부부가 2천 원을 따고 있는 상태다. 마지막 홀, 파 4홀에 오자 한 사장님이 제안을 한다.

"이 전무 이번 홀은 배판으로 합시다. 우리가 이겨서 2천 원 가져오면 비기잖아? 승부를 봐야지."

이기고 싶은가 보다. 우리는 비겨도 2천 원 따는 건데 상대방은 이겨서 4천 원 가져가는 것만 생각한다.

"아이, 뭔 배판이야, 그냥 해요."

한 사장님 부인은 다시 판을 바꾸려는 남편에게 원래대로 그냥 하자고 하지만 한 사장님의 승부욕이 이를 허용하지 않는다.

"그렇게 하시지요."

돈 2천 원에 목숨을 건다? 드라이버 샷부터 더 신중하다. 내 드라이버 샷이 오른쪽으로 밀려서 라이가 좋지 않다. 우그린 백 핀을 겨냥하고 친 세컨 샷이 다시 밀려서 해저드에 빠진다.

"망했다. 배판인데!"

4번째 샷으로 그린에 올렸는데 홀까지 거리가 멀다. 더블 보기다. 아내는 가운데로 잘 쳐서 세컨 샷을 그린에 올린다. 롱 퍼팅을 잘 붙여서 파다. 부부 합산으로 더블 보기다.

한 사장님은 드라이버는 잘 치고 세컨 샷으로 승부를 내려고 백 핀을 공략하다가 길어서 그린 뒤 벙커에 빠지고 세 번째 벙커 샷 다음 투 퍼트로 보기다. 승부는 한 사장님 부인에게 달렸다. 한 사장님 부인은 드라이버는 잘 쳤는데 세컨 샷이 너무 두껍게 맞아 그린 앞에 떨어진다.

"아, 잘 좀 올리지!"

한 사장님의 얼굴에 아쉬움이 남는다. 홀까지 약 20미터 정도 남았다.

"잘 붙여서 파합시다.

한 사장님의 목소리에 흥분이 담겨 있다.

"라이가 왼쪽에서 오른 쪽으로 흐르니까, 조금 왼쪽 보고 한 15미터 정도 치면 붙을 것 같아. 공 끝까지 보고 부드럽게 몸통으로 스윙 해."

"체중은 왼쪽에 두고."

"연습 스윙을 그렇게 크게 하면 어떻게 해."

주문이 많다. 스윙 하는 사람보다 옆에서 보는 사람이 더 긴장되는가 보다. 한 사장님 부인의 몸이 굳어지는 것 같다. 돈 2천 원이 뭐라고 저렇게 스트레스를 주는지 알다가도 모르겠다.

한 사장님 부인은 생각이 많은지 제대로 스윙을 못해서 10미터 정도 밖에 보내지 못한다.

"어이구, 아니 스윙을 제대로 해야지 그게 뭐야? 다 이긴 게임을……"

한 사장 부인은 어이없는 눈으로 한 사장을 쳐다보며 쏘아붙인다.

"부드럽게 스윙 하라고 했잖아요, 그리고 내가 여기서 투 퍼트하면 보기잖아요. 당신은 뭐 했는데? 똑같이 보기잖아요? 당신이 파했으면 이겼을 것을 왜 나한테 뭐라고 하는데요?"

"당신은 아침부터 내가 하는 말을 하나도 듣지 않았어요. 길이 아닌 것 같다고 하는데도 무시하고, 게임하지 말자고 하는 데도 그냥 하고, 배판도 하지 말자고 했는데 당신이 하자고 했잖아요?"

"신경질 나게."

결국 마지막 홀은 비겨서 우리가 2천 원을 딴 것으로 게임을 마쳤는데 그 여운이 깔끔하지 못했다.

나이가 들수록 남의 말을 들으려 하지 않는다. 나의 고집이 앞서고 모든 의사결정을 내 기준으로 하기 때문에 상대방에 대한 배려를 찾아보기 어렵기도 하다.

요즘 직장을 찾기가 어려워지면서 P 사장님께 많은 지인들이 구직에 대한 조언을 구하고자 한다. 조언을 구하고자 하는 사람들 가운데는 학교를 졸업한 취업 준비 생들부터 회사를 그만둔 기존 경력자들까지 다양하다. P 사장님은 지인들의 자녀나 경력자들이 상담 요청을 하면 누가 요청하든지 일단 만난다고 한다.

"저는 만나서 일단 듣습니다.."

듣는다는 것은 이해한다는 것이다. 말하는 사람이 의도하는 바가 무엇인가를 이해하는 것이다. P 사장님은 조용한 커피숍을 정해서 지인의 자녀를 만나 그들이 무슨 생각 하고 있는지, 취업에 대한 어떤 아이디어를 가지고 있는지, 어떤 시도를 해 보았는지 그리고 지금은 어떤 감정을 가지고 있는지를 확인한다.

그리고 P 사장님의 입장이 아닌 자녀들의 입장에서 생각을 해 보고, 상담을 하러 가는 경우에는 충분한 시간을 가지고 상담에 임하기 위해 약속이 겹치지 않는 날짜를 잡고 이야기 나누기에 편안한 커피숍과 같은 장소에서 만난다 것이다.

"저는 지인들의 자녀들이 가능한 많이 말하도록 하고 많이 들으려고 애

씁니다. 그래야 충분한 정보를 얻을 수 있고, 그렇게 들어주는 것이 도움의 시작이 됩니다."

P 사장님은 사장님의 휴대폰을 꺼내 최근에 성공한 지인의 아들이 보낸 취업 감사 메시지 하나를 보여준다.

"사장님 감사합니다. 사장님 덕분에 H 은행에 취업하게 되었습니다. 평생 감사하며 살겠습니다. 건강하세요."

"어떻게 그렇게 취업이 가능하게 만드셨어요?"

"이 전무님, 내가 한 일은 별로 없어요. 일단 만나서 들어보니 아주 능력이 있는 젊은 청년이었습니다. 캐나다에서 지질학을 전공하고 졸업 후 한국에 들어왔는데 취업을 못해서 고민하고 있었지요. 지금까지 그 젊은 친구의 접근 방법은 한국의 대기업을 목표로 했었는데, 이를 본인의 학교와 전공을 내세워서 외국계 금융회사로 방향을 바꾸도록 했습니다. 이것이 잘 맞아떨어진 것이지요."

"만나서 들어보면 답이 나옵니다. 그래서 저는 저를 만나고 싶어 하는 사람이 있으면 언제든지 만나봅니다. 제가 커피도 사주고요. 이분들이 제 자산입니다."

작은 장사꾼은 돈을 남기지만 큰 장사꾼은 사람을 남긴다고 했다. 사람을 남기기 위해 사람을 만나고 사람들로부터 듣는 사람은 큰 장사꾼이다. P 사장님은 큰 장사꾼임에 틀림이 없다.

당신은 다른 사람이 기꺼이 자신의 걱정거리를 당신과 나누고 조언을 구하려고 하는 사람인가?

만약 사람들이 당신과 직접 이야기를 나누고자 하지 않는다면, 그것은 사람들이 당신을 그들의 말을 잘 들어주지 않을 것 같은 사람이라고 생각하고 있기 때문일 것이다. 그런 면에서 P 사장님은 다른 사람들이 자신의 이야기를 잘 들어줄 수 있는 분으로 인식하고 있다고 볼 수 있다.

기업에서도 직원들의 목소리를 직접 듣기 위한 여러 가지 제도를 운영하여 직원들을 이해하려고 한다. 최고경영자와의 대화나, 글로벌 노동조합회의를 통한 소통 그리고 직원 의견조사를 통한 만족도 조사 등이 이와 맥락을 같이한다.

만약 당신이 직원들의 문제를 듣고 해결책을 제시하는 역할을 하는 위치라면 직원들을 공식적 또는 비공식적으로 만나는 것이 중요하다. 그리고 그들에게 어떤 생각을 가지고 있는지 물어보고, 들으면 된다.

"일단 만나고 듣습니다"

P 사장님의 말이 계속 머리에 남는다.

"음악은 어디에나 가득해요. 가만히 들으면 돼요."

영화 '어거스트 러쉬'에서 어거스트 러쉬가 한 말이다.

가만히 들어보면 다른 사람의 말이 들릴 것이다. 그 말이 뜻하는 바가 이해될 것이다.

"가만히 들어보자. 그냥 가만히!"

무지개 뜨는데 그만 치자고?

좋은 골프장이란 어떤 골프장일까?

골퍼마다 좋아하는 골프장이 다를 수 있지만 고수들은 어떤 골프장을 좋아할까?

지인들 가운데 로우 싱글골퍼인 김 사장에게 물어보았다.

"김 사장, 어떤 골프장이 좋은 골프장이라고 생각해요?"

"저는 그린 스피드가 빠른 골프장이 좋은 골프장이라고 생각합니다. 빠른 그린을 만들고 유지하기 위해서는 관리를 잘해야 하거든요. 빠른 그린에서 퍼팅할 때 생각한 대로 공이 굴러가는 것을 보면 기분이 좋습니다."

"그리고 골프장의 코스 설계도 매우 중요합니다. 난이도가 있어야 됩니다. 너무 쉬우면 재미가 없습니다. 누구나 좋은 스코어를 기록하는 골프장은 접대에는 좋을지 모르지만 도전하는 맛은 없습니다."

옆에서 얘기를 듣던 신 전무가 한마디 거든다.

"이 전무님, 좋은 골프장은 경관을 보는 것만으로도 힐링이 되는 골프장입니다. 좋은 경관을 보며 잔디를 밟는다는 것은 축복입니다. 저는 드라이버 비거리가 짧아서 고생하지만 좋은 골프장은 전장이 충분히 길어서 14개 클럽을 다양하게 사용할 수 있어야 한다고 생각합니다."

김 사장이 동의한다고 고개를 끄덕인다.

"그리고 좋은 골프장에는 좋은 캐디들이 있습니다. 라운딩을 리딩 하는 중요한 역할을 하기 때문에 좋은 캐디들이 있어야 좋은 골프장입니다."

좋은 골프장이라고 말할 수 있는 골프장 가운데 하나가 클럽 모우 CC인 것 같다. 많은 골퍼들이 라운딩 후기에서 좋은 골프장이라고 말하고 있다. 명문 회원제 골프장으로 코스들이 자연스럽고 쉽게 플레이할 수 있는 홀이 하나도 없으며 전장도 충분히 길다.

"클럽 모우 CC를 가보자."

갑자기 발동이 걸려 밤 10시에 조인방을 확인해 보니 1인 조인이 가능하다.

여름 날씨가 35도를 넘어도 골프장 가는 길은 즐겁기만 하다.

동반자는 K와 L, 두 사람이 친구 사이로 30대 초, 중반의 초보 남성이고, 개인으로 조인한 40대의 김 사장은 자칭 골프 광이라고 소개한다. 오늘 캐디는 최고 수준이다. 좋은 골프장의 조건을 만족시키는 캐디로서 티 샷 시점부터 좋은 멘트를 해 준다.

"멀리건이 준비되어 있으니 걱정하지 마시고 자신 있게 티 샷 하세요."

"조인하셨어도 서로 아는 체도 해 주시고 굿 샷도 같이 외쳐 주세요."

"카트 이동 시에는 손잡이 꼭 잡아 주세요. 여러분의 안전은 제가 책임지겠습니다."

골프 광 김 사장은 이 클럽 모우 CC를 아주 좋아한다고 한다. 월례회도 이 곳에서 하고 샷 점검하러 자주 온다고 한다. 처음 온 동반자들에게 각각의 홀을 자세하게 설명해 준다.

"와일드 코스는 서비스 홀입니다. 투 온이 가능한 파 5홀입니다."

본인이 설명하고 홀 근처까지 세컨 샷으로 보내 버디를 한다. 잘 친다. 초보 K와 L은 첫 홀부터 드라이버를 옆 홀로 보내고 짧은 홀이라 더블로 막는다. 홀이 지나도 두 초보의 샷은 나아지지 않고 보기 플레이와 더블을 번갈아 한다.

전반 9홀을 마치니 K는 54타, L은 52타를 기록한다. 마음에 들지 않는가 보다. 골프 광 김 사장은 36타 이븐 파를 친다. 난 41타.

"여기 골프장은 코스를 잘 모르면 10타는 더 칠 수 있습니다."

김 사장이 웃으며 기운을 더해준다.

후반 두 번째 홀부터 하늘이 갑자기 컴컴해지고 멀리서 천둥소리가 들린다. 소나기가 올 것 같더니 세 번째 홀에서 드라이버 샷을 하고 나니 비가 쏟아진다. 더운 날씨가 금방 시원해진다. 비가 와도 눈이 와도 벼락만 안 치면 골프는 계속되는 것이라고 배웠기에 나와 김 사장은 계속 칠 것이라고 생각하는데, 초보 두 사람의 생각은 다른가 보다. 볼이 잘 안 맞는 데다 비까지 오니 별로 치고 싶은 생각이 없는지 K가 물어본다.

"정 캐디 언니, 홀 정산 가능한지 확인 좀 부탁합니다."

"그린피만 홀 정산 가능하다고 합니다. 카트와 캐디피는 전부 내셔야 하구요."

마운틴 4번 홀, 파 3홀에 오니 비가 조금 더 온다. 이제 더 칠지 말지를 결정하자고 한다. 김 사장은 두 초보의 분위기를 보면서 안 쳐도 된다고 하고 나도 억지로 두 초보를 설득해서 계속 치고 싶은 생각은 없어서 그만 치자고 경기과에 통보했다.

캐디가 클럽을 정리하는 사이 다시 빗줄기가 가늘어지며 소나기가 멈추는 것이 보인다. 멋진 경치가 돋보이는 골프장 저 멀리 산 계곡에서 하늘로 쌍무지개가 피어오른다.

"아니 비도 그쳐가고 쌍무지개도 뜨는데 계속 치는 것이 어때요?"

초보 두 사람은 서로 얼굴을 쳐다볼 뿐 말이 없다. 보통 저 나이 때 그리고 저 스코어 일 때는 물불 안 가리고 볼 치러 다녔었던 것 같은데, 예전의 우리와 같은 마음이 아닌 것이 안타까울 뿐이다.

계속 플레이를 하고 싶은 김 사장은 초보 두 사람은 안 치게 하고 우리 두 사람만 칠 수 있는지도 확인해 보지만 경기과에서는 지금까지 그런 경우가 없었다고 한다. 속이 상한다.

"아니 뭐 저런 초보들이 다 있나?"

속에서 뭔가 끓어오른다.

골프 라운딩을 하면서도 이런 갈등 관계가 나타나는데 회사 생활에서는 말할 것도 없다. 갈등 요인은 상황에 따라 다양하다. 갈등 요인으로는 사실, 자원, 선호, 동기, 신념 및 성격 등을 들 수 있으며, 사실이나 자원에 근거한 갈등은 신념이나 성격을 둘러싸고 발생한 갈등보다 더 수월하게 해결할 수 있을 것이다.

비가 오는데 골프 라운딩을 '계속 하자'와 '하지 말자'는 신념이나 성격의 문제가 아니고 사실에 입각한 판단을 하여 결정할 수 있는 갈등이기에 아쉽지만 쉽게 합의에 이를 수 있었던 것 같다.

회사에서 효과적으로 갈등을 관리하지 못하게 되는 경우에는, 업무에 쏟을 에너지와 관심을 고갈시키고 생산성을 감소시키며 안전, 품질 및 팀워크에 영향을 미친다. 또한 다른 사람의 자존감과 의욕을 꺾고 그룹 내 의견과 태도의 양극화를 초래하며, 감정적이고 개인적인 공격을 유발해 불필요한 경쟁과 분노를 불러일으킨다. 갈등을 효과적으로 관리하지 못하게 되면 결국 회사에 부정적인 결과를 가져오게 되는 것이다.

갈등을 잘 관리하기 위해서는 나의 갈등관리 유형이 무엇인가를 알아보는 것도 중요하다. 갈등 관리 유형에는 회피적, 타협적, 협력적, 경쟁적 그리고 수용적인 유형이 있다.

초보 골퍼들과의 갈등이 불거졌을 때 초보들의 의견을 수용해서 우리는 더 치고 싶은 마음을 접을 수밖에 없었다. 결국 초보들은 자신들이 원하는 대로 결과를 만들어 내었고 우리는 원하는 결과를 만들지 못했다. 상대방이 이기고 우리가 진 게임이다. 수용적 유형이다.

만일 우리가 경기과를 잘 설득하여 이전에는 한 번도 시행한 적 없었던 두 명은 그만 치도록 하고 두 명은 계속 라운딩 할 수 있도록 만들었더라면, 모두가 이긴 게임이 되었을 것이다. 협력적 유형이다.

타협적이 될 수 있으려면, 우리 두 사람이 나머지 두 명분의 그린피를 더 내고 라운딩을 하는 것이었을까?

의사결정을 바로 하지 말고 비가 그칠 때까지 기다려 보고 하자는 것은 일단 발생할 수 있는 상황을 피하고자 하는 회피적 유형의 갈등 관리 유형이라 생각한다.

그리고 경쟁적 유형은 권력을 이용하여 갈등을 관리하고자 한다. 경기과에서 이 정도 비에는 무조건 쳐야 한다고 말하도록 경기과를 이용할 수 있었으면 라운딩을 계속해야 하느냐 마느냐에 대한 고민을 하지 않았을 것이다.

여러 가지 유형의 갈등 관리 유형 가운데 협력을 통한 갈등 관리를 하게 되면 문제점이나 어려운 상황에 대한 혁신적인 해결책을 제공하게 되며 열린 의사소통을 하게 된다. 협력을 통하여 팀과 고객의 신뢰를 증진시키고 강력하고 생산적인 관계를 구축하게 한다.

나의 갈등 관리 유형은 무엇인가? 나는 협력적 갈등 관리로 모두가 만족할 수 혁신적 해결책을 제공할 수 있는가?

골프장에서는 항상 갈등한다.

"이 전무, 장타자는 해저드 넘겨야지, 넘기면 투 온이 가능해."

드라이버로 해저드를 넘길 것인가 아니면 아이언으로 잘라 갈 것인가?

"사장님, 포대 그린이라 짧으면 아래로 굴러 내려옵니다."

7번을 그린 한복판으로 칠 것인가 아니면 8번으로 핀 앞을 공략할 것인가?

"라이가 조금 있습니다. 태우려면 왼쪽 좀 많이 보세요."

태우는 퍼팅을 할 것인가 아니면 강하게 때려서 홀 뒷벽을 맞고 들어가게 할 것인가?

마음속에 갈등이 일어난다. 선택이 잘 되었을 때는 좋은 스코어가 만들어진다. 좋은 결과를 만들어 내기 위하여는 내가 잘하는 것에 집중하여야 한다. 해저드를 넘길 수 있다면 고민할 필요 없다. 어프로치 보다 퍼팅에 자신이 있다면 7번으로 온 그린 시켜도 무난하다. 내 퍼팅 스트로크를 믿으면 된다. 무리한 도전이 아닌 나의 능력 안에서의 도전을 하면 된다.

갈등은 발전을 위한 도전이다. 도전을 극복함으로써 발전할 수 있다. 새로운 도전으로 하루를 시작하자. 오늘은 어떤 갈등 상황이 발생할지 기대해 보자.

무지개가 뜨면 다시 시작하자. 이제 시작할 수 있어야 한다.

공치고 싶다.

내 볼 살았어!

"왼쪽 해저드, 오른쪽 OB입니다."

캐디가 첫 티 샷을 준비 중인 우리 조에 홀 설명을 해 준다. 오늘 초청행사에 참석하여 같은 팀으로 라운딩 하는 최 전무가 행사 상품에 많은 관심을 보인다.

"오늘 챔피언 상품이 캘러웨이 에픽 드라이버라는데 탐나는데요. 친구가 에픽 드라이버를 지난 라운딩에서 한번 쳐 보았는데 잘 맞으니까 거리가 20미터는 더 나가는 것 같습니다. 오늘 잘 쳐서 챔피언들 하세요."

본인이 챔피언 해서 드라이버를 가져가고 싶다는 마음을 돌려서 표현한다.

최 전무가 드라이버로 샷을 한다. 잘 가는 것 같은데 끝에서 오른쪽으로 휘면서 볼이 도로를 맞고 튄다. OB 방향으로 흘러 내려간다.

"캐디 언니, 볼 살았을까?

"가 봐야 할 것 같아요. 잘하면 살아 있을 수도 있고요."

캐디가 최 전무에게 희망을 준다. 최 전무의 발걸음이 바빠진다.

"공이 왜 이렇게 감기지!"

두 번째로 티 샷하는 조 사장님의 공은 왼쪽으로 감기며 해저드 쪽으로 흐른다. 다른 사람들의 공은 페어웨이로 잘 간다. 멀리서 최 전무의 공을 확인할 수는 없다. OB 말뚝은 보이는데 그 주변에 공은 없는 것 같다.

"캐디 언니, 내 볼 여기 있다."

최 전무는 OB 말뚝 아래에서 볼이 살았다고 말하고 5번 아이언을 달라고 한다. OB 말뚝 아래 있으면 OB인데 마치 OB가 아닌 것처럼 플레이 한다. 다른 사람은 몰라도 골퍼 자신은 자기가 친 볼이 OB 라인을 벗어났는지 아닌지를 판단할 수 있는데 최 전무는 OB로 인정하기 싫은가 보다. 드라이버가 탐이 나는지 타수를 잃지 않으려는 최 전무의 마음이 보인다.

최 전무가 플레이하는 동안 다른 사람들이 캐디에게 물어본다.

"캐디 언니, 저 볼 OB 아니야?"

"OB 맞아요. 그런데 저분이 그냥 플레이 하겠다고 하셔서……"

캐디는 더 말을 잇지 못한다. OB 말뚝 아래 러프에서 쳐 낸 볼을 3온으로 홀 컵에 붙인 최 전무가 어렵게 파로 막는다. 누구도 나이스 파를 외치지 않는다. 동반자들은 더 이상 말을 섞지 않는다. 조 사장님의 얼굴색이 좋지 않다. 자기는 해저드 처리해서 보기로 막았는데 누구는 OB를 파로 처리한다는 사실에 마음이 불편해 보인다.

최 전무의 스코어에 대한 신뢰가 깨졌다. 지금까지 최 전무가 한 말들이 믿기지 않는다. 에픽 드라이버의 유혹이 자기를 속이고 동반자들을 속이는 상황으로 만들어 버린 것이다.

파 3홀 145미터 니어 홀이다. 최 전무의 아이언 샷이 나쁘지 않다. 홀 컵에서 5미터 왼쪽에 떨어진다. 다른 두 분은 그린에 올리지 못하고 내 볼은 홀을 지나 7미터 뒤 쪽이다. 최 전무가 들뜬 목소리로 말한다.

"제가 니어 같은데요?"

"캐디 언니, 대회에서는 어차피 다른 팀들도 짧게 적어놓을 것이니까 2.5미터 정도로 적어 주세요."

캐디의 난감한 얼굴 표정이 동반자들의 동의를 구한다. 대회 상품의 유혹 때문에 룰도 어기고 사실도 왜곡시키려고 하는 최 전무를 바라보며 안타까운 마음마저 든다. 아무도 동의를 하지 않는데 캐디의 난감함을 보고 있던 조 사장님이 어렵게 캐디에게 그렇게 적으라고 한다.

"우리까지 공범으로 몰고 가는 구만!"

"다른 팀이 더 가깝게 붙이겠지."

속으로는 불편하지만 겉으로는 그냥 최 전무가 원하는 대로 해 주도록 한다. 잘못이라는 것을 알면서도 잘못이라고 말하지 못한다. 용감하지 못하고 그냥 관계를 깨고 싶지 않을 뿐이다.

그럭저럭 라운딩을 마치고 시상식이 진행되는데 최 전무는 79타로 2등이다. 77타를 친 다른 팀의 현 사장님이 오늘의 챔피언으로 발표된다. 최 전무의 드라이버에 대한 꿈은 깨졌지만 니어핀이 남아 있다. 최 전무의 기록은 2미터 50으로 홀에서 가장 가깝다고 생각했는데 1등은 거의 홀인원 할 뻔한 60센티미터로 발표된다.

"축하합니다."

최 전무는 우드를 기대했지만 우드마저 60센티미터 니어를 기록한 다른 팀의 이 사장님이 가져가 버린다. 거리까지 속여서 상품을 받으려고 애쓴 최 전무의 얼굴에 실망의 빛이 흐른다. 같은 팀으로 라운딩한 멤버들은 챔피언과 이 사장님에게 진정한 축하를 해 줄 수 있어서 마음이 편하고 최 전무의 모든 것을 알게 되어 홀가분한 마음이다. 사필귀정이다.

낮은 타수에 대한 유혹은 골프에만 있지 않다. 상품으로 걸린 드라이버에 대한 유혹처럼 유혹은 언제 어디서나 우리에게 찾아온다.

오래전 일이다. 평택 공장에 근무하고 있을 때 경비실에서 연락이 왔다.

"이 과장님, 손님이 찾아왔습니다."

"저를요? 찾아올 분이 없는데 ……"

누가 찾아왔을까 하고 의아해하며 정문 경비실로 내려가 보니, 50대 아주머니 한 분이 앉아 계시다 나를 보더니 반갑게 일어나신다.

"안녕하세요. 갑자기 이렇게 찾아와서 죄송합니다."

"무슨 일인데요?"

"제 아들이 군대 제대하고 집에서 농사를 짓고 있는데 여기에 취업을 부탁 드리고 싶어서 찾아왔습니다. 아시다시피 시골에서 농사짓는다고 하면 장가를 갈 수가 없어요."

"아, 네, 그런데요?"

"아들 친구가 여기 공장에 다니는데 걔가 이번 가을에 장가간다고 연락을 해 왔는데 너무 부러운 것 있죠? 제발 우리 아들 장가 좀 가게 여기서 일하게 해 주세요."

어머니의 간절한 소망과 안타까움이 묻어 있는 말씀에 가슴이 찡하지만 도와드릴 수가 없다고 말씀드리니 아주머니가 봉투 하나를 슬며시 내 앞으로 내민다.

"제가 그냥 올 수 없어서 조금 준비해 왔어요."

봉투에 3백만 원이 들어 있다. 요즘 가치로 하면 한 3천만 원 정도 될까?

"아주머니 죄송한데요, 저희는 이런 방식으로 사람을 채용하지 않습니다. 넣어 두세요."

아주머니는 작정을 하고 오셨는지 물러서지 않고 다른 조건을 제시한다.

"그럼 우리가 안성에 땅이 조금 있는데 논 몇 마지기를 더 드릴게요. 제발 우리 아들 좀 취직 시켜 주세요."

인사업무를 하면서 난생처음으로 돈 봉투에 논 몇 마지기까지 주겠다는 유혹은 처음 받아보았다.

"아주머니 죄송합니다."

아주 잠깐 이런 유혹도 있구나 생각하면서 내가 전에 모셨던 인사 본부장님이 말씀하신 것을 상기해 본다.

"회사 일을 하면서 절대로 내 개인 돈을 쓰지 말고, 내 개인적인 일을 위하여 절대로 회사 돈을 쓰지 마라."

지금도 내 생활의 기본으로 삼고 있는 좌우명 가운데 하나이다. 주변에서 다양한 유혹을 이겨내지 못하고 넘어지는 직장인들을 본다. 회사 생활을 할 때 우리를 바른길에서 벗어나도록 만드는 유혹은 여러 가지 형태로 나타나고 그 유혹을 이기지 못해서 회사 생활에서의 경력을 더 쌓아가지 못하고 직장을 떠나게 되는 사람들도 있다.

회사를 옮겨서 새로운 마음으로 출근했더니 외국인 사장님이 봉투를 하나 건네준다.

"이 전무 블랙메일이 하나 들어왔는데 확인해서 처리해 주기 바랍니다."

공장과 거래가 있던 건설업자가 더 이상 거래를 하지 못하자 자기가 가지고 있던 증빙자료를 포함하여 사장님께 메일을 보낸 것이다. 업자를 만나서 내용을 확인하고 담당자들에게 전달해 준 자기앞수표까지 복사하였다. 처음에는 큰돈의 유혹은 아니었을지 모르지만 시간이 지나면서 금액이 자꾸 커지고 모두 그 돈의 유혹을 물리치지 못한 것이다.

"김 전무님 회사를 떠나셔야 되겠습니다."

관련자들이 모두 회사를 떠나도록 조치하였다. 안타까운 일이다. 회사 돈을 나 자신을 위해 쓴 사례이다.

상사가 해외에 거주하고 있는 경우에는 특히 자기 관리에 주의하여야 한다. 눈에 보이지 않는다고 보는 눈이 없는 것이 아니다. 같이 근무하는 사람들이 해외 거주 상사의 눈이 되고 필요한 피드백을 전해 주기 때문에 자기 관리가 제대로 되지 않으면 좋지 않은 피드백을 받을 수 있다.

2017년 ANA 인스퍼레이션 경기에서 우승을 바로 앞에 둔 상황에서 렉시 톰슨은 4라운드 12번 홀에서 홀 아웃하려는 순간 경기위원이 전날 경기 상황을 설명하며 벌 타를 부여하였다. 전 날 3라운드 17번 홀에서 공을 마크하고 다시 내려놓을 때 공을 2.5센티미터 정도 홀 쪽으로 가깝게 놓고 퍼트했다는 사실을 시청자가 제보한 것이다.

결국 잘못된 플레이에 대하여 두 벌타, 잘못 기재된 스코어 카드 제출로 두 벌타, 총 네 벌타를 받아 우승을 하지 못했다. 렉시 톰슨이 알고 했는지 모르고 했는지는 모르지만 누군가 지켜보고 있었고 톰슨은 그 결과로 우승을 하지 못하게 된 것이다. 그 이후로도 렉시 톰슨은 여러 차례 벌타를 받는 행동을 하는데 모르고 하는지, 아니면 규정을 무시하는지 알 수 없다.

규정을 어기게 됨으로써 발생되는 결과는 본인이 지게 됨을 기억해야 한다.

우리가 간과하는 것 가운데 하나가 시간의 유혹이다. 자기에게 주어진 시간을 제대로 관리하지 못하는 사람들이 있다. 자기에게 주어진 시간은 상사나 시스템이 통제하지 않아도 자기 스스로 관리하여야 한다.

시간을 보다 철저하게 관리하고 영업사원들의 동선을 파악하기 위하여 최근에는 태블릿 컴퓨터를 지급하여 시간을 관리하는 기업도 있다. 신뢰를 바탕으로 권한을 부여하고 그 결과에 따라 책임을 지도록 하는 기업에는 별로 추천할 바가 아니지만 회사의 특성과 구성원들의 성숙도에 따라 각기 다른 관리 형태를 가져갈 수 있다고 본다.

내가 게임 룰을 지켜서 볼을 치고 정확하게 스코어 카드를 작성한다면, 그래서 낮은 스코어를 만들고 싶은 유혹을 물리칠 수 있다면 태블릿 컴퓨터로 동선 파악할 필요가 있겠는가? 아니 누가 동선을 파악한들 무슨 문제가 되겠는가?

자기 관리에 철저해야 한다. 내가 제대로 관리하지 못하면 함께 라운딩하는 사람들이 다 안다. 나는 더 잘 안다. 내가 잘 못 관리하면 제3자가 제보를 할 수도 있다.

우승과 상품의 유혹에 넘어가면 자기 자신을 속이게 되고 그 순간 신뢰가 깨지게 된다.

브루스 렌스키는

"조사를 해보면 골퍼의 80%가 속임수를 쓴다고 답한다. 나머지 20%는 거짓말쟁이다"

라고 골퍼의 심리를 잘 설명하고 있다. 그만큼 스코어에 대한 유혹을 넘기기 어렵다고 볼 수 있다.

투어 프로들에게는 정직하지 못하면 벌 타를 준다. 시간의 유혹이나 회사 공금에 대한 유혹이나 기타 다른 유혹에 넘어가게 되면 회사도 벌 타를 부여한다. 벌 타를 받은 사람과는 함께 회사 생활을 하고 싶어 하지 않는다.
우리는 항상 좋은 결과를 기대하는 그리고 동반자들의 기대를 만족시켜 주
는 정직한 프로와 함께 일하고 싶어 한다.

당신은 언제나 동반자로 불러주는 정직한 골퍼인가?

"내 볼 진짜로 살아있어요!"를 외치고 싶다.

이제부터 자기 관리를 잘하는 정직한 골퍼이고 싶다.

내 스코어카드엔 트리플은 없다.

"캐디 언니 잘 부탁해."

김 여사가 캐디에게 만 원짜리 한 장을 건넨다.

"네! 감사합니다."

오고 가는 현금 속에 무언가 두 사람만의 대화가 숨겨져 있다.

아내와 함께 여성 지인 두 분을 모시고 노스팜 CC로 길을 잡았다. 파주 노스팜 CC는 몇 번 와 본 곳이라 낯설지 않다. 캐디가 카트를 준비하는 동안 김 여사는 캐디와 다시 친해지기를 진행한다. 이번에는 싸가지고 온 고구마를 건넨다.

"캐디 언니, 이거 하나 먹어봐! 아주 맛있다."

"네. 잘 먹겠습니다."

캐디도 잘 먹는다. 11시 51분 티 업이다. 아직 점심 식사 시간 전이라 배가 고플 때도 됐다.

동 코스 1번 홀에 대한 설명이 홈페이지 코스 공략법에 나와 있다.

"매우 짧은 내리막 파 4홀로 계곡 해저드를 넘겨야 하나 앵글이 대각선으로 보여 방향성에 크게 부담을 느낀다.

멀리 작은 단풍나무 방향으로 보내면 중앙에 안착된다.

F/W 굴곡이 심하고 그린까지 오르막 지형으로 견고한 스탠스가 필요하다"

"이 사장님 멀리 보이는 모래 통 오른쪽으로 치세요."

전에 왔을 때 첫 홀부터 왼쪽으로 보내 버려 OB 구역에 빠뜨린 경험이 있어서 그런지 자꾸만 왼쪽 모래 통이 신경이 쓰인다. 공은 신경 쓰는 대로 간다고 하더니 이번에도 공은 잘 맞았는데 왼쪽으로 간다.

"아 진짜, 왜 이 홀만 오면 이러냐?"

자조 섞인 혼자 말이 터져 나온다. 뭔가를 보여 주려다 완전히 망해 버렸다.

"뒤에서 기다리는 팀이 있어서 나가서 치겠습니다."

캐디가 단호하게 말하니 한 번 더 치겠다고 말하기도 어렵다. 레이디 티는 한참 앞으로 간다. 아내의 티 샷은 잘 갔다. 모래 통을 지나 한참 앞에 떨어진다. 페어웨이 한가운데다.

함께 간 송 여사가 가볍게 샷을 하는데 아내보다 조금 뒤에 잘 떨어뜨린다. 역시 들은 대로 잘 치는 분이다.

이제 김 여사 차례다. 캐디가 응원도 한다.

"김 여사님 가운데 보고 치시면 됩니다. 잘 치세요."

김 여사도 남자가 한 사람 동반자로 있어서 그런지, 아니면 아내와 송여사의 공이 멀리 페어웨이에 잘 가서 그런지, 스윙에 힘이 들어간다. 본래 거리가 조금 짧기 때문에 더 신경이 쓰이는 눈치다. 두 번 빈 스윙을 하더니 공을 친다. 그런데 공이 왼쪽으로 감긴다. 내 공이 나간 방향이다.

"김 여사님, 나갔네요. 빨리 하나 더 치고 나가세요."

캐디가 먼저 멀리건을 준다. 멀리건은 역시 좋은 것이다. 동반자들이 반대할 수도 없는 멀리건을 받고 이번에는 페어웨이로 잘 보낸다. 하지만 역시 거리는 짧다.

"아니, 나는 뒤 팀이 기다리고 있으니까 나가서 치라고 하더니 김 여사는 하나 더 치고 나가라고! 뭘 이런 경우가 다 있지."

혼자 속으로 말하면서 괜히 씁쓸하다. OB 티에서 네 번째 샷을 한 것이

다행스럽게 홀 컵에 붙는다. OB 버디를 해서 보기로 막았다.

아내와 송 여사는 파를 기록하고 김 여사는 짧은 드라이버 거리 때문에 오르막 120미터를 우드로 치려다 뒤땅을 친다. 다시 세 번째 샷으로 온 그린 시키고 보기를 기록한다.

첫 홀에서 여성들 가운데 혼자 보기를 기록한 김 여사의 표정이 별로 좋지 않다.

두 번째 홀 짧은 파 5에서는 모두 파를 기록한다.

조금씩 기분이 살아나는지 김 여사도 원래의 표정을 찾아간다. 4번째 홀은 워터 해저드를 앞에 두고 티 샷을 하여야 한다.

티 샷이 잘 맞아서 왼쪽 모래 벙커 앞에 떨어진다. 120미터 정도 남겨둔 좋은 자리다. 아내와 송여사는 130미터 정도 남겨둔 페어웨이 중앙으로 공을 보낸다.

오늘 김 여사의 샷이 불안하다. 드라이버 티 샷이 제대로 맞지 않아서 해저드를 넘지 못하고 물에 빠진다.

"아이 오늘 왜 이러지!"

짜증이 날만 하다.

"김 여사님, 해저드 건너가서 치세요."

"캐디 언니 5번 우드 주세요."

첫 홀부터 공이 왼쪽으로 가더니 이번에도 우드 샷이 왼쪽으로 감긴다. 첫 번째 실수를 만회하기 위하여 힘이 많이 들어간 것 같다. 다행히 왼쪽 벙커로 들어간다. 100미터 정도 남겨진다.

나는 버디 찬스에서 파를 만들고 아내와 송 여사는 투 퍼트로 역시 파를 기록한다.

김 여사는 4번째 벙커 샷을 붙여서 보기로 막으려고 그러는지 무척 신중하다. 그런데 벙커 샷이 또 왼쪽으로 당겨진다. 벙커는 벙커를 부른다고 했는가? 또 그린 앞 벙커에 들어간다.

"아 오늘 왜 이러냐!"

그린 앞 벙커 턱이 조금 높다. 김 여사의 벙커 샷이 이번에는 홀을 지나 그린 끝까지 간다. 퍼팅에는 큰 실수가 없는 김 여사는 투 퍼트로 막고 트리플 보기를 기록한다.

"캐디 언니, 잘 써줘. 내 스코어에 트리플은 없다."

"아, 네."

이제는 스코어카드 조작까지 요청하고 캐디는 당연하다는 듯 대답한다. 슬쩍 스코어 카드를 보니 더블로 기록한다. 멀리건도 마음대로 주고, 스코어도 제대로 기록하지 않고 최종 스코어는 89타. 나쁘지 않은 스코어지만 김 여사는 마음에 들지 않는지 투덜거린다.

"오늘 컨디션이 영 아니네."

좋은 기록을 유지하려는 것이 어디 골프에서만 그런가! 어떻게 해서든지 좋은 결과를 만들어 내려는 것은 비단 골프 스코어만이 아니다.

안전에 대한 기록은 전 세계 사업장과 공유 되고 매월 각 사업부 별로 비교된다. 안전사고가 발생하면 그 원인을 파악하고 다시는 그러한 안전사고가 발생하지 않도록 조치하는 것이 무엇보다 중요하지만 절차에 따른 많은 업무를 시행하여야 하는 번거로움이 있다.

이런 이유 때문에 초기에는 가능하면 안전 사고 유형을 축소하거나 업무

외 사고로 분리한 적도 있지만 지금은 모든 안전사고를 보고하는 것이 일상화 되어 있다.

안전에 대해서는 스코어 카드를 제대로 기록하고 있는 것이다.

인사 업무를 하면서 관리자들에게 항상 당부하는 말이 있다. 매년 인사고과를 할 때마다 당부한다. 인정에 이끌려서 평가하지 말고 각 개인의 업적을 제대로 평가하여야 나중에 어려움을 당하지 않는다고 강조한다.

"이 전무님, 이번에 우리 팀에서 근무하는 서 부장을 정리했으면 합니다. 업무 성과가 너무 낮아서 같이 일하기가 어렵습니다."

"김 전무님, 서 부장의 지난 3년간 인사고과 결과는 어떻습니까?"

"마스터로 평가했는데요?"

"김 전무님, 마스터는 중간 정도로 잘한다는 평가인데 갑자기 와서 일을 못한다고 정리하겠다고 하면 인사 팀에서 어떻게 도와드릴 수 있습니까?"

인사고과 결과는 개인의 스코어 카드와 같다. 버디를 했으면 버디를 기록하고 트리플을 했으면 트리플을 기록해야 공정한 것이다.

객관적인 결과를 놓고 전체 스코어가 좋으면 싱글골퍼로 대우를 해주고 100타에 가까우면 더 연습하고 시간을 할애하라고 충고해주고 120타를 계속 넘고 있다면 골프를 그만두라고 충고할 수도 있는 것이다.

타수를 제대로 기록하지 않으면 김 여사처럼 89타를 자기 타수로 안다. 아니 잘못된 스코어를 당연한 스코어로 인식한다.

성과가 낮은 직원에게 적절한 격려와 개발 그리고 경고를 하지 않으면, 직원은 자기가 잘 하고 있는 것으로 잘못 알 수 있다. 미리 알려 주어 개선할 수 있도록 하는 것이 최선이고 그렇게 도와주고 경고하는데도 개선을 하지 못한다면 그에 대한 책임은 본인이 져야 하는 것이다.

내 스코어카드를 캐디에게 맡기기 전에 내가 먼저 내 스코어를 기록하여야 한다. 자신의 스코어를 개선하려는 골퍼들 가운데는 자신의 샷과 퍼팅 숫자까지 기록하여 잘못된 샷을 분석하고 한 타라도 줄이려고 노력하는 골퍼를 많이 본다.

그날 전체 전략은 어땠는지, 너무 공격적이지는 않았는지, 드라이버 샷은 똑바로 갔는지, 그린 적중률은 어땠는지, 어프로치는 홀 컵에 가깝게 쳤는지, 3 퍼팅은 했는지, 그리고 숏 퍼팅을 놓친 것은 없는지, 등등 하루를 복기한다.

일 년을 마무리하면서 인사고과를 준비하는 경우에도 계획한 프로젝트는 잘 수행하였는지, 협력적으로 일을 잘 했는지, 피드백은 적절히 주고 받았는지, 상사와 동료 그리고 부하직원들과는 제대로 의사소통하였는지, 고객의 니즈를 충족 시켜 주기 위하여 최선을 다하였는지, 적절하게 위험을 감수하며 프로젝트를 수행했는지, 그리고 얼마나 많은 사람과 관계를 맺고 신뢰를 쌓아 왔는지, 등등 이 모든 것들을 되짚어 보면서 고과 준비를 하여야 한다.

내가 받은 평가가 부서장의 인정에 이끌린 평가가 아니고 진정한 나의 스코어가 될 수 있도록 만들어야 한다.

"캐디 언니 스코어 카드는 룰대로 제대로 적어 주세요."

"김 여사님 제대로 좋은 스코어 보여 주세요."

"김 전무님, 이번에는 인사고과 제대로 평가 부탁합니다."

오늘은 제대로 된 스코어 한번 만들러 가야겠다.

이제 남편은 이 세상에 없어요.

"오랜만에 현지 씨에게 안부나 물어볼까? 전에 남편이 아프다고 병원에 입원한다고 했는데."

"그러지, 라운딩 한지도 꽤 되었는데 시간 되면 공 한번 치자고 해."

아내가 카톡으로 문자를 보낸다. 그런데 갑자기 아내가 놀라서 소리친다.

"아이 어떻게 해, 이거 어떻게 해, 아휴."

"왜 그래?"

아내는 말하는 대신 휴대폰을 보여준다. 현지 씨가 보낸 카톡 내용이다.

"이제 남편은 이 세상에 없어요."

갑자기 소름이 돋는다. 4개월 전에 같이 라운딩하고 식사도 했던 김 사장이 세상을 떠났다는 문자가 가슴을 때린다.

우연히 함께 라운딩을 하게 되면서 알게 되어 몇 번 함께 라운딩을 했는데 사람이 호탕하고 우리 부부와 함께 어울리는 것을 좋아했던 사람이다.

"이 전무님, 겨울에 동남아로 같이 전지훈련 갑시다."

그 얼굴과 웃음이 아직도 생각이 난다.

비에이비스타 CC에서 처음 만났을 때 벨라 코스 1번 홀에서 첫 티 샷을 했다. 부부가 같이 나오는 경우는 드물었는데 오랜만에 부부가 같이 나온 것을 아주 좋아했다.

"와 이 전무님, 샷이 좋은데요. 장타 시네요."

진 사장은 오랜만에 필드에 나와서 그런지 다듬어지지 않은 샷을 한다. 드라이버 샷이 슬라이스가 많이 나고 아이언 샷은 많이 굴러다닌다.

"오랜만에 필드에 나왔더니 잘 안되네요. 그래도 기분은 좋네요. 날씨도 퍼펙트하고요."

현지 씨는 비에이비스타에 자주 온다고 한다. 키도 크고 거리도 많이 낸다. 지난주에는 70대 타 쳤다고 얘기하는데 오늘은 부부가 같이 와서 신경 쓰이는지 볼이 정확하게 맞지 않는다.

"연습을 해야 공이 잘 맞지요. 연습은 하나도 안 하고 필드만 다니니 공이 제대로 맞을 일이 없지요."

현지 씨는 진 사장이 볼을 잘 쳤으면 하는데 진 사장은 타수에 크게 연연하지 않는다.

"이렇게 필드에 나올 수 있고 걸어 다닐 수 있다는 것만으로도 감사하지요."

그래 맞다. 타수가 조금 안 나오면 무슨 대순가? 물론 좋은 스코어를 만들 수 있으면 좋겠지만 그 스코어 때문에 스트레스받고 갈 필요는 없지 않은가? 더 많이 걷고 동반자와 좋은 얘기를 나누고 서로를 알아가는 시간이 더 중요하지 않은가?

진 사장은 라운딩 내내 활기가 있었다. 동반자들의 티 샷에 굿 샷을 외쳐주고 농담도 곧 잘해서 분위기도 끌어준다.

어디 아픈 데가 있는 사람이라고는 보인 적이 없다. 단지 자기는 운전을 하지 못해서 아내가 운전을 해서 다닌다는 말에는 조금 의아해 한 적이 있을 뿐이다.

"이 전무님 맥주 한잔하시겠습니까?"

"아닙니다. 저는 술 끊은 지 오래되었습니다. 진 사장님 한잔하시지요."

"저도 술 끊었습니다."

"아 그러시군요."

내가 술을 안 마시니 다른 사람이 술을 안 마신다는 점에 크게 이상하다고 생각 하지 않았다.

아내에게 보낸 카톡에 현지 씨가 보낸 글이 계속 이어진다.

"전에 병원에 간다고 말씀드렸었는데 그때 검사 결과가 간암 말기로 판정 되었어요."

"그리고 두 달 만에 세상을 떠났어요."

우리는 라운딩을 마칠 때까지 별다른 이상함을 느끼지 못했다. 다른 날처럼 그냥 좋은 날 좋은 동반자들과 라운딩을 하고 헤어졌는데 이제는 더 이상 볼 수 없다는 현실만이 남아있다.

새벽에 일어나면서 생각을 가다듬어 본다. 나를 뒤돌아 보는 시간이 필요하다. 어제 본 카톡의 글이 자꾸 생각난다.

"이제 남편은 세상에 없어요."

언젠가는 이 세상을 떠나겠지만 지금 있는 이 순간이 너무 소중하다. 내가 누리고 있는 이 행복이 너무 감사하다. 소중하고 행복한 순간을 이어가려면 몸과 마음이 건강하여야 한다.

스트레스는 만병의 근원으로 스트레스가 자의건 타의건 간에 너무 많이 쌓이면 몸과 마음에 심각한 상처를 입히게 된다.

스트레스는 단시간에 많은 것을 이루고 싶은 욕구, 퇴출에 대한 압박감, 직무나 부서 변화 그리고 과다한 업무 또는 너무 적은 업무, 단순 반복적 일,

극심한 경쟁 및 적성에 맞지 않는 업무, 회사 내 갈등 등에 기인될 수 있다.

직장 내 많은 일들이 우리의 몸과 마음에 상처를 줄 수 있음에 유의하여야 한다.

스트레스를 극복하기 위한 자세는 문제 해결에 낙관적이고 좌절하지 않는 자세가 필요하다. 어려운 문제일수록 나누어서 접근해 보고 100% 정답을 찾기보다는 가능성이 있는 다양한 해결 방법을 생각해보는 것도 좋다. 다른 사람들의 제안을 개방적이고 융통성 있게 받아들여도 좋다.

스트레스를 해소할 수 있는 방법에는 여러 가지가 있지만 그 가운데서도 골프는 좋은 스트레스 해소 방법이라고 감히 말하고 싶다.

연습장에서 드라이버 샷을 날릴 때의 그 쾌감을 잊을 수 없다. 안 맞을 경우에는 그 때문에 또 스트레스를 받을 수 있겠지만 잘 맞을 때는 스트레스가 확 풀린다. 공을 때리는데 집중하다 보면 다른 생각에서 벗어 날 수 있다.

초록색 필드에 나가면 스트레스는 저쪽 한편에 두고 라운딩을 즐길 수 있다. 적당한 내기로 긴장감을 가지고 샷을 하면서 초록색 잔디를 걷는 것은 몸과 마음을 건강하게 해 줌에 틀림이 없다. 동반자와 살아가는 얘기를 나눌 수 있고 서로를 격려해 주는 라운딩이 갑자기 그리워진다.

"굿 샷!"

스트레스가 날아간다. 소리를 질러도 아무도 뭐라 하지 않는다.

"나이스 버디!"

짜릿하다. 스트레스가 확 줄어든다.

진 사장처럼 스코어에 연연하지 않으면 스트레스를 줄일 수 있다. 너무 좋은 스코어에 매어 있어 매번 싱글을 기록하지 못하면 어쩔 줄 모르는 사람을 보기도 한다.

아내가 어제 라운딩을 다녀와서 스트레스받은 얘기를 한다.

"같이 라운딩 한 윤 여사 때문에 엄청 스트레스를 받았어요."

"왜?"

"윤 여사는 남에게 지기 싫어하는 성격이라 스코어에 너무 민감한 거에요. 자꾸 나하고 경쟁을 하는지 자기가 친 공이 OB가 나니까 캐디가 오른쪽 보고 치라고 해서 쳤는데 나갔다고 자꾸 캐디에게 뭐라고 하면서, 공이 나갔다고 하니까 그냥 카트로 가더니 공을 안 치는 거에요. 내가 파를 기록하니까, 캐디에게 나도 파 써줘 이러는 거 있죠."

"아니 뭐 그런 경우가 다 있다니?"

"거기다가 벙커 들어갈 때마다 손목 다치겠다고 다 꺼내 놓고 치고…… 결국 78타 기록하네요."

"골프장에 벙커를 왜 만들어 놓았는데? 다 파로 기록하라고 하지 그랬어. 그렇게 스트레스받으면서 그 사람과는 다시 치지 마."

들으면서도 스트레스가 쌓인다.

그래서 동반자가 중요하다고 하는가 보다. 동반자가 제대로 룰을 지키고 서로가 관심 있는 주제를 가지고 얘기도 나누고 걷는 시간을 함께 해 주면 스트레스가 쌓일 일이 없다. 아니 스트레스를 풀 수 있는 것이다.

누군가와 얘기를 나눈다는 것은 스트레스 해소의 좋은 방법이다. 서로 얼굴을 보면서 얘기를 나누는 순간 마음속에 쌓인 스트레스를 줄일 수 있다.

너무 앞만 보고 뛰어가고 있는 것은 아닌가? 잠시 나를 뒤돌아 볼 수 있는 시간을 갖는 것은 꼭 필요하다.

왜 그렇게 쉬지 않고 앞만 보고 가는가?

무엇을 성취하고자 하는가?

내가 바라는 궁극적인 행복은 무엇인가?

많은 생각을 하게 만든다. 라운딩을 마치고 돌아오며 차에 있는 라디오를 틀자 때마침 스트레스를 줄이는 방법이 흘러나온다.

"아주 쉬운 스트레스 해소법을 알려드리겠습니다. 청취자 여러분 많이 웃으세요. 억지로라도 큰소리로 웃으세요. 당신의 스트레스를 웃음으로 날려 버릴 수 있습니다."

그래 웃자. 이제부터는 너무 조급하게 몸과 마음을 다그치지 말고 한 템포 쉬고 앞으로 나가자.

웃자.

먼저 이 세상을 떠난 진 사장의 호탕한 웃음소리를 기억하며 웃으며 오늘 하루도 시작하자.

뭔가 다르다.

프로 암 대회라는 것이 궁금하기도 했고 가보고 싶기도 했는데 한화금융 클래식 프로 암 대회에 초청되어 참석 한지가 6년 전이다. 내가 태어난 고향과 가까운 골든 베이 CC에서 행사가 있어 더욱 반갑다. 라운딩 후에는 고향 집에 들러 어머님도 뵐 수 있으니 일석이조다.

최고의 KLPGA 대회답게 필드 관리와 그린 상태가 프로 선수들의 경기 수준에 맞게 준비되어있다. 러프가 아주 길게 관리되어 있어 러프로 들어가면 아마추어는 꺼내 놓고 쳐야 할 정도다.

팀 구성을 보니 BKE 프로가 우리 조에 편성되어 있다. 처음 프로 선수와 라운딩을 한다는 생각에 마음이 들뜬다.

"안녕하십니까, 이인상입니다. 반갑습니다."

"안녕하세요, BKE 프로입니다."

"BKE 프로님. 많이 가르쳐 주세요."

"저도 잘 부탁합니다."

함께 라운딩 할 박 부장과 조 사장님도 가볍게 인사하며 얘기를 나눈다.

"오늘 라운딩 하면서 제가 할 수 있는 만큼 원 포인트를 해 드릴게요. 조금 부족한 점이 있더라도 이해해 주세요."

붙임성이 좋은 BKE 프로는 금방 동반자들과 친해진다. 관록 있는 프로는 뭔가 다르다.

"프로 암 대회를 몇 번 진행하다 보니까 '프로 암에 참여한 프로들 가운데는 동반자들의 샷에는 전혀 관심 없고 얘기도 별로 없이 자신의 게임에만 열중하는 프로도 있다'고 나중에 동반자들이 불평하는 소리를 들은 적도 있습니다."

박 부장은 BKE 프로의 적극적이며 친화력 있는 태도에 대하여 칭찬한다.

골프 선수는 역시 골프를 잘 쳐야 빛이 난다. 오션 코스 첫 홀은 몸이 안 풀렸는데도 가볍게 파를 기록하는 BKE 프로다. 우리는 모두 보기 이상이다.

"아니 무슨 러프가 이렇게 길어! 러프에 들어가면 공을 못 찾겠어요."

"그냥 꺼내 놓고 치세요."

동반자들이 러프로 들어간 공 때문에 각자 어려움을 겪으며 한마디씩 한다. 러프에 들어가면 일단 한 타는 기본으로 더 치고 나가야 할 정도로 어렵다. 일단 러프에 들어가지 않도록 티 샷을 해야겠다고 마음먹지만 페어웨이가 좁다 보니 살살 달래서 치면 공은 이상하게 더 러프로 간다.

여자 프로의 드라이버 거리를 이겨 보려고 해 보지만 힘껏 칠수록 공은 러프로 들어가고 아무리 힘껏 드라이버 샷을 해도 BKE 프로의 공이 항상 10미터 정도 앞에 가 있다. 그것도 항상 페어웨이 안에 있다. 이길 수가 없다.

"프로가 그냥 프로가 아니구나."

BKE 프로는 6번 홀 까지 1언더를 기록한다. 대단하다. 7번 홀, 파 5홀에서 세 번째 샷이 그린 왼쪽 벙커에 빠진다. 그런데 벙커에 들어가기 전 BKE 프로는 그린 위에서 먼저 라이를 살피더니 가볍게 벙커 샷을 한다. 프로 암 대회이기 때문인지 중 핀으로 세팅되어 있는데 오르막 퍼팅을 남기게 공을 떨어뜨린다. 역시 파로 마무리한다.

"나이스 파!"

역시 프로는 뭔가 다르다는 것을 느낀다. 공을 그냥 치지 않는다. 한 타, 한 타를 매우 신중하게 친다. 파로 마친 BKE 프로가 주머니에서 조그만 책자를 꺼내 뭔가 표기를 한다.

옆에서 지켜보다가 슬쩍 넘겨 보니 그린 모양이 그려져 있고 BKE 프로가 그 위에 경사도를 직접 그리고 있다.

"BKE 프로님, 그게 뭔가요?"

박 부장이 궁금한지 물어본다.

"아 이거요, 야디지 북입니다. 그린 상태를 표기해 놓는 것이지요. 오늘 제가 트러블 상황에서 파로 막았으니 다행인데 경사도나 거리를 정확하게 표시해 놓아야 다음 게임에서 제대로 이용할 수 있습니다."

"아 그래서 프로님도 이쪽 저쪽 다니면서 그린을 확인하는 거군요."

표기하는 방법이 따로 있는지 모르지만 손이 무척 빠르다. 금방 야디지 북에 경사도 표기를 한 후 다음 홀로 이동한다. 역시 뭔가 다르다.

전반을 마치면서 BKE 프로는 1언더를 유지하고 동반자들에게 원 포인트 코칭을 해 준다.

"이 전무님께서는 백스윙을 조금만 천천히 하세요. 너무 급하게 치지 마시고 여유를 가지세요. 자꾸만 머리를 들게 되면 탑 볼이 나거든요. 머리 높낮이가 일정하도록 유지하세요. 드라이버 거리는 충분한데 방향이 왼쪽으로 당겨지니까 팔로만 치지 않도록 허리를 좀 더 유연하게 쓰시고요."

후반에는 좀 더 잘 쳐 봐야지 하는 투지가 생긴다. 마음먹은 대로 되지 않는 것이 골프다. 후반 마운틴 코스도 역시 어려운 것은 마찬가지다. 바다를 바라보며 경치를 즐기다가도 러프에 들어간 공 찾기가 일쑤이고 여전히 머리는 들리고 어렵게 플레이를 이어간다.

"BKE 프로님 오늘 수고했습니다. 내일 본 게임에서 잘 치시고 꼭 우승하세요."

"감사합니다. 오늘 즐거웠습니다."

3언더로 마감한 BKE 프로가 매일 3언더를 유지한다면 우승도 노려 볼 수 있을 것 같다는 생각에 건투를 빌며 라운딩을 마친다.

프로는 뭔가 다르다는 생각을 하며 회사에 출근하니 김 사장님이 커피를 한잔하자며 방을 찾아왔다.

"이 전무님, 황 이사하고 박 부장이 확실히 다른데요."

"뭐가 달라요?"

"요즘 화이트 프로젝트 때문에 아주 힘들었는데 황 이사와 박 부장 도움으로 이틀 밤샘해서 마무리할 수 있었습니다. 아시다시피 그 두 사람 S 회사에서 왔지 않습니까?"

"그렇지요. S 회사에 근무하면서 많은 프로젝트를 수행한 경력이 있고 정부 지원 프로젝트도 많이 한 것으로 기억하고 있습니다. "

"정부 지원 프로젝트를 많이 해 보아서 그런지 이번 프로젝트도 금방 하더라고요. 그리고 워낙 기술적으로 전문성이 뛰어난 사람들이라 그 프로젝트에 쓰인 프로세스의 오류도 바로잡아서 본사와 수정할 수 있도록 만들더라고요. 사람 참 잘 뽑은 것 같습니다."

"그 두 사람도 뭔가 다른 사람들이군요. 아무리 어려운 일을 맡겨도 다

해결할 수 있고 상황이 바뀌어도 그 상황에 맞게 해결책을 제공해 줄 수 있는 사람들인 거죠?"

"맞습니다. 그 두 사람이 만든 보고서는 뭔가 달라요."

커피 잔을 들고 방을 나가는 김 사장님의 발걸음에 직원들에 대한 자부심이 묻어 있다.

저녁 식사 자리에 김 사장님이 다시 한번 황 이사와 박 부장 자랑에 열을 올린다. 옆에서 듣고 있던 P 사장님이 전에 함께 일했던 '공주과' 직원 얘기로 말을 받는다.

"전에 '공주과' 직원이 있었는데 보통 평범한 직원들과는 뭔가 달랐어요. 부모님이 딸 하나라고 너무 많이 사랑하고 부모님으로부터 받기만 하고 자란 것 같습니다. 저를 도와주고 행정 업무를 하는데 툭하면 '왜 내가 이 일을 해야 하는데요?' 하고 물어보았습니다."

"자발적으로 남을 도와주겠다는 생각은 전혀 하지 않는 직원이었습니다. 그 일은 직무기술서에 들어 있지 않다고 말하기 일쑤였습니다. 그래서 번번히 불러다 설명하고 좀 더 적극적인 자세를 갖기를 주문하곤 했습니다."

"이 전무님도 아시다시피 그 친구 6개월 만에 회사를 그만두었지요."

"맞습니다."

"받기만 하고 자란 젊은 세대들 가운데 뭔가 다른 직원들도 있습니다. 자신이 하고 싶은 일 외에 자발적으로 남을 돕고 개인적인 업무뿐 아니라 팀으로 하는 프로젝트에도 적극적인 사람들도 있지요. 우리에게 필요한 사람들입니다."

회사는 뭔가 다른 사람이 필요하다. 뭔가 다른 사람은 기업가 정신을 갖고 있는 사람이다. 기업가 정신이란 사전적 의미로 기업가 고유의 가치관이나 태도를 말하는데 계속해서 혁신을 이루어 나가고, 사업 기회를 만들고 이를 실행하며 위험을 감수하려고 한다.

기업가 정신은 조직과 시간 관리 능력, 인내력, 풍부한 창의성, 도덕성, 목표 설정 능력, 적절한 모험심, 유머감각, 정보를 다루는 능력, 문제 해결을 위한 대안 구상 능력, 새로운 아이디어를 내는 창조성, 의사결정 능력, 도전 정신 등을 요구한다. 즉 회사는 주인의식을 가지고 있는 사람을 필요로 하는 것이다. 내 회사라면 나는 어떤 자세로 일할 것인가를 생각해 보며 일하는 사람이 필요하다.

"뭔가 다른 사람 중에서 당신은 어디에 속한 사람인가?"

"회사에서 필요로 하는 뭔가 다른 사람인가? 아니면 다른 사람과 함께 일하기 어려운 뭔가 다른 사람인가?"

황 이사와 박 부장은 뭔가 다른 사람이다. 주인의식을 가지고 있는 사람들이다. 항상 새로운 문제에 도전하고 자신들에게 주어진 어떠한 어려운 문제도 회피하지 않는 사람들이다. 주어진 시간 안에 문제에 대한 해결 방안을 제시하는 사람들이다.

BKE 프로가 우승하지는 못했지만 프로 암 대회에서 보여준 동반자들에 대한 배려와 시합을 준비하고 시합에 임하는 BKE 프로의 자세는 뭔가 달랐다. 작은 것 하나도 소홀히 하지 않고 자신이 할 수 있는 최선을 다하는 모습을 보여준 진정한 프로다.

"진정 뭔가 다른 사람들이다."

이런 사람들과 함께 일하는 사람들은 행복한 사람들이다. 뭔가 다른 것을 배울 수 있게 되고 그로부터 그들도 뭔가 다른 사람으로 재 탄생하게 된다.

다른 사람을 행복하게 만들어 주는 뭔가 다른 사람이 되어보자.

"당신은 뭔가 다른 사람이다."

이제 다 죽었어!

김 상무가 카트에 앉자마자 지난주에 아일랜드 CC 다녀온 얘기로 운을 뗀다.

"아일랜드 CC 골프장 좋던데요. 바다가 다 보이고, 잔디 상태도 좋고 그린 빠르기는 약간 빠른 편이라 라운딩 하기에는 아주 좋았습니다."

"김 상무, 샷은 어땠어요?"

"이 전무님, 지난번에 지적해 주신 대로 드라이버 샷 할 때 백스윙을 뒤로 확 넘기니까 거리가 확실히 늘고 방향성도 좋아졌습니다. 제가 점심 한 번 쏘겠습니다."

"점심 좋지요, 김 상무. 그런데 스코어는 좋았어요?"

"드라이버는 확실히 좋아졌는데 아이언이 거리가 안 나고 방향도 안 좋아서 전반에 50개 쳤습니다.

"그럼 후반에는 어떻게 쳤어요?"

"이번에 같이 라운딩 한 남자 캐디가 전직 티칭 프로라고 하는데, 그 친구가 제 아이언 샷을 보면서 골프 이론을 설명해 주었습니다. 저한테 딱 맞는 것 같았습니다."

김 상무의 목소리에 배움에서 얻은 기쁨이 묻어 나온다. 드라이버 샷이 거리가 안 나서 마음고생을 많이 했는데, 일단 거리가 확보되고 나니까 골프가 재미있어지기 시작한 것이다. 거기에 아이언에 대한 해결책을 찾았으니 신이 날 수밖에 없다.

"그래서 무엇을 배웠는데요?"

"골프는 몸통을 회전시켜서 공을 치는 운동이라는 것입니다."

"그렇지요 김 상무, 우리가 매번 얘기하는 것이 몸을 오른쪽으로 회전 시켰다가 다시 왼쪽으로 돌리며 체중을 옮겨 가면 공이 맞아 나간다는 것이지 않나요?"

"전무님 말씀이 맞습니다. 그런데 막상 아이언을 잡고서 제가 샷을 할 때 보니까 오른쪽으로 몸통을 돌렸다가 왼쪽으로 다시 몸통을 완전히 돌리지 않고 팔로만 그것도 손목을 꺾어서 치고 있더라고요."

김 상무는 후반 나인 홀에서 41개를 친 사건을 다시 설명한다.

"후반 나인 홀에서는 캐디가 얘기한 대로 몸통으로 스윙 한다고 생각하고, 몸통을 왼쪽에서 오른쪽으로 완전히 회전시키는 것에 집중했습니다. 그랬더니 공이 자연스럽게 맞으면서 거리와 방향이 좋아지는 거 아닙니까?"

그랬다. 김 상무는 7번 아이언으로 아무리 힘껏 친다고 쳐도 120미터를 넘지 못했다. 아니 제대로 공을 치지 못하고 하늘 위로 높이 공을 퍼 올리는 샷을 하기 일쑤였다.

"후반에는 골프가 그렇게 쉬울 수가 없더라고요. 드라이버 샷이 거리가 나니까 아이언으로 대부분 투 온이 되고, 투 온이 안 되더라도 그린 근처에서 어프로치하고 투 퍼트로 막으니까 파나 보기를 하더라고요. 매번 고민하던 파 3에서 버디도 하나 잡았습니다."

김 상무는 본래 퍼팅을 잘하는데 드라이버와 아이언이 안정되니 좋은 스코어를 기록할 수 있었던 것 같다. 그런데 보여주는 스코어 카드에 더블 보기가 보인다.

"6번 홀에서는 왜 더블 보기 했어요?"

"아! 그건 벙커에 빠져서 그렇게 되었습니다. 제가 벙커 샷은 제대로 못 배웠거든요."

김 상무의 스코어 카드를 보면서 이제 벙커 샷하고 어프로치만 조금 더 정교하게 하면 80대 초, 중반 치는 것은 일도 아니겠다는 생각에 경계가 된다.

"그럼 오늘 어깨에 힘 좀 들어가겠는데요, 김 상무?"

파주 프리스틴 밸리 CC 첫 홀로 이동하는 카트에서 김 상무는 손깍지를 끼며 몸을 풀 준비를 한다. 첫 티 샷이 몹시 기대되는 눈치다. 김 상무의 얼굴 표정에 자신감이 넘쳐난다.

"오늘 다 죽었어!"

지난주 아일랜드 CC에서 후반 9홀의 좋았던 기억이 김 상무를 사로잡았는지 샷이 괜찮다. 드라이버는 뒤로 확 넘겨서 한 템포 쉬면서 스윙 하는데 동반자들과 비거리가 비슷하게 나간다. 아이언은 새로 배운 몸통스윙으로 방향성과 거리를 잡았다. 6번 아이언까지 쳐 보는데 잘 맞는다.

"이 전무님, 오늘 잘 맞는 것 같습니다."

전반을 마치는데 평상시 보다 적어도 5타는 적게 친 42타를 기록하고 내기에서 먹은 상금도 꽤 되어 보인다.

"김 상무님, 이렇게 치시면 조만 간에 싱글하실 것 같은데요?"

"에이 뭘, 싱글은 아무나 하나?"

김 상무는 싱글까지 할 수 있을 것 같다는 박 부장의 말이 싫지 않은 눈치다. 배움을 실천으로 옮겨서 결과가 좋게 나온 것을 보는 것보다 더 큰 기쁨은 없다.

"김 상무, 후반에도 잘 치세요."

"네, 배운 대로 열심히 하겠습니다."

김 상무에게 후반 서코스 첫 홀부터 어려움이 찾아온다. 전반에 잘 치던 김 상무가 힘이 들어간다. 계속 좋은 스코어를 유지하겠다는 의지가 몸을 못 따라간다.

잘 맞던 드라이버 샷이 오른쪽으로 슬라이스 나서 거리도 많이 손해 보고 러프 쪽으로 떨어진다.

"아이 뭐 이러냐!"

내 샷은 정 중앙으로 잘 떨어지고 박 부장과 신 차장의 샷도 가운데로 잘 떨어진다.

"캐디 언니 고구마 주세요."

실수를 만회하려는 것은 모든 골퍼가 갖는 똑같은 심리다. 전반 동안 아이언만 치던 김 상무가 처음으로 유틸리티를 친다. 연습 스윙하는 김 상무에게서 이전 스윙 모습이 보인다. 갑자기 아이언과 드라이버에서 배운 것을 다 던져놓고 이전 모습으로 돌아간다. 불안하다. 역시 공은 땅으로 구르고 왼쪽 벙커로 들어간다.

"아 미치겠네!"

미칠만 하겠다. 그렇게 잘 맞던 드라이버는 슬라이스에 거리도 안 나고, 처음 잡아본 유틸리티는 뒤땅 치고, 공은 벙커 속으로 들어가 벙커 아래 언덕에 붙어서 기다리고 있으니 답답하겠다.

"아, 그냥 배운 대로 아이언 칠 걸 그랬네."

"언니 6번 아이언 주세요."

김 상무는 벙커 샷을 연습해 보지 않았다는 생각이 머리에 꽉 차면서 공을 어떻게 쳐야 할지 모르고 연습 스윙만 계속한다.

"김 상무 빨리 쳐요."

벙커 턱에 붙은 공은 턱을 맞고 다시 벙커로 들어간다. 김 상무는 4번째 샷으로 어렵게 벙커를 탈출한다. 탈출은 했지만 거리가 너무 짧아서 벙커 턱을 맞고 40미터 정도 가서 페어웨이에 떨어진다.

멘붕이다.

아직 거리가 많이 남은 파 5홀에서 벌써 넷 타를 쳤으니 더블 보기 하기도 어렵겠다는 생각이 몸을 굳게 만든다.

"이런, 벙커 샷을 제대로 배웠어야 했는데 여기서 두 타나 까먹었네."

"김 상무님 160미터 남았습니다. 어떤 클럽 드릴까요?"

"6번 아이언 주세요."

다시 원래 배운 대로 아이언으로 공략한다. 거리가 조금 짧을 수 있지만 몸통을 돌려서 실수 없이 치는 것이 최선이라고 판단한 것이다. 여기서 올리면 더블 보기로 막을 수 있다. 거리가 멀다는 생각이 드는 순간 조금 더 보내고자 힘이 들어간다. 공이 왼쪽으로 당겨지더니 다시 벙커로 들어간다.

"아 정말, 벙커 샷 싫은데. 진작에 배워서 연습 좀 해둘걸."

벙커 샷을 배우지 않았다는 사실이 벙커 샷 하기를 더 두렵게 만든다. 배웠다면 그렇게 어렵지 않은 샷이다.

나는 우드로 공략하고 어프로치로 쓰리 온 시켜서 투 퍼트로 파를 기록하고 박 부장은 보기, 신 차장은 벙커로 들어가 더블 보기를 기록한다.

김 상무는 어렵게 벙커에서 그린에 올렸지만 거리가 멀다. 먼 거리지만 투 퍼트로 막으면서 트리플을 기록한다. 후반 첫 홀에서 트리플 보기를 기록하더니 그다음부터 샷이 더 안 된다. 두 번째 홀에서도 더블 보기 그리고 잘 맞던 아이언도 안 맞으면서 파 3에서도 보기를 기록한다. 후반에는 파를 하나도 기록하지 못하면서 51타를 친다.

"김 상무, 전반처럼 쳤으면 우리 다 죽을 뻔했어요."

"핸디가 숨어 있다가 나오네요. 유틸리티하고 벙커 샷을 제대로 안 배웠더니 이런 불상사가 나네요."

배움은 우리를 성장시킨다. 우리가 만나는 하루하루가 배움의 연속이다. 새로운 사람을 만나고 새로운 환경을 만나고 그리고 새로운 기술과 세상을 만난다. 내가 접해 보지 않고 배우지 않은 자리에서는 좋은 스코어를 만들 수 없다. 미리 준비하고 배움에 열정을 기울여야 할 이유가 거기에 있다.

아무리 좋은 샷을 하더라도 벙커에 들어갈 수 있다. 아무리 좋은 드라이버 샷을 하더라도 유틸리티나 우드로 샷을 하여야 할 필요가 있다. 준비하고 있어야 한다. 배움을 멈추면 안 된다.

어머니는 초등학교도 다니지 못해서 글을 배우지 못했다. 우연한 기회에 시골집에 들렸을 때 60이 넘은 어머니가 글을 배우지 못한 것이 한이 되어 독학으로 글을 깨우치고 계셨다. 맞춤법과 받침이 틀린 글씨로 매일 일기를 쓰면서 글을 익히고 계신 것을 보고서 가슴이 먹먹하여 눈물을 흘린 적이 있었다.

얼마 전 고향에 가서 어머니와 얘기를 나누는데 어머니께서 노트 하나를 가지고 오신다.

"봐라, 지금도 나는 일기를 쓴다. 일기장이 아마 한 박스는 될걸. 여기다 중요한 행사 내용도 표시해 놓지. 벼 파종하는 날이나 배추 심는 날들이 다 적혀있다. 이렇게 매일 일기를 쓰니까 치매도 안 걸리고 농사에 필요한 정보도 잊지 않을 수 있고 얼마나 좋아! 글씨 모양도 예전보다 좋아졌지?"

"어머니 대단하시네요!"

갑자기 말문이 막힌다. 어머니 연세가 87세인데 아직도 배우는 중이다.

"요즘은 경로당에 체육 강사들이 와서 노인들에게 운동하는 법을 가르쳐준다. 이렇게 팔을 위로, 옆으로 돌리기, 누워서 다리 올리기, 그리고 허리 돌리기 등을 하라고 하지. 나는 3년 전부터 지금까지 매일 아침 식전에 각각 이 운동을 200번씩 한다. 하루도 거른 적이 없다. 그러니까 이 나이에 밭에 나가서 일도 도울 수 있고 지팡이 없이 걸어 다닐 수 있지."

어머니는 배운 것을 실천으로 옮긴다. 배움에는 나이가 문제가 되지 않는다. 다만 배우려는 의지와 배운 것을 실천하려는 열정만이 필요하다.

"내가 이렇게 운동하고 일기 쓰고 하는 것은 다 너희들에게 짐이 되지 않게 하려고 하는 것이다."

가슴이 짠해 온다. 우리 어머니다.

어머니의 배움과 실천의 목적은 분명하다. 우리가 배움의 목표를 분명히 하면 할수록 배움의 실천도 더 열정을 가지고 할 수 있을 것이다.

"당신은 배움을 계속하고 있는가?"

"배운 것을 열정을 가지고 실천하고 있는가?"

나는 어머니가 배우는 것을 계속하기를 바란다. 그 배움을 실천해서 건강하고 자식들도 어머니의 열정을 배울 수 있게 배움을 나누어 주기를 기대한다.

"어머니 사랑합니다. 그리고 존경합니다."